印度
神話故事
新——版
THE MYTHS OF
INDIA
黃晨淳
編著
以神秘豐富、紛繁詭譎著稱於世的印度神話
見證印度諸神的爭鬥，體會印度宗教信仰、社會文化的源頭。

前言

如恒河裡的沙子，多得數也數不清

在「世界屋脊」喜馬拉雅山的南邊，有一片古老而神奇的土地。作爲四大文明古國之一的印度，創造了光輝燦爛的古代印度文化。印度神話故事是文明古國文化寶庫中一顆晶瑩璀璨的明珠。

聞名世界的印度史詩、梵書、吠陀本集，奧義書和往世書及佛經裡，無不記載著許許多多豐富的神話故事，正如印度人說：「如恒河裡的沙子，多得數也數不清。」它像一條長長的影子，覆蓋著這一塊遼遠的大陸，聯繫著印度的過去和今天，從而使印度這個極富哲學思辯能力的國家，蒙上更加神秘瑰麗的東方文化色彩。印度神話以其信仰氛圍和紛繁詭譎著稱於世，因此，想要弄清什麼是印度神話，必須簡單地回顧一下古代印度的歷史與宗教信仰。

古印度的地域很大，包括現在的巴基斯坦和孟加拉，北起喜馬拉雅山，南到斯里蘭卡。從考古發掘的石器中可以斷定，大約在四十萬年前，南亞次大陸就已經有人類在那裡生活。大約到西元前七千年的時候，次大陸的人類進入石器時代。到西元前三五〇〇年，印度的土著居民已經建立起了一些村落，開始了以農業爲主的農耕生活。此後，大約在西元前二千六百年前後，在今巴基斯坦境內的印度河流域，出現了城市文明。多數學者認爲，印度河城市文明的最後毀滅是由於外來野蠻民族的大規模入侵，這外來的民族即是所謂的雅利安人。

雅利安人的早期歷史是不清楚的，考古學家們認爲，雅利安人大約於西元前二千年前生活在從波蘭到中亞地區的遼闊平原上。他們中的一些人向歐洲發展，成爲古希臘人、拉丁人的祖先；一部份留在原地，成爲波羅的海民族和斯拉夫人的祖先；還有一部份人向南遷移到了伊朗境內。南遷的這部份人後來又分爲若干支，一支進入了巴比倫，一支繼續南下進入印度，時間約在西元前一七五〇年前後。

印度雅利安人對當地土著發動了多年的戰爭，最後終於在次大陸站穩腳跟，並從印度河流域進入了恒河流域。《吠陀經》即是研究印度雅利安人早期歷史的主要文獻資料，是印歐語系諸民族最古老的文學遺產，也是印度古代神話的源頭。「吠陀」的意思是「神的啓示」或「神秘的知識」，吠陀時期的神話保存在幾部吠陀文獻中，雖然不是十分完整和系統，但是記錄了原始先民對自然和人類社會初始階段的認識。在吠陀神話中，最突出的是雷電之神——因陀羅，他是天神的首領，保護諸神（即先民）並爲他們奪得牛和水，這實際上是古代部落首領的寫照。

到了西元前六世紀，北印度形成了一些較大的國家，印度的歷史也進入了所謂「列國時期」。和中國的春秋戰國時代差不多，印度的列國時代也非常熱鬧。經濟的發展、戰爭的頻仍和人們思辯的深邃，是這時代的三大特徵。同時，這時代又是產生神話傳說的時代。

印度的佛教和耆那教都是在這一時代創立的，佛教和耆那教都從古老的吠陀文獻中汲取了營養，繼承了其中部份思想，再改造利用，創造出一套自己的神話體系。佛教神話中，除了一些解釋宇宙和人生的神話外，主要內容是佛的本生故事和佛傳故事。耆那教神話中也有一部份解釋宇宙和人生的神話，但數量較少，情節也較差。

從列國時代開始，到西元四、五世紀，印度出現了許多文獻。其中影響最大、流傳最廣的是兩大史詩《羅摩衍那》和《摩訶婆羅多》。這兩大英雄史詩融合歷史傳說、哲學思想於一身，同時也是極其動人美麗的神話故事。當然，史詩中也有一些，如同今日社會中常見的政爭傾軋、香穢倒錯、賢奸互責、恩怨糾纏等等醜陋黑暗的情節，讓人不免感慨，人性弱點的流弊竟千古未變！但我們也不需要失望，因爲心靈養護的重要亦千古同理。閱讀這兩部史詩的讀者會發覺，即使在古代的世界觀裡，道德義理的觀念亦同樣存在。凡是正義的人，即便在現世遭遇許多波折與苦難，死後必至百花盛開的天堂過著幸福的生活。

在史詩時期印度人信仰婆羅門教，崇拜三大神：梵天、毗濕奴和濕婆。這三大神，在一般印度教徒心目中是三位一體的，他們分別代表著宇宙的創造、保護和毀滅。

史詩之後，出現了一批被稱爲《往世書》的典籍。《往世書》中記載的神話很多，如《五卷書》、《故事海》等等，有的也十分古老，但基本上屬於印度教神話，還是以三大神的故事爲主。

本書將古印度典籍中最美亦最重要的神話，根據古代作家，尤其是詩人的作品，蒐集編纂成篇。以簡潔精鍊的筆調取代藝術上的華麗修飾，但也儘可能運用原作獨特的語言來介紹，期望能引領讀者一窺這個偉大民族爲人類文明寫下過的輝煌篇章。

目錄 CONTENTS

第一篇 遠古諸神

第二篇 傳奇故事

第三篇　英雄史詩

第一篇　遠古諸神

第一章 大梵天（Brahma）

世界未形成時只是一片不可名狀的黑暗，沒有特徵，不可認識，完全處於昏睡狀態。後來，這個宇宙的最高靈魂出現了。他驅逐了黑暗，使宇宙顯現出來。他具有一切的力量，但他卻不顯現自身。他是不可感覺、不可想像的，但又是確實存在的。

他懷著創造世界萬物的願望，通過禪思，首先從自身創造出水。他又把自己的種子投入那浩淼無際的水中，使種子變成一枚金卵。他自己作為宇宙之王——梵天，誕生於金卵之中。

（一）創世

梵天將金卵一分為二，他用一半造天，一半造地，並造出天地間的空界，造出八個方位和水的永恆所在地——海洋，又造出宇宙間的萬物。他分別為萬物判定了各神名稱及行為規則。他創造出一群天神，還有以其行為為特徵、有氣息的生物，他還為這些有氣息的生命創造了永恆的祭祀。

為了使祭祀成功，他從火神、風神、太陽神那裡擠出了三部祭祀用的經典，即《梨俱吠陀》、《夜柔吠陀》和《沙摩吠陀》。他創造了時間、日月星辰、江河湖海和高山平原。為了使眾生能正確地辨別行為，他還劃分出法與非法，把苦與樂等對立的情感賦予眾生。

宇宙形成了，梵天發現整個世界除了自己，再也沒有其他生物，他感到孤獨、寂寞。於是，他馬上生出六個兒子，也就是六位偉大的造物主：老大摩里質，生自梵天的心靈；老二阿底利，生自梵天的眼睛；老三安吉羅，出自梵天的嘴唇；老四布羅斯底耶，出自梵天的右耳；老五布羅訶，出自梵天的左耳；老六克羅圖，出自梵天的鼻孔。

梵天

老大摩里質生了兒子——著名的仙人伽葉波（註1）。仙人創造了天神、妖魔、人類、禽獸以及三界間的所有生物。老二阿底利生了正義之神達摩。三兒子安吉羅是安吉羅仙人家族的鼻祖，祭主等大仙就是這個族系中的長者。後來，梵天又從右腳大拇指生出了第七個兒子達剎，從左腳大拇指生出女兒毗里尼，意即夜晚。達剎與毗里尼後來結為夫妻，生了五十個女兒，其中十三個嫁給了伽葉波，二十七個嫁給了月神蘇摩，她們即是天上的二十七個星座，另外十個嫁給了達摩。

達剎的大女兒叫底提，是仙人伽葉波之妻，也是巨妖底提耶族的母親；二女兒檀奴，是巨妖檀那婆族的母親。三女兒阿底提，生了十二個英勇無敵的兒子，個個都是偉大的天神。如：雷電之神因陀羅、太陽神蘇利耶、小兒子毗濕奴，更是聲名赫赫。

底提和檀奴所生的兒子被稱作阿修羅（群魔），他們與阿底提的兒子、天神之間一直爲爭奪宇宙的控制權而發生戰爭，是勢不兩立的仇敵。

歸根結柢，萬物都是最初的那個最高靈魂所創造的。當那個最高主宰醒著時，這個世界是活動的；當他躺下時，這個世界就平靜下來；當他要睡時，萬物就消失融化於最高靈魂之中。最高靈魂就這樣通過睡和醒，永無休止地使動和不動的萬物生生滅滅。

太陽爲人和天神把日夜分開，日間有助於做事，夜間有助於休息。人的一月爲祖先的一日一夜；人的一年爲天神的一日一夜。天神的四千年爲一個「圓滿時代」，天神的三千年爲「三分時代」，天神的二千年爲「二分時代」，天神的一千年爲「爭鬥時代」（註2）。這四時代的一千二百倍被稱爲一個天神的時代。一千個天神時代是梵天的一日，二千個天神時代是梵天的一日夜。在這一日夜終結時，最高靈魂從沉睡中甦醒過來。

他醒來先創造出既實在又不實在的心，由那心轉變造化，生出空，空的屬性是聲。繼空之後生出風，風的屬性是觸。繼風之後生出火，火的屬性是色。繼火之後生出水，水的屬性是味。繼水之後生出地，地的屬性是香（氣味），這些即是梵天的最初造化。空、風、火、水、地爲五大元素，由它們構成萬物。

在這個世界上，七十一個天神時代便會出現大轉變（註3）。這宇宙的最高主，如遊戲般一次次地創世和滅世，使宇宙不停地輪迴。

◎註1：仙人，是指在森林裡的修行者。印度人認為即便是普通人，只要能夠克制自己的慾望，通過刻苦修行也可以獲得巨大的法力和神通，這使天神也望而生畏。他們最突出的法力就是詛咒。

◎註2：據印度神話傳說，人世要經過四個圓滿時代到爭鬥時代，一代不如一代，現在人們正處於爭鬥時代。四時代結束便是一劫，世界毀滅，然後重新創造。

◎註3：據說至今已七次輪迴。

（二）攪乳海

須彌山聳立在大地的中央，它的山峰直插雲霄，凡人是無法攀登的。須彌山上生長著各種奇花異草，又有溪流瀑布奔騰飛瀉，懸崖峭壁上還鑲嵌著璀璨的寶石，這是座美妙的寶山。天神們和阿修羅都無憂無慮地生活在這裡。他們經常在鮮花盛開、鳥雀鳴唱的叢林中愉悅嬉戲。

那時候，天神們雖然壽命比凡人長得多，但是也有生老病死。有一天，眾神與阿修羅為了疾病和衰老的問題發生了激烈的爭執，梵天為了調解一觸即發的戰爭，便告訴大家：同心協力翻攪大海，就可以得到可保永生的甘露——蘇摩。

天神們和阿修羅一致同意一起攪拌乳海，從中得到長生不老的甘露平均分配。

他們打算用蛇王瓦蘇基作爲繩索，以曼陀羅山作爲攪拌棒。曼陀羅山高出地面一萬二千多里，埋在地下的部份深度也與此相當。天神和阿修羅想合力將曼陀羅山拔起來，但是失敗了。於是他們向梵天和毗濕奴求助。這兩位大神派來了大蛇舍沙。大蛇舍沙有著不可估量的力氣，牠用身體將雄偉的曼陀羅山纏了幾圈，然後一用力，就將整座山以及山上的森林和野獸齊齊拔了起來。

眾神和阿修羅帶著曼陀羅山和蛇王瓦蘇基來到海邊，他們請求水神伐樓那讓他們攪拌乳海，獲取長生不老的甘露。水神同意了，但是要求攪出的甘露有他的一份。

接著，天神和阿修羅請來背上馱著世界的龜王，作爲攪拌乳海的支點。龜王讓他們把曼陀羅山放在自己的背上，然後沉入海底。

大家把瓦蘇基當作繩子纏繞在山腰，阿修羅抓住大蛇的頭，天神抓住大蛇的尾巴，然後不停地攪動大海，一攪就是幾百年。

天神和阿修羅輪流拽轉蛇身，每捩轉一下，就從蛇口冒出一股煙霧和火苗，抓住蛇頭的阿修羅們被燻烤得精疲力盡。而煙霧升騰到空中變成烏雲，當烏雲沿著蛇的身子飄到蛇尾時，就變成雨水降下讓天神精神抖擻。

就這樣，艱鉅的工作一天天進行著，曼陀羅山轉動時發出雷鳴般的轟響，山上的樹木和野獸在旋轉時經常落入海中。摩擦所產生的火燄籠罩著曼陀羅山，山上的森林燃起大火，無數飛禽走獸被燒死。而當大雨將火澆滅，將山上的液汁沖到海裡時，又提高了甘露的效力。

在熾烈的火燄和傾盆的大雨中，阿修羅和天神們不停地轉動攪拌棒，海水始化爲乳，後又化爲油脂，但是甘露仍未出現。剎那間，海面赫然浮現一位身著白袍的幸福女神拉克希米，她光彩照人，手持一朵蓮花，成熟的風姿使天神和阿修羅們驚豔不已。隨後，從乳海裡出來的是豪邁的酒神——修羅。天神們接納他，而底提和檀奴卻鄙棄他。據說，正因爲如此，天神們又叫「修羅」，而底提耶和檀那婆則叫「阿修羅」。

後來，海中又陸續浮出了共十四件的寶物，其中的白色神駒被天帝因陀羅收養；像太陽一樣閃光的魔石成了毗濕奴大神胸前的裝飾物；而像彩虹般巨大的白象成了因陀羅的坐騎。最後，從乳海裡走出來的是神醫壇般陀里，他手裡拿著盛滿長生不老藥的貴重酒碗。

現在，攪乳海已近尾聲，但大蛇再也忍受不了劇痛，毒汁從口中湧出，落在大地上，匯成一條大河，將毀滅眾神、惡魔、世人和一切生靈。眾神和阿修羅都束手無策，只好求救於大神濕婆。濕婆爲了拯救世間眾生，硬生生將毒汁呑入腹中；大量的毒汁流過他的咽喉，濕婆的脖子因此被燒灼成青黑色。從此，濕婆又叫「尼拉坎陀」，意即青頸。

這時，蘇摩神終於手執盛有甘露的白壺出現了。阿修羅們蜂擁而上，發出了可怕的喧囂。他們你爭我奪，都想一口呑下這瓊漿玉液。

毗濕奴大神見這混亂場面，靈機一動，化作一個美麗女子婆娑起舞。好色的阿修羅見了美女，一個個都為之目眩神迷，而眾神也就趁機奪得蘇摩甘露，一飲而盡，成為不死之身。

當眾神喝著蘇摩甘露時，一個叫羅侯的阿修羅混在天神中間，悄悄地偷飲甘露；太陽神和月神發現，稟告毗濕奴。毗濕奴大怒，當即用手中的神盤砍下羅侯的腦袋。由於飲用了甘露，羅侯的頭得以不死。後來，他飛升天宇，但從此恨極了太陽與月亮，經常追逐著他們，以報揭發之仇。

有時，他會抓住太陽或月亮咬嚙，想吞噬他們，這就是日蝕與月蝕的由來。羅侯的尾巴，有時也以彗星的形式出現在空中。

阿修羅和天神之間，為了可保永生的甘露，從此鏖戰不歇。

（三）權力的鬥爭

梵天在創造出宇宙萬物後，十分疲憊。他把宇宙的統治權交給了後代天神和阿修羅們，自己來到一棵桑樹下休息。

阿修羅是天神的兄長，擁有強大的軍隊和無窮的法力，他們能千變萬化隨意隱形，還擁有數不清的金銀財寶。阿修羅為了鞏固自己的權力，在天上和地上用金、銀、鐵先後構建了三個要塞，後來又把三個要塞合而為一，稱為特里普拉，他任命梵天的第八個兒子特力瞿之子烏沙納斯為阿修羅的最高祭司和導師。

烏沙納斯聰明絕頂，深諳一切魔法訣竅，又稱爲太白仙人。而天神的王是阿底提的第七個兒子雷電之神因陀羅，導師則是安吉羅的大兒子祭主，祭主又是木星之主。

開始時是由阿修羅掌握著宇宙的控制權，他們起先還能謹慎行事，不逾規矩。然而，日子一久，阿修羅變得驕橫跋扈起來，再也不把眾神放在眼裡。於是，阿修羅與天神間產生了矛盾與裂痕，並導致戰爭。

雙方激烈的戰鬥，可怕的聲音攪動了無邊的大海，大地發出哀鳴，廣闊的天空顫慄叫苦，黑色的地獄渾身發抖，這場戰爭差一點把宇宙毀掉。

鏖戰不歇地進行幾千年，但始終無法分出勝負。就在糾纏不清時，天神在國王因陀羅的率領下，在一次大會戰中消滅了無數的阿修羅。而濕婆——梵天憤怒的產物，進一步打擊了阿修羅，摧毀了阿修羅的老巢——三連城。

阿修羅群魔四處遁逃，在深海、在地獄、在山巔，他們的戰爭依然持續著。

（四）莎維德麗與加耶德麗

在神話世界裡，梵天騎著一隻鵝，他被描繪成紅皮膚，穿白袍，有四臂，手持《吠陀》和他的權杖，或一把匙子、或一串念珠、或一張弓、或一個水罐，而他最顯著的特徵是他的四個頭。他原來只有一個頭，但他又得到了四個頭（後來濕婆使他失去了第五個頭）。那全是因爲一個女神——莎維德麗。

作爲至高無上的創造者，梵天是眾神之首，宇宙的構造者和世界的守護者。但有時他也需要有人分擔他的快樂與憂傷。於是，他用自己身體的一部份創造出一個女性，取名莎維德麗。莎維德麗貌美驚人，讓梵天愛上了她。

梵天目不轉睛地盯著莎維德麗看，佳人被男人熾熱的目光看得侷促不安，滿臉羞紅地走開躲避他的凝視。但無論她躲到梵天的右邊、左邊或背後，他都在每個方向長出一個新的頭。最後她升上天空，但那裡又出現了第五個頭注視著她。

莎維德麗後來正式成爲梵天的妻子，也是第一個女神。她造出了科學與藝術，用自己的乳汁哺育它們。她和梵天一起接受天神們朝拜，並且是仙人和虔誠信徒的庇護者。

然而，梵天和妻子並非總是和睦。有一次，梵天召集所有神祇，舉行隆重的祭典。所有天神和女神都齊聚一堂，場面盛大壯觀。待一切就緒，大家卻發現莎維德麗還未露面。梵天對妻子的無禮十分惱怒，便派了一名祭司去催促。這祭司來到莎維德麗的房間，卻看見她還在慢條斯理地妝扮。

對祭司的催促，莎維德麗不以爲然。她輕描淡寫地說：「我還沒有準備好呢，這樣盛大的典禮，不精心打扮

莎維德麗與加耶德麗

一下怎麼行呢？況且，我還是梵天的妻子，第一女神，爲什麼要比別人早到場呢！」

祭司碰了一鼻子灰，如實稟報梵天。梵天大怒，決心要懲罰莎維德麗的狂妄無禮，於是對因陀羅說道：「快去吧，用最快的速度給我重新找位妻子！你可以把你在路上遇到的第一個女人帶回來天宮做我的夫人！」

因陀羅聽令，來到湖濱，正好碰上一個年輕漂亮的女孩在湖畔牧羊。這個牧羊女叫加耶德麗，因陀羅便把她帶回天宮。

加耶德麗的美麗與賢慧使梵天很滿意，他立即向眾神宣佈：「諸神、仙人和苦行者啊，我決定要娶這個女人做妻子。她將成爲天宇、空中和地上純潔和虔誠的依託！」

眾神都高聲歡呼，盛讚梵天。於是，祭司們開始忙碌起來，用美麗的鮮花、五光十色的寶石裝扮新娘。當加耶德麗重新出現在諸神面前時，大家都因她的美麗而屏住呼吸。

就在這時，莎維德麗盛裝來到會場。當她見到加耶德麗一副新娘子的打扮，立刻就明白這是怎麼一回事。憤怒使她發狂，她尖聲叫道：「梵天啊，全宇宙都尊敬的大神！你竟喜新厭舊，拋棄結髮妻子，與一個平凡而卑賤的牧羊女成親，難道你不怕天神和凡人都嘲笑你這荒唐可笑的行徑嗎？」

「莎維德麗，我並非存心讓妳難堪，實在是在這盛大的儀典將舉行之際，妳卻遲遲不肯出現。因此，因陀羅才找來這位女子頂替妳。莎維德麗，別氣惱，今後任何時候我都不會使妳難受的。」梵天急忙好言相勸。

然而莎維德麗依然憤懣，她詛咒道：「梵天啊，你當著眾神羞辱了我，你不會得到我的寬恕的！從現在起，人們不會像往昔那般崇拜你了！一年中你將只有一次受到婆羅門的奠祭。」

她又轉向天帝：「卑鄙無恥的因陀羅，你更不會得到我的寬恕！你的仇敵將會奪去你統管宇宙的權力，並將使你成爲階下囚。」

莎維德麗已經控制不住自己的憤怒之火，她接著詛咒毗濕奴：「你！毗濕奴！將多次投胎凡人，你將會失去你的愛妻，她將被牧人劫掠，從而使你飽受離別、嫉妒和蔑視之苦。在另一次轉世中，你將投胎爲牧童，爲國王放養牲畜。」

莎維德麗連天上的苦行者也不放過：「從現在起，祭司們不是爲了虔誠的信仰，而是爲了貪婪的目的才舉行祭典。你們對別人總是垂涎三尺。」

說完，莎維麗德頭也不回的離去，扔下面面相覷的眾神，正痛苦地思索她那可怕的詛咒，因爲他們都知道，莎維麗德正是仙人和虔誠信徒的庇護者，失去她的庇護，也就意味著災禍的降臨。

這時，善良聰慧的加耶德麗挺身而出，她爲眾天神開脫說：「誰虔誠忠心崇拜梵天，誰就會揚名天下。啊！偉大的因陀羅，你的被俘和受貶，將會是短暫的。你仍將重返天庭，繼續受到天神與世人的崇敬和頌揚。尊敬的毗濕奴！別傷心，經過長期別離後，你們夫妻仍會破鏡重圓。就是投胎成了牧童，你仍將會在爲民除害後重返天庭。仙人啊！只有人間的祭司，才會被貪慾所支配！對於你們，貪婪和私慾是絕不會佔據你們的心靈。」

加耶德麗的預言使天神們如釋重負，他們十分感激她的善良和仁慈。這樣隆重的祭典又在一片祥和的氣氛中開始了。梵天心裡還是有遺憾的，他想與莎維德麗重歸於好，於是派了毗濕奴去勸請莎維德麗。經過再三勸說，莎維德麗終於捐棄前嫌，又回到梵天身邊。

梵天十分高興，進一步要求她和加耶德麗也能和好。儘管傲慢的莎維德麗看也不看加耶德麗一眼，溫柔善良的加耶德麗仍然拜倒在莎維德麗腳下，請求她的寬恕。

驕傲的女神被打動了，她輕柔地撫著加耶德麗的臉頰說：「加耶德麗呀，妳是無辜的！妻子應該服從自己的丈夫，而任性只會給丈夫帶來痛苦和失望。我們爲什麼不能和睦相處，使他感到幸福快樂呢？妳將是第二個莎維德麗。我們會友好相處的。」

從此，莎維德麗和加耶德麗互相尊重，親如姐妹，並把她們的快樂和幸福賜給眾神和世人。

至於濕婆如何使梵天失去了第五個頭，眾說紛紜。一種說法，是梵天宣稱他的地位高於濕婆，於是濕婆用他的指甲掐掉了那個頭。第二種說法是，濕婆懲罰梵天是因爲他酒醉後向他的妻子桑迪亞求愛，桑迪亞爲了躲避而變成一隻母鹿，但被化成一隻公鹿的梵天在空中緊追不捨，濕婆目睹這一切，便射出一支箭削掉了公鹿的頭，於是梵天對濕婆甘拜下風。

第三種說法是，梵天想讓濕婆生爲他的兒子，濕婆雖然曾向梵天允諾同意他的任何請求，遵守諾言，但是也懲罰了梵天的傲慢，用咒語使他失去了一個頭。濕婆因此犯下殺害婆羅門的罪，因爲梵天被看作婆羅門（註1）的首領。濕婆由於他的罪行而驚呆了，任意遭受梵天創造的一個魔鬼的攻擊。他逃脫後又被抓獲，被迫以苦行贖罪。

◎註1：婆羅門，印度的四大種姓之一；這四大種姓——婆羅門、剎帝利、吠舍和首陀羅，實際上是印度古代社會的四個階層，婆羅門是祭司，他們最早的時候也是知識的壟斷者，是社會地位最高的人；剎帝利是武士階層，他們的職責是統治國家和作戰；吠舍是勞者階層，也是印度社會的平民階層；首陀羅是地位最低的一個階層，他們一般從事農業。除此之外還有不可接觸者，他們在印度社會中沒有任何地位可言，從事最卑賤的工作，被迫生活在城市和一般農莊之外。印度種姓之間界限森嚴，在神話故事中常有體現。

第二章　天帝因陀羅（Indra）

因陀羅是天神達尤斯和地母神阿底提的愛子，是阿底提諸子中最強大的一位。他是從母親的肋下出生的，在喝下一杯有魔力的飲料後，他便飛快地長高，從而使他的父母（天和地）永遠地分開了。

因陀羅是一個外表神勇的巨人，他的皮膚、毛髮都是褐色的，臉上佈滿痘痕，手執金剛杵，騎白象，在巡行時駕著一輛由兩匹鬃毛和尾巴飛揚的黃褐色馬拉著的金色戰車，風神總是追隨其後。藍天和大地賦予因陀羅偉大的力量。他力大無比，性情豪放，暴怒時吼聲震天，令萬物顫慄，平靜時也顯得神態威猛；他嗜酒成性，狂飲起來猶如巨龍吸納百川；他尚武好戰，在任何強敵面前絕不低頭。

因陀羅

因陀羅是雷神，給乾燥的大地送來豐沛的雨水，因此他也是豐產之神，是人類的朋友。因陀羅更是一位偉大而不可戰勝的武士，他率領眾天神向不可一世的阿修羅挑戰，並於最終打敗他們，成爲三界的統治者。他是眾神和人類的堅強保衛者。

（一）大戰阿修羅

阿修羅是天神的兄長，他們擁有無窮的法力和強大的軍隊。最初是他們掌握著宇宙的控制權。時間久了，由於他們的驕橫跋扈，打亂了天神與魔鬼、善與惡、光明與黑暗之間的永久平衡，於是他們與眾神之間勢如水火。

因陀羅一出生就註定了他是妖魔和阿修羅的死敵，小時候他曾戰勝過狡猾的妖魔埃穆沙。這妖魔以野豬的面貌出現，從天神那裡偷竊用於獻祭的糧食，將其藏在阿修羅的倉庫裡。當時，因陀羅拉緊弓弦，利箭穿過二十一座山，殺死了埃穆沙。

宇宙之蛇、雷雨雲的化身弗栗多自恃神通廣大，四處興風作浪，諸神聞之喪膽，意欲歸順，但年輕的因陀羅挺身而出，與惡魔展開殊死鏖戰，最後終於降服弗栗多，並從他的胃中流出了陰性的宇宙之水，因此諸神稱因陀羅為王，成為宇宙的基礎。

於是，陀濕多——天神中的能工巧匠，為因陀羅修造了金車，鍛造了金剛杵，還給他造了一只神奇的碗，用來盛裝眾神力量的源泉——蘇摩甘露。因陀羅總是在摩魯特眾兄弟——風暴和雷電的精靈的陪伴下乘坐金車，手持金剛杵，豪飲蘇摩去完成豐功偉績。

摩魯特兄弟（他們的數目或為二十七或為一百八十）年輕英俊，精力充沛，勇氣十足，頭戴金盔，身穿金胸鎧，肩披光亮的獸皮；他們喜歡互相擦洗乾淨和佩戴金臂釧和金腳鐲，他們出行時駕馭旋風，指揮風暴，乘坐著一輛由三頭疾走如飛的斑鹿拉著的在閃電中熠熠放光的金輪戰車。他們由弓箭和刀斧尤其是閃光的長矛武裝著，威風凜凜。他們用這些武器搗碎雲牛，劈開雲石，於是傾盆大雨降落大地，太陽的眼睛被遮蓋起來。像他們的首領因陀羅一樣，摩魯特有時是快樂的青年，有時則是可怕的武士。他們是因陀羅最親密的戰友，誰也不能與他們匹敵，大地和天空也因他們大發雷霆而震動。

天神與阿修羅的戰爭延續了數千年，因陀羅不倦地與魔鬼對抗，不止一次地打敗敵人。因陀羅曾在肉搏戰中制服了阿修羅中最陰險狡獪的商波羅。妖魔商波羅作戰時往往千方百計用魔法弄瞎對方的眼睛，因陀羅機智地將他推入山崖，並迫使他逃避到海底深淵。接著驅散了婆欽的強大軍隊，打敗了巨妖閻浮，殺死了普洛曼。

在與眾神的長期鬥爭下，阿修羅有一度認識到眾神是從人類的獻祭中獲得很大力量的，於是決定用毒藥和巫術咒語污染人畜食用的植物，以此削弱眾神的力量。

因陀羅大戰阿修羅

他們終於得逞了，人們停止了吃飯，牲畜也不再吃草，饑餓使他們瀕臨死亡。但是，眾神承受住了這一挑戰；他們舉行祭祀，成功地消除了植物上的毒藥。爲慶祝這一勝利舉行了一次盛大的典禮，典禮上的祭品是用毒藥消除後長出來的第一批植物製作的。然而在眾神中究竟由誰首先接受祭品的問題上產生了爭議，後來決定用賽跑解決這一問題。因陀羅與阿耆尼比賽獲勝，從此之後，因陀羅便被看作生殖之源。

以後，他作爲生殖之神的角色擴大到作爲創造之神的新角色。他重新安排宇宙——先用太陽作儀器測量宇宙空間；他所標明的六個廣闊的空間包括存在的萬物。然後，他開始把宇宙建造成像一座大房子那樣；他豎立起四根角柱，在柱子之間築起世界之牆；他用多雲的天空蓋屋頂。這座房子有兩扇大門，東方的門每天早晨大開，迎接太陽；西方的門每天黃昏稍微敞開，以便因陀羅能把太陽拋入周圍的黑暗之中。當眾神來分享祭品和祭酒時，他們也進入這些門。因陀羅支撐諸天，維持著天、空、地三界，擎起並鋪開大地，以此來維護他創造的宇宙。他也是主要的河流之源。

(二) 與旱魔夫利特之戰

旱魔夫利特是一條巨龍，在它的城堡裡，囚禁了許多「雲牛」，這些雲牛是供給大地雨水的，然而旱魔卻把牠們劫掠過來，關押在一起。於是，河流和山溪都快枯乾了，一切生靈在難以忍受的炎熱中變得疲乏無力，渴望著雨水降臨。

聽見人們哭訴：「誰來拯救我們？」因陀羅從阿修羅那裡奪過人們奉獻給眾神的蘇摩，他喝了相當於一百頭牛的巨量蘇摩。這種飲料使他壯大得充滿兩界。因陀羅抓起金剛杵，登上戰車，一聲令下，衝向旱魔夫利特，馬魯特兄弟則跟隨在戰車後面飛馳。

當因陀羅臨近時，夫利特大聲咆哮，天空震顫，眾神逃避。眾神的母親阿底提愈發爲愛子擔心；可是因陀羅被他喝下的大量蘇摩和人間祭司們的頌詩所激勵，獻祭也增強了他的力量；更重要的是他掌握雷電及金剛杵。

他掀起風暴，攻下夫利特的九十九座城堡，接著又迎戰惡魔。夫利特是頭妖獸，刀槍不入，任何武器都傷不了牠。因陀羅向夫利特射出一連串的箭，但他的箭並沒有射傷牠，反而如同射在石頭上一樣反彈回來，落在滿是礫石的地上。巨龍昂起牠浴血的大頭，搜尋似地四面八方轉動著眼睛，並露出可怕的牙齒。這時，馬魯特兄弟不畏懼地用閃電矛砍牠，但利矛像鉛一樣地彎了過來；接著，因陀羅高高舉起金剛杵朝夫利特的頭上狠命一擊，夫利特搖搖晃晃地站起來，因陀羅立即衝上去，割下了牠的頭顱。

緊接著，天帝英勇無畏地率領著馬魯特兄弟衝破城牆，囚禁在城堡裡的雲牛，如潮水般湧出來。頓時，天上起了重重的烏雲，狂風呼嘯，電光閃閃，雷聲轟鳴；接著來了傾盆大雨，山溪又流下溪水來，江河的水大漲。洪水奔湧著，把妖龍的屍體沖走，沖到那永遠黑暗的海底深處去了。從此，乾枯的牧場恢復了生機，野草長得很快。禾稻飄香，人間得到了豐收。天帝因陀羅又一次庇護了人類。

旱魔夫利特

蘇摩甘露增強了體力，因陀羅因此有了調整諸天、日、月和季節的力量。他對蘇摩甘露日漸嗜好和依賴，但不久之後這一點已完全被看作一個弱點。在吠陀時代，因陀羅毫無疑問是眾神最大的神，即使他後來已不像以前的光榮時代那麼風光。在吠陀時代的晚期，因陀羅變成了一個養尊處優、深居簡出的君主。他被描繪成君王臨他的天國，他的妻子因陀羅尼和謀士瓦蘇們位於兩側。

隨著社會的發展，因陀羅身上的自然屬性逐漸淡化，他逐漸成爲維護秩序，代表權威的世界大王。終於有一天，這位充滿原始力的神從頂端消退，讓位給具有更超凡神秘力量的神靈。

第三章　太陽神蘇利耶（Surya）

在因陀羅之後，阿底提生的第八個兒子是蘇利耶。他一生下來並沒有像七位兄長一樣被確認爲天神，因爲他醜陋無比——無手無腳，體寬與身高相等，能像球一樣滾動。

「他不像我們，讓我們將他改造一下。」於是，他的兄長們把他身上多餘的肉割了下來，將他改造成凡人，蘇利耶成了人類的始祖。不過，他後來成了太陽神，與天神並駕齊驅。他身上割下的肉變成了大象。

蘇利耶坐在七匹駿馬拉的太陽車上，馬車由馭手駕馭，每天一次巡視天空。在他的四周是閃耀光芒的光環，同時在身邊時常有律法神相伴。早上，黎明女神烏莎斯歡迎他的到來，夜晚，黑夜之神拉德麗爲他送行。他是人類的朋友，人們在太陽神的頌詩中吟道：

太陽神蘇里耶

他的光明載他高升，
此神知一切眾生，
蘇利耶，大家得瞻望他。
他的光芒老遠地望見，
燦爛著人們的世界，
有如火之烈燄的焚燒和照耀。
你去到諸神之群，
你來到這裡人間，這裡大家欣喜地瞻望。

（二）太陽神家族

陀濕多把自己的女兒薩拉尤尼嫁給蘇利耶。不過，薩拉尤尼心高氣傲，絕不肯屈身於一個凡人。但由於父親的堅持，只好做了蘇利耶的妻子。不久後，生下一對雙胞胎。兒子叫閻摩，女兒叫閻密。之後，薩拉尤尼再也不願待在丈夫家裡。她造了一個面貌和她一樣的女人，叫桑吉耶（即影子），代替她在家裡看顧孩子，自己則返回父親家中。陀濕多不願接受女兒，叫她回丈夫家去，但倔強的薩拉尤尼不聽勸告，變成一頭大嘴牝馬，消失在北方。

太陽神蘇利耶像

蘇利耶發現妻子已出走，家中的這個女人只不過是妻子的替身。但木已成舟，也就黯然接受。後來，桑吉耶替他生了個兒子（即摩奴）。摩奴是人類的始祖，現在繁衍的人類正出自於他。

太陽神在得知薩拉尤尼化作一匹母馬逃到北方去了，他也化作一匹公馬去尋找妻子。在遙遠的北國，蘇利耶終於找到了妻子，兩人重歸於好，並且又生了一對雙胞胎。人類稱他倆叫阿濕毗尼，意即「馬生」。這兩位強大的勇士，瀟灑漂亮，青春永駐。兄弟倆成爲朝霞和星光之神，當黑夜即將消失，黎明即將來臨時，他倆駕著飛馬牽引的金車，英姿勃勃地出現在天空中，頓時霞光萬道，令人讚嘆不已。

薩維塔爾的女兒蘇里婭，長得十分美麗，而且性格開朗活潑，許多天神都慕名來求婚。最後，薩維塔爾和女兒商定：誰能乘車第一個趕到太陽那兒，就可以把她娶到手。於是，天神們駕著各自的車向著太陽奔去，最後，還是阿濕毗尼兄弟技高一籌，獨佔鰲頭。於是，蘇里婭登上兄弟倆的金車，成爲太陽姑娘，跟隨阿濕毗尼馳騁天空。

阿濕毗尼和蘇里婭對人類充滿了同情和關懷，因爲人類是他們的親族。當人類遭受各種災難和不幸時，他們常常出現，將人們從苦難中拯救出來。

而太陽神蘇利耶的三個大孩子——閻摩、閻密和摩奴都曾是凡人，因爲他們的父親是在生下他們之後才成爲太陽神的。老大閻摩，是第一個死去的凡人，因此，他開闢了通往地府的道路，以後死去的人類就是沿著這條道路來到地府的。閻摩死後，也就成爲死人王國的主宰，在那裡，他維持正義，把一切生前犯有滔天罪行的人類打入地獄。因此，他也被稱爲正義之神。

老二閻密既是閻摩的妹妹，也是他的情人。所以閻摩死後，閻密十分悲傷。眾神都來安慰她，可是她總是說：「我怎能不傷心呢？要知道他今天剛剛死去的呀！」要讓她忘記閻摩不容易。最後，天神們想出了個好主意。他們把時間劃分爲白晝和黑夜。夜晚一過，清晨到來，閻密就忘記了她心愛的情人。因此，人們常說一句話：「晝夜循環，痛苦易老！」

閻摩的弟弟摩奴是洪水滔天的時候留下來的唯一凡人，所以摩奴就成了人類的始祖。閻密後來成了閻牟拿聖河的河神。

蘇利耶被尊崇爲神聖的活力給予者，他激發凡人的理解力，呼風喚雨，支配運動的與靜止的一切，甚至包括其他眾神。他自己則按照固定的規律運行，他束縛住天和地，使其得以永久和穩固。他是地上第一個獻祭的人，把火種賜予人類，因此像天帝因陀羅和火神阿耆尼一樣，被視爲吠陀時代最重要的神。

而身穿緋紅色長袍，蒙著金色面紗，把生命的朝氣賜給所有的生物，並給所有的人，無論高貴或卑賤，都帶來財富和光彩的黎明女神——烏莎斯，在吠陀神話中亦是蘇利耶的妻子。

第四章 火神阿耆尼（Agni）

創世之初，創造主梵天用他的肚臍眼創造出八位善良的天神，稱爲「婆蘇」，意思是樂善好施者。他們中的老大叫阿享，意即白天；老二德魯波，後來成爲北極星之主；老三是月神蘇摩；老四達羅，意即大地支柱；老五是英俊的婆痕，即風神；老六就是火神阿耆尼；老七普拉久沙，意即拂曉；老八佳烏斯（意思是青天），意即光輝。其中以阿耆尼的威力最強大，成爲婆蘇的首領。

正如因陀羅以蘇摩爲食，阿耆尼以澆在祭火上的油酥供品爲食。爲了舔食酥油，阿耆尼長著七條舌頭，每條都有一個特定的名稱。人們堅信，火神是溝通人界與神界，使祭祀得以靈驗的保證。因此，人們敬畏地唱道：

啊，火！

火神阿耆尼

你的源泉是七，
你有七種燃料元素，
你有七種聲音，
七個神聖的聖賢屬於你，
七個可愛的住所歸於你，
用七種祭祀方法敬仰你。

阿耆尼出世時，天神們正要舉行祭典。他們希望阿耆尼成爲他們的祭司，攜帶祭典所用的祭品。這使阿耆尼十分恐懼，他害怕自己拿著祭品，當祭祀之火熄滅時，他的生命也會隨之結束，因爲這時，他還不能長生不老的。於是，火神逃之夭夭，躲到水裡不肯出來。

由於阿耆尼的失蹤，黑夜沒有了驅趕黑暗的光明之火，妖魔鬼怪趁機到處遊走，肆無忌憚地四處破壞。天神們深爲憂慮，到處尋找阿耆尼。最後，還是魚類把阿耆尼藏身的地方告訴了眾神。因爲阿耆尼藏在水中，他身上不斷散發的熱氣讓魚類驚恐不安。

阿耆尼爲此對魚類懷恨在心，他大發雷霆，詛咒魚類將會被火煎炒之後，出現在人類的餐桌上。從此，魚類成爲人類的食物。

眾神找到阿耆尼，乞求他重回陸地，「回去吧！倖免於洪水的摩奴，爲了在大地上延續人類，也該完成祭祀。除了你，誰還能將祭品帶給神祇呢？」

阿耆尼說：「大地上的祭火已經熄滅，我像水牛害怕獵人的利箭那樣害怕死去，因此我才跑出來。要是你們能使我永生，我就回去！」

天神們將阿耆尼的要求轉告梵天，然後答應他說：「阿耆尼啊，你將是我們長生不老的祭司，這是梵天的恩賜。在祭祀中，你不會有任何損傷，祭品也將有你的一份。」

從此，火神阿耆尼重回大地，和自己的兄弟月神蘇摩一起成爲祭祀的主宰者。

第五章 月神蘇摩（Soma）

蘇摩是產自同名植物的乳狀液體，是吠陀教祭祀中一種不可缺少的祭品，獻祭時由祭司喝掉，表示已被神祇享用。蘇摩汁就像樹木的汁液和動物的血液一樣，被認爲是一切生物的生命之液，正如阿耆尼是他們生命的活力。它的力量具有月亮的性質（註1），所以很快就被崇拜爲蘇摩神。

月神蘇摩自從成爲星辰、祭司、儀禮的主宰者後，不禁爲自己的榮譽和權力而忘乎所以了。有一次，他看中了祭主美麗的妻子陀羅，便趁機拐跑了她。祭主深愛他的妻子，用盡一切辦法要把陀羅要回去，但都沒有奏效。最後，祭主把梵天請出來求情，但蘇摩仍不爲所動。

原來，蘇摩的背後有太白金星之主烏沙納斯撐腰，他是阿修羅的導師，與以祭主爲導師的天神們水火不容。而天帝因陀羅與眾神則義憤填膺，迫切地要懲罰掠奪了他們導師家室的無恥賊徒，一場大戰將無可避免地爆發了。

不久以後，雙方的戰士奮勇拼殺，盾牌碰擊，長矛交

月神蘇摩

錯；到處都是擾攘的人聲，有的悲號，有的歡呼，鮮血一時之間流成小河一般。這兩支軍隊互相廝殺，喊聲震天，就像兩股洶湧的泉水匯合起來，聲音大得連大地女神也爲之顫慄。

這殘酷而瘋狂的景象讓梵天不忍睹卒，於是，他命令雙方停戰締結和約。戰爭的導火線——陀羅，也被送還祭主。

然而，祭主發現回到家中的愛妻竟已懷孕。不久，一個漂亮非凡的兒子降生了。這孩子難以形容的美妙面容使祭主和蘇摩都震詫不已，以致他們都宣稱這是自己的兒子，兩人爭執不下，一起到梵天那裡評理。

「開誠佈公地告訴大家吧！誰是孩子的生身父親？」眾神詰問陀羅。

羞愧的陀羅默然不語。

「母親啊，妳若再隱瞞實情，將會受到惡毒的詛咒呀！」那孩子忍不住叫道。

一直森冷著臉的梵天說話了，他說：「女兒呀，請告訴我，這孩子是誰的兒子？是祭主的，還是蘇摩的？難道妳要讓他們再一次互相殘殺嗎？」

「這孩子是……」陀羅努力地想抹去內心的罪惡感，吶吶地回答，「孩子的父親是蘇摩。」

蘇摩得到一個漂亮異常的兒子，十分高興。他立即爲他取名「布達」，意即明智者。梵天也封他爲布達行星，即火星的主宰。

陀羅歸還給祭主後，蘇摩一口氣娶了達刹二十七位美麗的女兒——月空中二十七星座爲妻。在這二十七個妻子中，蘇摩最寵愛羅希妮，因爲她最漂亮。結果其他二十六位妻子倍感冷落，紛紛跑到達刹那兒埋怨丈夫。

達刹把蘇摩召來，喝斥他的行爲，要求他公平對待他的妻子們，蘇摩唯唯諾諾地答應了，然而一回去，照舊我行我素，把達刹的警告全然拋之腦後，每天只專寵羅希妮。其他妻子再次跑到達刹那兒哭訴，揚言再也不回去。

達刹只好再次召來蘇摩，規勸他不能厚此薄彼。像上次一樣，蘇摩口頭答應了，妻子們也跟著他回去。可是，這一次蘇摩依然我行我素。

女兒們再次向父親告狀：「蘇摩根本不把你的話放在心上！」

達刹聞言大爲震怒，他決定要嚴懲這無禮的行爲。他詛咒蘇摩，使他染上重病。

達刹的詛咒很快應驗了，月神蘇摩漸漸消瘦，日益虛弱，月光也愈加變得蒼白無力，暗夜變得更加黑暗。大地青草開始枯萎，人間變得一片荒涼枯寂，大地再也長不出任何農作物，動物也奄奄一息，到處都是饑饉與淒涼。整個世界彷彿被死神籠罩，而這一切都是因爲蘇摩身染沉痾。

月神越來越小，越來越瘦。神祇們終於惶恐不安起來了，他們問蘇摩：「月神啊，你到底怎麼了？以前你總是光彩照人，豐滿圓潤，現在爲什麼卻變得如此虛弱不堪？」

蘇摩於是把受達刹詛咒的事告訴了天神，眾神一起到達刹那兒替他求情：「請你寬恕蘇摩吧，由於你的詛咒，他一天比一天瘦弱，現在幾乎不成樣子了。大地的一切生靈也因爲你的詛咒而遭殃，都在一天一天的枯萎。我們也是如此！要是我們也一天天邁向死亡，那麼宇宙間還存在什麼呢？」

達刹沉思片刻，終於點頭答應眾神的請求。他說：「看在你們的份上，我可以饒恕他。他可以到聖河薩羅私伐底河的入海口，掬取那裡的水洗滌自己的罪孽。不過，從今以後，每個月有一半的時間，他將逐漸消瘦，另外半個月，他又逐漸豐滿起來。」

蘇摩依言來到聖河，洗清他的罪過。那清冷皎潔的月光，再次從他身上發射出來，照耀著整個宇宙和生靈。神祇、人類和動植物一個個又都煥發了生機與活力。蘇摩從此記取教訓，對二十七個妻子一視同仁。

從此以後，每個月裡，月亮都有月圓月缺。據說，在月缺的時候，天神和來到閻摩王國的先人靈魂會吸取月神身上的蘇摩聖酒。這之後，太陽會再次補充月神的光輝。

當蘇摩巡視夜空時，他被描述成一個古銅膚色的男人，駕著由一隻花斑羚羊或十匹白馬拉著的三輪戰車，戰車後面總是飄揚著一面紅色三角旗。

◎註1：像在許多國家的神話一樣，月亮是與潮汐漲落聯繫在一起，一般說來又與生殖有關，在印度也是如此，把生命之水人格化的神也與月亮聯繫在一起。

第六章　濕婆大神（Siva）

濕婆大神是世界的創造和毀滅之神。他又被稱作「獸主」或「魯德羅」（意即憤怒），早在印度河文明時期即受到崇拜。在吠陀時期，他的地位不高，稱爲「樓陀羅」。後來在印度教時期，他與梵天、毗濕奴構成三神組合，代表創造、保護和毀滅結合。

有一個這樣的神話，講到毗濕奴與梵天陷入了他們誰更值得崇敬的爭論。就在他們爭論不休的時候，他的面前出現了一根火柱，熊熊火燄好似要燒毀宇宙。兩位大神見狀大驚失色，都決定應當去尋找火柱的來源。於是毗濕奴變成一頭巨大的野豬，順著柱子向下探尋了一千年；梵天變成一隻迅飛的天鵝，順著柱子向上探尋了一千年。但是他們都沒有到達柱子的盡頭，於是又回來了。當他們疲憊不堪地回到他們出發的地方相見時，濕婆出現在他們面前；此刻他們才發覺這根柱子原來是濕婆的林伽（註1），於是就把濕婆奉爲最偉大、最值得崇敬的神。因此，印度教的濕婆派信徒把他奉爲宇宙最高神，而另外兩

濕婆像

位大神都在他之下，有時還得聽從他的命令。

他又是節奏之神，因爲他在歡樂和悲哀時喜歡跳舞。舞蹈既象徵著濕婆的榮耀，也象徵著宇宙永恆的轉動，轉動是爲了使宇宙不朽。在一個時代結束時，濕婆會跳坦達瓦之舞完成世界的毀滅，並使之合併到世界精神之中。

當濕婆跳舞時代表宇宙的眞理：他由一個光環圍繞，由成群的精靈伴隨。任何有幸觀賞這一景象者都會注視著他，甚至魔鬼也爲之感動，於是那些不潔的邪惡的靈魂也被納入他的精神力量之中。

濕婆喜歡棲身於荒野之上、洞穴之中、山嶽之巔，或巡遊於火葬之所。在那裡，尚未化盡的骸骨累累，覓食的胡狼麇集，索命的妖魔鬼怪悠然而行。但是，這正是默想沉思之地。因此，濕婆常常被描繪成苦行之神，赤身裸體，滿身污垢，頭髮纏結，酷愛在喜馬拉雅山的凱拉薩雪峰上苦修沉思，有著極大的降魔威力；伴隨時光的推移，人們進而篤信崇拜濕婆可以獲取漫遊神域的異能。

濕婆身披獸皮，渾身塗灰，端坐於虎皮之上，手裡牽一羚羊，身旁常有一頭名叫難底的大白牛作伴。濕婆頭上有一彎新月，頭髮盤成犢角狀，上面有一個恒河的象徵物。據說，恒河環繞著喜馬拉雅山中梅盧山上的梵天之城，從山上洶湧奔瀉而下。爲了接住這狂暴的激流，濕婆站在河水之下，讓河水蜿蜒流經他束起的頭髮，之後分成了七股，這七股河水慢慢地流入人間，便成了印度的七條聖河；在眾神攪動乳海期間，他爲了拯救生靈嚥下毒液，使自己變成青頸，同時也對世界做出重大的貢獻。

除了他的青藍色喉嚨之外，濕婆被描繪成一個皮膚白皙的男人，有五個面孔，四條手臂和三隻眼睛。第三隻眼睛在他的前額中央，是一件強大的武器。據說，他的妻子雪山神女從後面走近他，用雙手捂住濕婆的雙眼，頓時額上現出第三隻眼。此眼能噴射火燄，燒燬一切。在每一個宇宙期之末，所有的天神和人畜都將被他的目光毀滅。

他另外的武器還有一柄被稱作「比那卡」的三叉戟，是閃電的象徵，標誌著濕婆是風暴之神；有一口劍；一張被稱作「阿賈伽瓦」的弓和一根底端有一個骷髏的棍棒。其他的武器是三條蛇，牠們纏在他的身上，能飛快地衝向敵人。

有關濕婆服飾和兵器的來歷有各種各樣的傳說。一次，濕婆化身爲一托缽僧人到森林中。那裡的仙人的妻子們見到他英俊的容貌，無不動情。仙人們發覺後十分氣憤，他們挖了一個大坑，然後使用魔法從坑中引出一隻老虎，濕婆制服住牠，剝下虎皮當衣服穿。仙人們又派出毒蛇和羚羊襲擊濕婆，濕婆把蛇繞在脖子上當作項圈，把羚羊緊牽在手中。仙人們又造出一塊燒得通紅的鐵塊向他扔去，結果又被他抓在手中。濕婆的披肩獲自一個橫行霸道的阿修羅，他受天神和仙人們的請求，降除此魔怪，剝下他身上的象皮，當作披肩。濕婆與妻子雪山神女生有二子，長子名鳩摩羅，爲天兵天將的統帥；次子名群主是一群小神的統帥。佛教文獻中稱濕婆爲「大自在天」。

濕婆之妻

（二）沙蒂

愛神伽摩，有五支銳不可當的花箭。爲證實這五支花箭的神奇力量，他首先向梵天和十位大神射出愛神之箭。結果梵天被情慾征服而神魂顛倒，迷戀上了自己的女兒商特耶。

正法王達摩遠遠地看到梵天和十位大神的情形，便默禱大神濕婆，使濕婆出現在梵天面前，斥責道：「梵天，你是吠陀的顯示者，你這樣做卻是違背吠陀的。吠陀說：任何人任何時候都不能用充滿情慾的目光去看母親、姊妹、女兒和兄弟的妻子。」

由於濕婆的及時勸阻，梵天和他的兒子們戰勝了自己的情慾。但梵天卻感到萬分羞愧，於是他將自己反常的行爲歸罪於愛神，並且詛咒愛神終將被濕婆的第三隻眼射出的怒火燒成灰燼。愛神聽了梵天的詛咒，十分恐慌，辯解地提醒梵天說，正是梵天讓他待在一切生靈的心中，掌管著包括梵天、毗濕奴、因陀羅等一切生靈的感情。梵天聽愛神如此說，知道自己做得過火了。但詛咒一經說出，無法收回。於是梵天補充說，雖然詛咒是不可改變的，但在濕婆結婚之後，愛神便會復生。

可是濕婆本是一個禁慾者，如何使他結婚呢？愛神苦思許久，仍然想不出辦法，只好求助於梵天。梵天對濕婆的斥責仍耿耿於懷，整天想著如何向濕婆報復，便要求愛神去引誘大神濕婆。愛神提出要春神做助手，於是梵天派了春神和愛神一起去擾亂濕婆的心。

愛神使出渾身解數，濕婆仍然無動於衷。梵天只好請求毗濕奴的幫忙。於是毗濕奴就要梵天去膜拜世界之母，說只有這樣他才能達到目的。

聽了毗濕奴的話，梵天就通過苦修使世界之母濕娃女神歡喜，然後請求她投胎爲陀刹的女兒。不久，女神降生了，四周一片歡騰，陀刹爲她取名「沙蒂」。

沙蒂和普通人一樣經過童年的戲耍，漸漸長成一個亭亭玉立的少女。梵天、毗濕奴和陀刹便各自帶著妻子一起來到凱拉薩山上。眾天神見到三界之主濕婆大神，急忙向他行禮，唱頌歌。大神濕婆十分高興，問眾神來到凱拉薩山上做什麼。

梵天對濕婆說：「大神啊！沒有你的幫助，我無法完成創造；如果你不消滅惡魔，我怎能有機會創造！啊！世尊，我和毗濕奴都結婚了，你現在也請結婚吧！這是我們大家的請求。」

濕婆回答說：「我是一個苦行者，我只在瑜伽修行中感到樂趣。對一個苦修者來說，享樂是沒意思的。不過，我不想讓你們失望。問題是，在你們看來，是否有這樣一位女人，她能夠忍受我的力量，並且按照我的意願成爲一個女苦行者呢？」

聽了濕婆的話，梵天就講述了陀刹之女沙蒂的誓願和戒行，說沙蒂是合適的人選。大神濕婆接受請求，接納了她。在場的眾神一片歡騰，紛紛祝賀。於是沙蒂成爲濕婆的妻

沙蒂

子，來到凱拉薩雪峰，在那裡度過了二十五年。然後，他們又到了喜馬拉雅山中一處十分美麗而幽靜的地方。

有一天，許多仙人聚集在缽羅耶伽（註2），他們要舉行一次很大的祭祀。梵天帶著妻子，濕婆帶著沙蒂和僕從都來參加祭祀。眾神和仙人們都把大神濕婆當做自己的主人，向他行禮、唱頌歌，然後才坐到自己的位置上去。這時，剎陀也威風凜凜地來到祭祀場中，眾神懾於他的威名，都恭敬地站起來迎接，唯獨操縱世間萬物、至高無上的世尊濕婆安坐在自己的位置上，沒理睬陀剎。陀剎看到大神濕婆不把自己放在眼裡，被激怒了。

爲了羞辱濕婆，陀剎也在迦那劫羅聖地舉行一個很大的祭祀。他邀請了所有的大仙、天神、毗濕奴和梵天，唯獨不邀請濕婆。陀剎殷勤地款待所有被邀請來的貴賓，請他們住在明亮豪華的宮殿中。陀剎雖然很疼愛自己的女兒沙蒂，但因爲她是濕婆的妻子，所以也沒有邀請她。眾天神和仙人們都沒有注意到濕婆未被邀請參加祭祀，只有最崇拜濕婆的達提支發現了這一點。他惶惑地說：「所有的天神、仙人們，聽我說，世尊濕婆爲什麼沒有光臨這祭祀？只有濕婆蒞臨的祭祀才是聖潔的呀！我們應該馬上去請濕婆來，否則這祭祀將無法完成。」

陀剎聽了這番話十分惱怒，他傲慢地說：「大神毗濕奴在這裡，梵天在這裡，因陀羅和眾天神都在這裡，那樓陀羅（濕婆）對我們還有什麼意義？」

「沒有大神濕婆，這祭祀便不成爲祭祀，你們會因此被毀滅掉的！」達提支憤然離去。

在此同時，沙蒂已經得知父親沒有邀請自己丈夫出席祭典，她困惑不解地請求濕婆與她一道回去問個明白。但濕婆說：「啊！女神，妳的父親陀刹同我作對，對我懷有敵意，所以沒有邀請我去參加祭典。沒有受到邀請便去參加，是要受侮辱的，所以妳要我去參加陀刹的祭祀是不對的。」

聽了濕婆的解釋，沙蒂生氣地嚷道：「我要知道我那行爲惡劣的父親爲什麼沒有邀請你，大神，請你允許我去吧！」

通曉一切的濕婆聽沙蒂如此說，便道：「如果妳決心要去，我允許。將這神牛打扮一下，騎著牠去吧！」

沙蒂遵命打扮好神牛和自己，就去父親家了。八萬僕從遵照濕婆的旨意，陪同沙蒂一起去參加大典。

沙蒂回到家中，受到母親和姊妹們的眞誠歡迎，但陀刹和他的追隨者卻對她表示輕蔑。沙蒂看到那大典中，毗濕奴、梵天、因陀羅等一切諸神都有自己的位置，唯獨沒有濕婆的，感到很生氣。她覺得受侮辱，於是面對在場的眾神高聲說：「這整個世界是因爲濕婆的恩典才聖潔高貴的，所有的祭品和咒語都屬於濕婆。你們怎麼能不邀請他？沒有他，這祭祀是不會成功的。難道你們把濕婆錯當成普通的神祇，而敢於這樣輕視他？啊！父親，你不義且沒有理智，難道你不知道梵天和毗濕奴都服從濕婆嗎？」

沙蒂又轉向毗濕奴說：「毗濕奴，難道你不知道濕婆的眞諦？他們說濕婆無德，濕婆多次教導過你，可是沒主見的毗濕奴啊，你還是沒有悟到眞諦，看到自己的主人沒有位置，你竟先接受了自己的那一份！」

沙蒂接著說：「啊！梵天，你先前就曾經因爲冒犯過濕婆，被他燒掉了一個腦袋，難道你忘記了？還有因陀羅，你忘了大神濕婆顯出樓陀羅相而燒掉了你的金剛杵？眾大仙、眾天神啊，你們怎敢這樣做？」

聽了沙蒂的這番話，諸神都害怕得默不作聲呆坐那裡。只有陀刹瞪著兩眼忿忿地說：「妳的丈夫是個不吉祥的象徵。他違背吠陀，是魔怪之主，因此我不邀請他。我輕信梵天的話，把妳給了他。啊！我的女兒，請妳不要再惱火，既然來了，就接受妳自己那一份祭品罷！」

沙蒂聽了父親的這些話，心裡很痛苦，她用譴責的目光望著自己的父親，心想：「我怎麼回濕婆那裡去呢？他要是問起來，我如何回答才好？」想到這裡，沙蒂憤怒地對父親說：「凡是誹謗他人和聽任別人誹謗的人都必定要下地獄。因爲你是我的生父，所以濕婆有時又叫我作陀刹之女。現在我因這名字而感到羞辱和痛苦，我要拋棄你給的這可惡和卑賤的肉身。眾天神和仙人們啊！請你們聽我的話，你們的行爲該受到譴責。你們全都變得如此愚昧無知，你們誹謗了濕婆，因此很快就會遭到懲罰！」

說完，沙蒂閉口不再言語。她平靜地坐在地上，默禱著自己的丈夫，然後縱身跳入祭火，被火燄呑噬。頓時，空中和大地上一片哀鳴和喧囂，眾神都被眼前的景象駭住了。濕婆的八萬僕從看到這情景也都抓起自己的武器，憤怒地吼叫起來。他們的吼聲震盪著天地，嚇得在場的眾神和仙人們肝膽俱裂。這些僕從瘋狂地喊叫著、揮動著手中的刀劍，有的像瘋了似的用鋒利的尖刃砍下自己的肢體，扎毀自己的頭、臉。有的怒不可遏地衝向陀剎，想要殺死他。陀剎爲了阻止他們破壞祭典，不停地向祭火獻禮。於是從祭盆中生出了許許多多的阿修羅，這些阿修羅同濕婆的僕從展開了激烈的戰鬥。因陀羅、毗濕奴等天神在一旁默默地觀望著，誰也沒有能力來結束和制止這一切。

激戰中，濕婆的八萬僕從被阿修羅擊退。他們倉皇地逃回，向濕婆稟告沙蒂如何爲了維持丈夫的榮譽，自焚殉夫的全部經過。濕婆傷心欲絕，爲沙蒂之死而悲痛得發瘋，他從餘燼中取出她的屍體，緊緊抱住連聲呼喚著她。他的情感如此瘋狂，七次環繞著世界跳舞，舞蹈的節奏如此強烈，整個宇宙和萬物也都遭受了痛苦。最後，毗濕奴爲了結束這瘋狂的哀悼，把仍在濕婆懷抱中的沙蒂的屍體砍成五十塊，這樣才使濕婆恢復了理智。而沙蒂屍體碎片掉落的地方都變成了聖地；從此，沙蒂被認爲是理想的印度教妻子，她自我犧牲的榜樣導致了「沙蒂」（寡婦自焚殉夫）的習俗。

（二）雄賢

但這種仇恨還未了結，濕婆忿恨地現出了他的大樓陀羅相（魔鬼）。樓陀羅拔下自己的一束髮辮，怒氣沖沖地朝山峰抽去。只聽震撼天地的一聲巨響，髮辮立即斷成兩截。髮辮的前半段生出了一個英武勇猛的戰士，他力大無窮，這就是始終忠實於濕婆的雄賢。雄賢有兩千隻手臂，他的氣勢像末日的火燄一樣猛烈。髮辮的後半部份生出了迦梨女神，她膚色黝黑，相貌醜陋，遍體血污，被千千萬萬數不清的惡魔簇擁著。

這時，雄賢合手向濕婆行禮後說道：「啊！大樓陀羅，有著太陽和火燄一樣眼睛的大神，請快快告訴我，你需要我做什麼。如果你命令我，我可以瞬間吸乾大海、粉碎高山。啊！大神，你是讓我立即焚燬宇宙梵卵，還是燒死眾神和大仙們？你是命令我搗毀整個世界，還是毀掉一切生命？你讓我到任何地方去做任何事，我都遵從！」

世尊濕婆聽了雄賢這番表白，十分滿意。他祝福了他，然後對他說：「雄賢，你聽我說，梵天之子，那個正在舉行祭祀的陀刹是個愚蠢又驕傲且背叛我的人。我要你徹底搗毀他的祭典，速去速歸。凡在場的任何天神、大仙，都該被燒成灰燼，毗濕奴、梵天、因陀羅、閻摩，凡是你見到的，都將他們毀滅，還有一切被達提支詛咒過的！」

雄賢

於是千千萬萬數不清的僕從追隨著宛如世界末日之火的雄賢，一起去討伐陀刹。雄賢的脖子上繞著蛇，身著和濕婆一樣的服飾，揮動著上千隻手臂，乘著一萬隻獅子駕駛的兩千肘長的戰車。虎、豹、鱷和大象跟隨其後，那凶惡殘暴的迦梨女神也率領九位杜爾迦女神前來助戰。

就在雄賢整兵待發的時候，陀刹和眾神都預感到災難即將降臨，陀刹的身體不由自主地抽搐。祭祀場開始震動；太陽出現黑斑；中午時分天空出現星斗；流星像閃電和火燄一樣紛紛墜落；飛禽走獸倉皇四竄，哀嚎不已；天空中突然降下紅雨。眾天神個個驚慌失措，連毗濕奴也感到十分恐懼。

「你們！所有集合在這裡的神祇們，」這時，天空中一個洪亮的聲音說道：「全力應戰吧，否則你們終將被毀滅！」

聽到這番話，因陀羅自信地騎上神象，抓起自己的雷杵，使天上發出一聲霹靂；地下的土神報以猛烈的地震；火神騎著公羊，水神騎著鱷魚，他們大聲呼嘯著，準備同濕婆的僕從決一死戰。

一時間，戰鼓、螺號震天響起，大自然又陷於混沌，一切如同開天闢地一樣。

濕婆僕從們舉起巨大的石塊和整根大樹像風暴一樣猛擊祭場眾神，那力大無比的雄賢勇士揮舞著三叉戟，將神祇一個個打翻在地。由於咒語的力量，眾神潰敗如潮水，誰也顧不得誰，各往各自的天界奔逃。

這時，雄賢抽出一支黑色利箭，利箭如閃電般飛向陀剎的祭品，祭品立刻變成一隻羚羊飛向天空，成了星空中獵戶星座的一部份；其他濕婆從者在祭火上傾下如雨的糞便，終於徹底毀掉了陀剎的祭祀。陀剎嚇得躲了起來。雄賢捉住陀剎，然後擰下他的頭，扔進火盆中。

雄賢大獲全勝，仰天大笑。勝利女神這時圍繞著他，天上降下一陣花雨。一陣清爽溫馨的微風吹來，濕婆隨從們敲起了勝利之鼓，簇擁著雄賢回到凱拉薩山上。濕婆看到雄賢出色地完成使命，十分高興，就使他成為自己僕從的首領。

雄賢殺死陀剎之後，梵天很爲自己的兒子憂傷，於是他去找毗濕奴。毗濕奴率領眾神來到凱拉薩山上，在濕婆面前虔誠地唱贊歌。

濕婆高興了，就對他們說：「我寬恕你們，雖然陀剎的頭已燒成灰燼，但可以給他安上一只山羊頭，讓他復活，至於諸位天神的傷將會痊癒。」

◎註1：全印度各地有許多濕婆神廟，廟中常供奉一根石柱。石柱被稱為「濕婆林伽」即濕婆生殖力的象徵。

◎註2：缽羅耶伽，恒河與閻牟那河匯流處，被認為是聖地。

第七章 眾女神

吠陀神話中有一些能歌善舞的美麗女神，例如黎明女神烏莎斯，以及身兼辯才、音樂、學問女神的河神娑羅室伐底皆是。而在印度教神話中，夏克地（性力）的崇拜極盛，像濕婆的妻子雪山神女，毗濕奴的妻子拉克希米，愛神伽摩的妻子羅蒂，兇暴的殺戮女神杜爾迦和比杜爾迦更可怕的黑色地母迦梨等等，就很廣受崇拜，而這崇拜女神的一派，就稱爲夏克地派，在印度甚爲流行。

（一）雪山神女（Parvati）

陀剎之女沙蒂在祭祀中自焚獻出了肉身，此後，她轉世投胎成爲眾山之王喜馬諧爾（喜馬拉雅山）之女。仙人們給新生的女嬰取名叫「帕爾瓦蒂」（雪山神女）。

雪山神女慢慢長大，開始從師學習。一天夜裡，她做了個夢，夢裡一個婆羅門告訴她，她的丈夫將是一個瑜伽修行者，他赤裸著身體，是無情慾的、無祖先的人。

帕爾瓦蒂

翌日，雪山神女將夢境告訴了父親。

「只有一位天神具有這樣的特徵，」喜馬諧爾說：「那就是大神濕婆。」

不久，濕婆帶著許多僕從來到喜馬拉雅山上準備修苦行。

喜馬諧爾於是親自領著女兒，帶著許多精美的禮品來侍奉濕婆。並虔敬地請求濕婆恩准他可以每日前來膜拜，同時還請求給他的女兒雪山神女侍奉濕婆的機會。濕婆同意了第一個請求，但卻拒絕雪山神女的侍奉。

雪山神女原本滿心以爲自己的新化身可以輕而易舉地吸引住濕婆，她只等待濕婆再次向她求婚。因此她歡渡時光，唱歌跳舞，梳妝打扮。但是她白等了一場，因爲濕婆對沙蒂之死是如此傷痛，以至於沉緬在苦修生涯，貫注於自己的禪定。

於是雪山神女試圖取悅他，自己也修煉苦行，她虔誠刻苦，致使她的膚色從原來的黝黑變成光彩的金黃。然而，對於近在咫尺、風華絕倫的女神，濕婆仍然無動於衷，這使眾天神十分不安。

原來，達剎的一個名叫底提的女兒，通過苦修得到梵天的歡喜，得了一個名叫婆奢拉伽的強壯兒子。這個婆奢拉伽又生了一個總是製造混亂的兒子，名叫多羅迦。

梵天非常寵愛多羅迦，給了他除濕婆的兒子外，誰都無法戰勝他的恩典。於是多羅迦胡作非爲起來。他搶走了天帝因陀羅的神象、財神俱比羅的九件寶、太陽神的白駒以及眾神的吉祥物，並且將天神們趕出天界，讓阿修羅們佔據那裡。沒有一位天神能夠對抗他的強大勇猛，他們都被這個阿修羅之王擾亂得痛苦不堪，於是眾神請出愛神迦摩到凱拉薩雪峰去用他的一支箭點燃濕婆心中的慾火。

愛神受了天神的委託，就帶著自己美麗的妻子羅蒂和助手伐森多（春神）來到喜馬拉雅山上。他們一到雪峰，冰雪頓時消融，和風習習，鳥語花香！愛神引甘蔗製成的弓，挽鮮花爲簇的箭，搭上蜜蜂連結而成的弦，伺機而發。就在這時，雪山神女走近濕婆，世尊濕婆稍一鬆弛，迦摩之箭立即脫弦飛去，不偏不倚，正中濕婆。

濕婆盯住近在眼前的神女，原本沉穩的眼眸立即熾熱起來，她是如此地美麗絕色！以至於他的心猛然怦動，一種無法自抑的感情襲上心頭，這樣的感覺他不曾有過……

「我是怎麼了？這是多麼奇怪的事情？是哪個卑鄙的東西使我平靜的心產生這樣的變化？」大瑜伽神濕婆這樣想著，向四周環視。

於是，他看到愛神，正爲自己的傑作沾沾自喜。世尊濕婆怒不可遏，睜開額上的第三隻眼。像世界末日之火的烈燄頓時噴射出來，正在天上、地上四處奔逃的愛神立即化成灰燼，愛神迦摩從此被稱爲「無形」。

愛神雖然成功地激起了濕婆的愛慾，但是這位大神仍保持著他的意志力，並沒有放縱他的情感，又繼續進入禪定中。

失望又傷心的雪山神女輕嘆一聲，轉身離去。這時，天上下起大雨，眾神爲了她在哭泣。雪山神女仰頭看著天空，淚水終於悄悄地滑落。許久許久，神女拭乾了淚水，然後堅定地開始了她那連大仙也難以完成的苦修。

她在雪峰上建了一個祭台，炎炎夏日，她在四周堆起柴火點燃，自己坐在火圈中，日夜誦讀濕婆贊語；雨季，她坐在光禿的岩石上，任傾盆大雨潑灑在身上；冬日，在無數寒冷的夜晚，她愉快地浸在冰水中，專心致志地誦著眞言。在第一年中她吃野果子；第二年，她只吃樹葉；後來，她什麼都不吃，就這樣過了三千年。

然而，這樣偉大的苦修卻使得三界中的神祇、阿修羅和一切生靈感到燒灼般的痛苦，他們不明白究竟是怎麼回事。於是因陀羅和眾神便來到須彌山上，尋求梵天的保護。

「啊！大神，你創造出來的這整個世界爲什麼如此灼熱？我們誰都不知道這其中的奧秘。梵天大神啊，請你告訴我們原因。我們的身體像是被火焚燒一樣。除了你，我們再也沒有保護者了。」眾神訴苦著。

梵天知道這是因爲雪山神女偉大的苦修造成的，於是指引眾神來到凱拉薩山，由仁慈的神牛南迪代表大家去請求濕婆。

「啊！世尊濕婆，被惡魔折磨得痛苦不堪的眾天神，爲了拜謁你而來到這裡。他們是爲了請求得到你的庇護來的。啊！至高無上的大神、仁慈的大神，你應該保護他們，因爲你一向被稱做是崇拜者的保護神。」

閉目的大神濕婆慢慢地睜開眼，停止了他的沉思。他對眾天神們說：「你們到我這裡來究竟爲了什麼？」

「啊！大神，神祇們被阿修羅王多羅迦折磨得痛苦不堪，沒有寧日，因此我們一起來請求你的庇護。只有你的兒子，才能戰勝那個惡魔。我們大家懇求你結婚。眾山之王喜馬諧爾要讓自己的女兒雪山神女做爲服侍你的妻子。請你答應我們的請求，結婚生子吧！」神祇們說。

但濕婆閉口不語，又繼續他的沉思。眾神既失望又不安，只好各自返轉天界。

一天，雪山神女正躺在冰水中折磨她的肉體，忽然出現了一個婆羅門。

「妳爲什麼要如此摧殘妳那可愛的身子？」婆羅門問。

「因爲我要用這極端的苦修使濕婆大神滿意和高興起來，讓他喜歡上我。」純潔的神女如是說。

那婆羅門仰天大笑：「姑娘，妳曉得濕婆是什麼德行嗎？他是一個無家可歸、出沒於墳場的骯髒下流的老乞丐呀！」

「那只是大神的外表，我依然尊敬、熱愛他。」神女絲毫不以爲意。

「啊！孩子，妳是不了解濕婆的，因爲他是個極冷漠的人。現在該放棄妳的苦修了。站起來，回到妳父親家去罷！那個燒死了愛神的大神不會滿足妳的心願的，他不會接受妳，就像誰也無法得到月亮一樣。」婆羅門繼續說道。

「雖然我已經講過好幾次了，但是現在還是請你聽聽我的誓言。」雪山神女堅定地說：「毫無疑問，大神是極冷漠的，他在憤怒的時候竟將愛神燒成了灰燼。但我一定要用苦修使濕婆歡喜，屆時我的苦修之力將充滿宇宙，大神濕婆最終會喜歡我的。」

望著雪山神女堅毅的眼神，婆羅門爲之動容，現出了濕婆的面貌。

在一個吉日良辰，濕婆來到喜馬拉雅山神女的家裡與她結婚。

後來，他們生了兩個兒子，一個是戰神鳩摩羅，又稱塞健陀，一個是象頭神群主。因爲他們，魔怪如期降除，寰宇得以安寧。

（二）拉克希米

拉克希米亦稱室利，因爲做爲毗濕奴的妻子而有顯赫的地位。她是普利古仙人的女兒，在眾神被趕出他們王國的期間曾在乳海避難。後來在攪動乳海時她又再生爲幸福女神，是十四件寶物之一。

拉克希米姿妍貌姣，清而不豔，俏中帶有嫻靜，風姿綽約而不失優雅。當她從乳海中浮現時，眾神們心中立即燃起了愛慕之情，紛紛表示希望娶她爲妻。濕婆是第一個要求得到她的，可是由於他已抓住了月亮，拉克希米主動把手伸給她自己更傾心的毗濕奴。

此後，拉克希米在毗濕奴的每一次化身時都再生爲他的

拉克希米

妻子。在他化身為侏儒時，拉克希米從水中誕生，飄浮在一朵蓮花之上，因此她被稱為帕德馬（蓮花）。當他變成羅摩時，她就是忠貞的悉多，生於犁過的田地的一條壟溝。當他化身為黑天時，她進入他一生中的兩個階段：既是牧女拉達又是他的妻子魯克米尼。

由於拉克希米參與了保護神毗濕奴的活動，因此她也成為命運女神和財富的賦予者。儘管她忠貞不渝，但是她也被描寫成「反覆無常的女神」，因為命運之輪永遠在變化。

拉克希米一般被描繪成美麗的金膚色女人，通常坐在或站在她的象徵蓮花之上。雖然她實際有四臂，但作為女性美的典範，她常被描繪成只有兩臂。她通常與丈夫一起受崇拜，當他躺在大蛇謝沙盤繞的蛇身上時，她被描繪成撫摸著他的腳，表示她對他的虔誠；或者依傍著他坐在一朵蓮花之上；或者與他一起騎在金翅鳥王身上。當她單獨被崇拜時，她被認為是最高存在的女性潛力「世界之母」。

（三）杜爾迦女神（Durga）

在遠古，有一個名叫杜爾迦的魔鬼，女神就是從他那裡得到她的名字。他征服了三界，把因陀羅和眾神趕出他們的天國，神祇就像凡人一樣在人間遊蕩。惡魔廢除了一切宗教儀式，禁止誦讀《吠陀》，並強迫眾神崇拜他們。河流改變了河道，火燄失去了熱力，群星消失了蹤影。惡

杜爾迦女神

魔充滿了自然界，他們隨心所欲地呼風喚雨，甚至強迫莊稼生長。

眾神來到梵天、毗濕奴和濕婆大神面前，請三大神替他們作主，幫助他們消滅惡魔。

聽了眾神講述惡魔的劣跡，毗濕奴和濕婆非常憤怒，三大神決定消滅這個惡魔。他們商議了片刻，然後互相注視，當他們的目光相遇時產生了一種混合的能量，召喚出一個光彩奪目、照亮所有天國的女神——杜爾迦。

被惡魔逐出天堂的眾神看見女神誕生，都發出歡呼。然後紛紛將自己神奇的兵器獻給女神。濕婆給了女神三叉戟，毗濕奴給了神盤，伐樓那給了她神螺，火神給了她長矛，因陀羅給了她雷杵，並從神象的頭上解下神鐘給她，海神給了她用盛開的蓮花結成的花環，喜馬拉雅山神給了女神一匹獅子當坐騎，

擁有眾神神器的杜爾迦女神

於是杜爾迦女神出發去打擊惡魔。

與她對陣的是一支擁有三千輛戰車、一千二百頭大象、一千萬匹戰馬和無數妖兵的魔軍。她率領她召來援助的各種精靈迎戰這支魔軍，現在一場大戰開始了，戰鬥中杜爾迦遭到魔鬼們施放的暴風雨般的亂箭和一陣陣飛石滾木的攻擊。但是杜爾迦長出一千條手臂，向敵人猛擲出一件件武器。魔鬼擲出兩支燃燒的長槍，但被杜爾迦用一百

支箭擋在一旁，她順手抓住魔鬼並把他踩在腳下。魔鬼掙脫了，戰鬥又重新開始。

此刻，女神從她自己身上產生了九百萬個精靈，這些精靈一下殲滅了全部魔軍；然後魔鬼又向她擲來一座大山，她把山切割成七塊，用箭射它們使之無害。這時，魔鬼又變成一頭山一樣大的大象，但被杜爾迦女神短彎刀似的指甲撕成碎塊。魔鬼接著變成一頭巨大的水牛，用力把樹木連根拔起，連同山峰石塊一齊向女神擲去。但是杜爾迦用她的三叉戟刺進他的身體，迫使他現出原形——一個長著千臂、每手各執一件武器的醜陋鬼怪。這時杜爾迦以她的千手抓住敵人的手臂將他掀倒，再以利箭貫穿他的胸膛，他終於浴血而死。勝利之後，女神便採用杜爾迦的名字。

第八章 戰神鳩摩羅（Skanda）

鳩摩羅即塞健陀，是眾神的保衛者，有著炯炯目光，相貌俊美，身著絳衣，披金甲，戴金冠，以金耳環為飾，全身戎裝，時時刻刻嚴陣以待，其聲則頗似海洋咆哮。

在眾神與群魔相搏之時，鳩摩羅所向無敵，勢不可當，猶如太陽驅走黑暗，猶如火燄摧毀樹木，猶如風捲殘雲。他比任何一位前輩都更忠於職守，似乎除了戰績之外別無興趣。他甚至對女人也不感興趣，事實上據大多數神話的說法，他不喜歡女人，也不允許她們進入他的神廟。也是因為如此，他才被稱為鳩摩羅（童子身）。

關於他的出身，有多種說法，下面這個故事是最廣為流傳的。

（一）戰神出世

婚禮之後，濕婆領著雪山神女來到凱拉薩山上一處

戰神鳩摩羅

十分迷人的僻靜地方，在這裡他們成年累月地歡愛。過了很久很久以後，眾神見他們仍沒有生下半個孩子，都很著急。於是他們找到梵天，又一起來到毗濕奴面前，請示毗濕奴去懇求濕婆停止享樂，專心生個兒子。

毗濕奴對眾神說，妨礙男歡女愛是大罪過，又說：「你們不要企圖去阻止濕婆和雪山神女，我知道滿一千年之後，濕婆就會停止他的歡愛。」

聽了毗濕奴的話語，眾神無可奈何地回到天界去了。

濕婆和雪山神女還在繼續他們的歡愛，他們使整個三界顫抖，天神們又擔憂起來。他們再次來找毗濕奴，於是毗濕奴便率領眾神來凱拉薩山上，在這裡膜拜和讚美世尊濕婆。毗濕奴一邊讚頌，一邊眼裡噙滿淚水。

濕婆爲毗濕奴的淚水所感動，爲眾天神的讚頌而欣喜。於是他走出來說道：「歡樂和痛苦由我主宰，瘟疫和豐饒聽我安排，我控制著心臟和血脈，煽起生活的熱情，降下滅頂之災……如果你們有能力接納我的精液，那你們就拿去罷。讓它生成兒子，去殲滅多羅迦。」

語罷，濕婆就將自己的精液甩在地上，在眾神的請求下，火神阿耆尼變作一隻鴿子啄食了它。

當雪山神女知道這一切後，她覺得自己的母性受到傷害，於是恨恨地詛咒眾神再也得不到快樂，天神們的妻子不但要遭受愛慾的煎熬，而且不能再生育。火神阿耆尼啄取了濕婆的精液後，也感到難以忍受的痛苦，眾神們再度陷入絕望之中。

這時因陀羅來了，他告訴火神該怎麼做。於是在印曆十一月，阿耆尼來到缽羅耶伽聖地，將濕婆的精液透過毛孔放進在這裡洗澡的七仙人妻子們（除了阿倫特蒂）的體內。若六位仙人的妻子懷孕了，到了那個時候，她們就把共同孕育的胎兒留在眾山之王喜馬拉雅山上，眾山之王無法承受，就將它丟進恒河，恒河也無法忍受，就將它湧上岸，拋在娑羅根達林中。在這林中，印曆九月的白增月的第六天，濕婆的兒子出生了，他被稱爲戰神塞健陀（鳩摩羅）。

戰神塞健陀出生後，眾友仙人來到娑羅根達林。戰神看見眾友仙人，就請他爲自己舉行一場聖禮。眾友仙人聽見一個新生嬰兒竟然說出這樣的話，很驚訝！他說自己是一個刹帝利，不能做婆羅門祭司才有權做的事。於是戰神塞健陀就給眾友仙人恩典，使他成爲婆羅門。眾友仙人便以婆羅門的身份，按規矩爲王子舉行了出生聖禮。另一位仙人雪白大仙親吻了塞健陀王子，然後給了他十分厲害的武器。

塞健陀王子接受了這些武器，帶著它們來到伽郎遮山。爲了試驗這些武器的力量，他舉著它們朝山峰砍伐。頓時崩裂的巨石滾落，大地震動，驚愕的阿修羅們如浪濤一樣奔湧過來，但戰神給予迎頭痛擊，他們死傷狼藉，成群地倒在山下。

因陀羅被震驚了，如疾風般地趕到這裡，他高舉手中的金剛杵，凶猛地往塞健陀擊去，這雷霆的威力甚至使大地爲之顫慄，但金剛杵所到之處卻生出三個孔武有力的布魯沙，他們都長著四臂，因陀羅見著此景，驚得立即求和。

戰神又來到天界，正在池中沐浴的昂宿六仙女看見他，便一齊跑來呵護他。王子一下生出六張嘴，然後用這六張嘴去吸吮六神女的奶水。昂宿六女神將王子帶回家中，用奶餵養他。

一天，雪山神女忽然憶及上次事件，就問濕婆孩子的下落。濕婆向眾天神詢問此事，於是知道他已經有了一個王子塞健陀。濕婆指示僕眾，從昂宿女神身邊將塞健陀接回。

（二）大戰多羅迦

王子在這裡受到眞誠熱烈的歡迎，濕婆和雪山神女爲王子舉辦了盛大的典禮，在吉時良辰爲他進行繫聖線的儀式。然後用恒河水、朱木拿河和娑羅期婆蒂水比及海水爲他洗浴，接著又請王子坐在一個十分華美的寶座上，眾神還給王子奉獻了各自的寶物：毗濕奴給他神杵和神盤；因陀羅給他神象；濕婆給他三叉戟；吉祥天女給他一枝蓮花；其他天神也紛紛獻出自己的寶物。眾神齊聲讚頌了濕婆之後，請求濕婆允許塞健陀王子成爲神軍的統領，率領眾神去消滅多羅迦。

世尊濕婆同意了眾天神的請求，爲王子舉行灌頂禮，使他成爲神軍的統帥，然後戰神就率領自己的軍隊出發了。

當阿修羅之王多羅迦得知自己的城堡佈滿了神祇時，立即召集軍隊，要他們準備應戰。不久，雙方便展開了激戰。首先和多羅迦對陣的是因陀羅，他揮舞著金剛杵，直衝向敵人，但那像秋天夜空的星星那樣閃亮的金剛杵，卻僅從多羅迦的肩頭擦過，沒有傷到他，因陀羅懊惱地敗下陣來。接著毗濕奴上陣交鋒，他手舉神杵向多羅迦劈去，卻被他的三鋒神箭射成了兩截。英勇的雄賢見狀衝上前去，如同猛獅一樣以三叉戟砍傷了多羅迦，但魔王的氣燄銳不可當，負傷舉起一塊巨石朝雄賢扔去，正好擊中他的腿骨，將它擊得粉碎，筋脈折斷，這神祇跌在地上，失去知覺。

多羅迦越戰越勇，力量有增無減，這使眾神有些恐懼。梵天來到戰神塞健陀跟前，對他說：「勇敢的戰士，因爲我曾給過多羅迦恩典，所以除了王子之外，任何天神都奈何不了他。這是我的罪過，現在我請求你驅策著戰車向得意的魔王衝去！」

多羅迦遠遠看見年輕的塞健陀沒命地衝上來，嘲笑地對神祇說：「連你們都不是我的對手，卻讓這麼個小孩子來送死？」

戰神大聲咆哮，就如同千萬人的吼聲合在一起，天神和阿修羅都爲之悚懼，甚至多羅迦也怦怦心跳，但他既已出言挑釁，當然不能退縮。

兩位戰士打得難分難解，不分高低。夜幕已經降臨了幾次，仍分不出勝負。於是，塞健陀默禱濕婆和雪山神女，他們立刻乘雲直升天上，駕馭著一陣疾風趕到。然後塞健陀拔出寶劍，狠狠地刺向敵人的胸腔，多羅迦的胸膛頓時裂開，彷彿通往地獄的入口，瞬間攫奪了他的生命。

圍觀的眾神看得目瞪口呆，大聲叫好，歡天喜地地用鮮花向戰神禮拜，齊聲稱頌他。天界一片歡騰。

第九章｜象頭神伽內什（Ganesa）

伽內什是最受大眾喜愛的印度教諸神之一。他排憂解難，人們在開始做某件事的時候，無論旅行、造屋、著書甚至寫信都要祈求他保佑。他也是智慧和謀略之神，擅長書寫並精通經文。正是他根據毗耶薩仙人的口述寫下了《摩訶婆羅多》。這部史詩之所以成爲如此和諧的作品，據說是因爲伽內什在同意寫下它之前曾約定，口述絕不能含糊其詞，他必須能聽懂每一句的意思，而且伽內什還是濕婆的軍隊伽那提婆的首領。

他被描繪成一個矮胖、大腹便便的男人，黃皮膚，四臂和象頭上長著一根象牙。他手上分持法螺、輪寶、棍棒或狼牙棒和睡蓮。他騎著一隻老鼠，或由老鼠伴隨左右。

關於他傳奇的來歷，同樣也是眾說紛紜，下面的幾個故事頗具代表性。

伽內什

（二）象頭神的來歷

得了塞健陀這樣一個驍勇善戰的兒子，濕婆難掩喜悅之情。雪山神女很不是滋味，便向毗濕奴祈禱求子。當大神賜予她一個兒子之時，她爲兒子感到十分驕傲，召集一切眾神來讚美他。

諸神都目不轉睛地凝視著漂亮的孩子，唯獨薩尼（土星之主）低頭看著地面。

「薩尼，你竟然如此不敬？」雪山神女不悅地問。

「尊敬的女神，我是不得已的呀！」薩尼低聲地辯解。原來他被他的妻子詛咒了，她詛咒他說任何生靈一經他雙目凝視就會被燒成灰燼。

不過，倔強的雪山神女卻認爲她的兒子可以免遭這種危險，執意讓薩尼看看他，讚美他。於是悲劇發生了，一陣火光閃爍，伽內什的頭霎時被焚燒殆盡。

雪山神女目睹一切，痛不欲生，她憤怒且怨恨薩尼，詛咒他成爲瘸子。自此以後，她再也不參加眾神的聚會，也不管一切世事。而薩尼也感到冤屈莫名，成天向眾神之王訴苦。梵天不得不設法打開僵局，他召來雪山神女，指示她說，如果能把得到的第一顆頭安在她兒子身上，他就能使他復活。因此毗濕奴就派鳥王伽魯達去尋找，他看見的第一個生物是一頭正在河邊睡覺的大象，他砍下牠的頭，帶回來交給了雪山神女。

象頭人身的伽內什復活了，濕婆立他爲自己無數僕從的統領，取名叫「群主」。智慧女神給伽內什送來筆和墨水，使他成爲學識之神。同時，他也是商人和旅行者的守護神。大地女神還特別褒賜他一隻老鼠，讓這隻老鼠成爲他的坐騎。

還有另一個使雪山神女成爲伽內什的創造者的故事傳說，在諸時代之間的一段昏暗時期，大批微不足道的人類通過參拜蘇摩那特神殿得以進入天國，結果天國爆滿，地獄空虛。眾神派因陀羅爲代表，請求濕婆幫助扭轉這種局面。在濕婆的指點下，眾神又去請雪山神女幫忙，她搓下身上的泥垢，捏製了一個四臂象頭的生靈。他將誘導人對財富懷有強烈的慾望，使他們再也不想花費時間朝聖。

濕婆聰明的兒子象頭神伽內什

有時，據說是濕婆創造了伽內什：一天，眾神和仙人們來到濕婆那裡反映了行善和作惡都沒有阻礙的事實；他們希望濕婆爲他們創造一個能夠制止犯罪的生靈。濕婆就他如何在此事上幫忙沉思了片刻，然後他把臉朝向身旁的雪山神女。隨著他的目光，一個極其英俊、容光煥發並負有濕婆素質的青年產生了，所有的天神都被他的英俊震驚與吸引。但是雪山神女對他丈夫的兒子惱恨、嫉妒。她詛咒他變醜，大腹象頭。而濕婆爲了彌補這一詛咒，宣佈他創造的這個生命名叫伽內什，是濕婆的兒子和濕婆軍隊的首領；成功與失敗都取決於他；他在眾神之中和一切宗教與世俗事務中都是英明的；在任何場合都要首先向他祈禱，誰不這樣做就註定要失敗。

（二）兄弟爭婚

看到自己的兒子復活了，雪山神女放下心中的大石，和濕婆恩愛如昔。戰神塞健陀和象頭神群主也和普通人一樣渡過無憂無慮的童年，享受著父母的慈愛。

漸漸地，他們長大成人了。於是有一天，濕婆和雪山神女商量著兩個兒子的婚事。當父母親向兩個兒子提起這事時，他們都欣喜萬分，爭著要先結婚。

濕婆見他們爭執不下，就說：「你們兩個到大地上去巡視一周，先

兄弟爭婚

完成使命的就先結婚。」

塞健陀飛奔似的跑出去環行大地。他走了之後，伽內什沉思片刻，便請濕婆和雪山神女坐上寶座，按規矩禮拜了他們，又繞著他們轉了七圈，然後請父親爲他成親。

「這怎麼行？塞健陀還沒有返回，你還未出巡，比賽還未分出勝負呢！」濕婆詫異地說。

伽內什不慌不忙地說：「是您規定的，環繞父母就像得到環繞大地的果報。」

待塞健陀拖著疲憊的腳步回來，伽內什已經娶了兩個美麗的妻子。伽內什說在他深入研究經典的過程中周遊了世界——他在學術和邏輯上如此有天賦，遠在他那不太精明的哥哥回來之前，他已經周遊完了世界。

第十章——愛神伽摩（Kama）

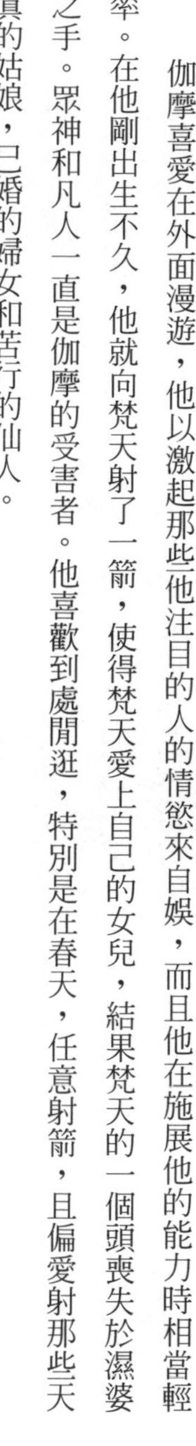

伽摩是眾神中最英俊的，是一個永遠年輕的男子，騎著一隻鸚鵡。他手持一張用甘蔗製成的弓，弓弦是一排嗡嗡的蜜蜂，用它放射五支愛慾之箭，以鮮花作箭頭。他的妻子羅蒂（情慾）和朋友伐森多（春天）伴隨著他，伐森多爲他上好弓弦，挑選出適合的鮮花作箭頭，一旦誰被他的愛情之箭射中，就會在心中燃起熊熊的愛情之火。

伽摩喜愛在外面漫遊，他以激起那些他注目的人的情慾來自娛，而且他在施展他的能力時相當輕率。在他剛出生不久，他就向梵天射了一箭，使得梵天愛上自己的女兒，結果梵天的一個頭喪失於濕婆之手。眾神和凡人一直是伽摩的受害者。他喜歡到處閒逛，特別是在春天，任意射箭，且偏愛射那些天真的姑娘，已婚的婦女和苦行的仙人。

只有一次，當伽摩得意地向正在禪定中的濕婆射出他的箭時，氣急敗壞的濕婆將他燒成了灰燼。在伽摩死去的這段時間內，愛情從塵世消失，塵世變成了枯燥乏味的沙漠。最後在眾神請求下，濕婆才同意讓伽摩再生爲克利希那和魯克米尼的兒子普拉丟曼，他後來又與羅蒂重新團聚，羅蒂也曾幾次透過雪

愛神伽摩

山神女爲他說情。於是，這位愛慾之神又成了諸神中與性愛有關的另一個神的兒子。普拉丢曼在一次酒醉吵架中死去後，他又恢復了伽摩自己的形體和職能。

（二）生命之源——慾

在印度遠古諸神中，絕大多數神都是高踞於人間之上，以追求成功，毀滅敵人爲目標。他們缺乏人類所特有的豐富感情世界，特別是缺少那種含情脈脈的愛戀之情。雷神因陀羅生之於父母，得力量於父母，但卻殘酷地把父母永久地分開了。火神阿耆尼甚至把父母燒成了灰燼。就連黎明女神，那位被稱爲「羞答答的少女」的烏莎斯，在施放著光明、生命、覺醒、豐饒的同時，還擔當著嚴酷的追敵者、法律保衛者的職責。這些超凡脫俗，高山仰止的神靈們其實蘊含了印度生活哲學中的一個基本思想，即輕視現實生活和物質享受，重視精神境界，追求來世美妙。諸神中只有一個神除外，那就是愛神伽摩。

與其他的印度神靈相比，伽摩神出現的時間比較晚，但「伽摩」一詞卻早在《俱黎吠陀》中就已出現：

「當時非無也非有，
沒有空界，
亦沒有空界之上的天。

……………………
那時無死也無不死，
既無夜之標誌，
亦無盡之形象，
只有一個東西，
無風無氣僅憑自己的力量呼吸。
那時除了他之外沒有任何東西。

只有黑暗，
最初這一切都隱蔽在黑暗之中，
一切都是水狀的不可辨別的。
即將變成的一切，
都包含在虛無之中，
那個『一』靠熱力產生了。
後來那東西產生出慾望（Kama伽摩），
『慾望』是原始的種子，
心靈的胚胎。」

因此，伽摩意爲創造的衝動，是原始渾沌的最初產物，有了伽摩，原始萬物才得以產生。

顯然，作爲世界萬物的原創造力，伽摩的地位應該受到尊重。但怎樣使這種充滿原始衝動的慾望和最終達到的理想境界的理論和規範結合起來呢？聰明的印度先賢們提出了一個折衷的方法，既要節制修行，也要服從慾望——這就是人生三要「法、利、慾」，只要堅持正確的尺度，人們就可以達到最高的境界——達摩。

被稱爲偉大的印度愛慾聖書《慾經》（Kama-sutra）的作者跋舍耶那（Vatsyayana）認爲人生有三大目標：法、利、慾。每一百年爲人生的一個輪迴，童年尋求知識是他最重要的目標；到了青年時期，他應該去追求世間的歡樂；當暮年來臨，他就該全心全意地投入到實現達摩的境界之中。法（Dharma）也就是達摩，意味著一切行爲都遵循聖典，吟誦吠陀，嚴守禁忌。利（Artha）是獲取知識和地上財富的行爲，你如果想得到土地、黃金、牛、糧食、友誼，就應向那些有經驗的商人、農人請教。慾則會給人帶來歡愉，特別是能滿足他的五種需要：聽、說、看、嚐、聞。同時，慾還能以接觸而產生的感覺給人帶來歡愉，要學習慾的知識就得請教那些有經驗的人。

雖然法、利、慾這三個生命目標中，法的重要性是排列第一，利次之，慾排在最後。但對不同的種性來說，其排列順序是可以變化；對於國王來說，利也許最爲重要，對一般的平民來說可去追求慾，因爲他們無法和高尚的婆羅門祭司相比。無論怎樣，很少有人堅持說：慾就是惡。

印度的先哲們之所以如此重視慾，這既與他們對宇宙產生的哲學認識有關，又與他們對生命本身的理解有關。按吠陀經典的說法，造物主在創造萬物時先後創造了慧（即智慧）、五覺根、五作根以及五大微粒。兩個五根，加上意識，構成了人的感官，這些感官與五元素是相對應的。五元素生自五大微粒，是空、風、火、水、地。其中空具有聲的屬性，風具有聲和觸兩種屬性，火具有聲、觸、色三種屬性，水具有聲、觸、色、味四種屬性，地則具有聲、觸、色、味、香五種屬性。一個人要認識世界，就必須運用自己的感官去感受、去體驗，因此人的所有感官都是不可缺少的。再者，造物者是依據最原始的衝動伽摩來創造萬物的，他也把這種原始衝動賦予了人類，使他們具有了豐富的特性，如慾、怒、愛、憎、飢、渴、憂、惑等，人世間的苦樂也就建立在這些特性之上。古印度人認爲，雖然可以把上述特性劃分爲好壞正邪，但它們是相互對立，互爲條件，因此都有存在的合理性。

古印度人並不絕對地否定慾，而僅僅反對違反規則、過度的放縱慾望。在《沙恭達羅》中有這樣一個故事：

大仙眾友法力無邊，但仍堅持苦修，從而使眾神之王因陀羅憂心忡忡，十分擔心自己的地位受到威脅，因此他把美麗的女神美那迦找來。

「以美貌青春和賣弄風情，以騷首弄姿與媚笑浪聲，讓他迷上妳這美麗的女郎，以停止他的嚴厲苦行！」

但是美那迦對大仙眾友的法力十分畏懼，要求風神和愛

美那伽與大眾仙友

神一起前去相助。當美迦那來到苦行者的身邊時，風神及時發威，將她身上的月白素衣吹去，玉體盡裸，一絲不掛，愛神乘機射出神箭，使那苦修多年的眾友立刻就爲情愛所迷。

他向美那迦招呼了一聲，無瑕女便投向他的懷中。於是二人形影不離終日相伴，在森林度過了很長的一段時間，隨心所慾地縱情歡愉，就好似剛剛歡聚了一天。

他們的愛情後來開花結果，生下了純潔無瑕的沙恭達羅。

美那迦與大仙眾友

(二) 慾的歡樂

在印度，從上古時期開始，就有一批專門研究愛慾的學人。他們除了從哲學的高度把愛慾當作人生的要旨之一、是完成達摩的必要手段之外，還把愛慾當作一種人生的藝術，而人們理所當然地可以去享受慾所能帶來的歡樂。

古印度人認爲，因爲各種因素的差異，女性可分爲四種類型：第一類是藝術型的。這類女性長得細腰豐臀高乳，打扮華麗，富有情趣，代表了自然界中最美的東西，與之交往將給人極大的歡樂。第二類爲蓮荷型，與第一類型的女性相比，其身材較爲瘦削，但仍不失俏麗；她的臉光彩如滿月，身體如花子一樣柔軟，皮膚完美無瑕，如同鮮亮的荷花。第三類型爲象型女子，身體粗壯肥胖，舉止也比較粗俗，是比較不理想類型。第四類爲海螺型，其身材介乎於藝術型和象型之間，也屬於肥胖型，但是她們多才多藝，能歌善舞，因此很受人們喜愛。

在古印度人心目中，愛慾雖然包括男女之間的一般交往，但更主要的是指男女之間性關係方面的交往。因此，其規定性是十分鮮明的。連神靈也要遵守愛情規則，如愛神伽摩處處播撒愛情，但他必須遵守基本法則，否則也會受到懲罰。

但是只要嚴守規則，慾可以給人帶來最大的歡樂。許多古印度的典籍經常提到這一點，其中有關婚姻的條文可算是最多的。

在古代印度，婚姻的形式有八種之多：

1.父親把長衫和裝飾品授給女兒，將她嫁給一位親自請來，恭敬接待、精通吠陀的有德之士。這是梵天的婚姻。

2.父親把女兒打扮好，將她交給主持祭祀的僧侶。這是諸神形式的婚禮。

3.父親從新郎手裡接受一頭牝牛，將女兒的手授給他，以完成宗教儀式。這是聖仙形式的婚姻。

4.父親按一定的禮儀嫁女，並對新郎、新娘說：「你們兩人應雙雙履行規定的義務。」這是造物主形式的婚姻。

5.新郎自願接受新娘的手，按自己的財力贈送新娘父母和新娘禮物。這是阿修羅形式的婚姻。

6.青年男女由慾望產生，以色情的快樂爲目的而互相誓願成婚。這是天界樂師形式的婚姻。

7.用武力搶奪姑娘，殺傷反對這種暴行的人，最後成婚。這是羅剎形式的婚姻。

8.情人潛入在睡眠中、醉酒中、精神錯亂的婦女身旁。這是吸血鬼形式的婚姻。

不同的婚姻形式會給夫妻帶來不同的結果，因此人們非常重視婚禮的形式。

在結成婚姻的夫妻間，除了敬神、操持家務之外，生子和追求歡樂是非常重要的。爲了使家族興旺，無論丈夫還是妻子都應該採取各種方法，以保證兒子的出世。法經的制定者認爲，如果妻子打扮得太隨便，不容光煥發，就不能取悅丈夫的心，家庭中就不會有幸福。丈夫心中不悅，結婚之後就不可能生育子女，婚姻也就變得沒有了意義。

古印度人很早就認識到婦女的生理周期與生育的關係，他們認爲每月從月信來潮起，前四天不能過夫妻生活，第十一和第十三夜也屬禁止之列，而其他的時間是夫妻生活的許可時間。由於他們認爲偶數夜適於生男，奇數夜適於生女，所以丈夫應掌握適當的時機以求香火的延續。

除了生兒育女之外，追求夫妻生活帶來的歡樂也成爲婚姻的一個目標。例如性生活就是夫妻生活最重要的內容，古印度的愛情教師們十分強調這點，他們以此爲題，創造了大量的理論，在世界文明發展史中可謂獨樹一幟。僅就親吻、擁抱而言，就有許多不同的姿勢和名稱，而且還詳細描述應在什麼情況下運用，應取得什麼樣的效果。

《慾經》一書中舉出有一種擁抱的名稱爲「拉塔那希提塔卡」（Lataveshtitaka）女子像一棵樹一樣

纏在男子的身上，把他的頭朝向自己的臉。或者緊挨著男子的身體，高抬起臉對著男子低下的臉，好像要在上面看到什麼美妙的東西。這成爲許多雕像的典型姿勢，而且還可以演化出更多不同的姿勢。

接吻可分爲三大類，即名譽上的接吻、震顫的接吻和互觸的接吻。互觸的接吻梵文稱爲「夏提塔卡」（Ghattitaka），妻子用自己的雙唇夾住丈夫的唇，閉上自己的眼睛，同時用手蒙住丈夫的眼睛，然後再用自己的舌尖去輕觸丈夫的唇邊，這種吻能帶給雙方巨大的享受。

另外，在男歡女愛這方面的創造更是洋洋大觀，僅姿勢就有幾十種之多，同時，這些姿勢也被冠以各種名稱，其中有以動物、植物命名的，也有就動作本身的式樣命名的，從而使之被塗上了一層濃厚的文化色彩。

古印度人對愛慾的表現、發洩和享受抱著一種欣賞的態度，正因爲這樣，愛慾成爲人們所認可、所追求的東西，學習並掌握這種藝術成爲一部份人的生活法，這便構成了古印度文明的獨特的部份。

第十一章 世界宗師摩奴（Manu）

閻摩之弟摩奴是世界宗師，負責曼萬塔拉即每一劫中的十四個分界，並按照《摩奴法論》在每個時代開始之際執行梵天再創世的任務，依次創造出天神、魔鬼、精靈、仙女和比特利（註1）。

世界宗師摩奴

（一）洪水

摩奴是一位出類拔萃的天神，全身光華四射，神彩輝煌，如同生主大梵天一樣。摩奴具有無窮的力量，他修煉的苦行法力比他的兄長、父親還要高出一等。摩奴在波瀾壯闊的棗樹河邊修苦行，只見他高高地舉起一條胳膊，一隻腳獨立在地面上，臉朝下，眼睛眨也不眨。就這樣，他堅忍不拔地苦修苦煉，已長達十年之久。

有一天，摩奴正在毗梨尼河岸修煉嚴峻的苦行，他長髮盤頭，破爛的衣衫已經被汗水浸透。這時，一條小魚游到河岸，對摩奴說：「尊者啊！我是一條小魚，周圍都是凶暴的大魚，牠們總是不斷地吞食我們這些柔弱的小魚，而我們這些小魚則永遠無法逃脫被吃掉的命運。這彷彿是上天爲我們水族定下的一條永恆法則。你是信守誓言的人，因此，我特地來尋求你的保護，請你一定要救救我，讓我離開這令人害怕的河水吧！如果你救了我，我一定會報答你的。」

聽了小魚的話，摩奴的憐憫之情油然而生，他伸出雙手，把那條小魚捧了起來。小魚身上閃動著銀輝，就像皎潔明亮的月光。摩奴把小魚放進水罐裡，仔細地餵養著牠。小魚深受摩奴的關懷，在水罐裡日漸長大。摩奴對小魚也逐漸產生了感情，他像對待自己的兒子一樣地待牠。

又過了一些日子，那條小魚已經長大，那只罐子和罐子中的那一點水，已經盛裝不下牠了。於是魚兒就說：「尊者啊，請你給我另外找個容身處吧！」

摩奴便親手將魚兒捧出水罐，來到一個大水塘的旁邊，把魚兒放入水塘。那魚兒在水塘之中自由自在地生長。

不知又過了多少悠悠歲月，魚兒也不適合在水塘裡生長了。在那狹窄的水塘中，它的身體不能自由擺動。魚兒又向摩奴說道：「善良的尊者啊！恒河是大海的皇后，請帶我到那裡去生活吧！」

摩奴聽罷，便帶著魚兒走向恒河，將牠放進恒河水中。在恒河中，魚兒又生長了些，當牠再次見到摩奴時，便又再一次對他說道：「因爲我的身體實在太龐大了，在這廣闊的恒河裡活動不開了，請你快把我帶到大海裡去吧！」言而有信的摩奴便又再一次親手把大魚從恒河中捧出，帶到大海之濱，把牠放進廣闊無邊的大海之中。

說來奇怪，那條魚的身軀雖然十分巨大，卻能隨著摩奴的心願變得輕而易舉，摩奴的雙手觸摸到大魚的軀體時使他感到渾身舒服，同時還聞到了一股撲鼻的馨香。

在摩奴把那條大魚放入大海的時刻，大魚含著微笑對摩奴說：「尊者啊！承蒙你的愛護，保住了我的生命。爲了報答你，請你聽我說，並按照我說的去做。不久的將來，這塊大地，以及大地上的全部動植物，包括一切動和不動的東西，都將被毀滅。整個世界即將變成洪水的世界，一切生靈都無法逃脫洪水帶來的災難。今天，我把這件事告訴你，就是要讓你有心理準備，而且不必擔心遭洪水吞噬。你要讓人爲你建造一條非常堅固的大船，用纜繩牢牢地繫在船身上。你和北斗七星這七位仙人登上這條船。你還要把各種生物的種子都帶上船，並妥善保管。然後你儘管放心地在船上等待我的到來。我頭上長有犄角，你一下就可辨認清楚。你一定要按照我說的去做！」

摩奴答應了牠之後，他們相互告別，分道揚鑣。他遵照魚的指點，搜羅齊備各種種子，坐上了一艘堅固的大船。

洪水眞的來到了，狂風大作，暴雨如注，氾濫的洪流吞沒房舍和沖破堤壩，河川洶湧在空曠的草原，氾濫在田地，並沖倒小樹、廟堂和家宅。頃刻間，水陸、大海莫辨，一切都是無邊無際。

摩奴的大船在汪洋大海中起伏飄蕩，失去了方向。這時，摩奴心中想起了那條魚，那條魚立即出現了。摩奴一眼就認出那條長著犄角的大魚，只見牠像一座山似的迅速地向大船靠攏過來。摩奴操起長纜，打一個索套，用索套套住大魚的犄角，牢牢地拴住。於是，大魚奮起全力拉起大船，在洪水的波濤中迅速前行。洶湧的浪花好似在狂舞，漫天蓋地的波濤好似在怒吼。大魚在水中奮進，船兒在水上飄搖。

那條大魚不知疲倦地在滔滔洪水中拉著船，就這樣拉了許多年，終於在雪山高峰屹立的地方把船停下。然後大魚笑著對眾仙人說：「你們趕快上去，把這條船牢牢地繫在那座雪山的高峰上。」眾天神把船繫好，「繫船峰」便成了那座雪山高峰的峰名，一直到今天。

就在這時候，大魚開始對他們說話：「我就是生主大梵天，宇宙間沒有哪一個神比我的能爲更高，是我將身體化爲魚的形狀，把你們從死亡的恐怖中解救出來。今後，所有一切的芸芸眾生——天神、阿修羅、凡人、動物和植物乃至全世界，全要靠摩奴去重新創造。摩奴要繼續修煉更加嚴峻的苦行，他的神通將更爲廣大。我會對他施以恩典，使他在創造世界的過程中不受愚昧的蒙蔽。」大魚說罷，刹那間便消失得無影無蹤。

於是，摩奴的心裡便生出了造物的慾望，他又開始了更艱鉅的苦行。在經過漫長的歲月之後，當他具備神力時，便開始創造生靈。此後摩奴創造的生靈都更臻完美。

◎註1：比特利是死去的祖先的靈魂，根據他們一生的情況被分為無數等級。他們由於子孫為他們奉獻祭品而不斷升級，有的升至與天神同級，有的則輪迴再生為人類。

第十二章 毗濕奴大神（Mahavisnu）

毗濕奴是印度教神話中三大主神之一。在吠陀神話中，毗濕奴的地位並不顯要，僅以「三步」著稱——據說他只要走三步就可以跨越天、空、地三界。到了印度教神話，毗濕奴便擢升為主神之一；而在史詩中，他是仁慈和善良的化身，具有無所不在的力量，保護和維持著宇宙秩序，因此成為居於首要地位的大神。

毗濕奴的四隻手分持法螺貝、圓盤、權杖、蓮花，他還有一張弓和一柄劍。通常或是坐在一朵蓮花上，命運女神拉克希米陪伴在他身旁，或是騎乘一隻金翅鳥（鳥王伽魯達）。

毗濕奴

毗濕奴的天國書昆塔在世界之山梅盧山的山坡上，方圓八萬英里，全部用黃金和寶石築造。恒河流經天國，有時據說恒河的源頭就在毗濕奴的腳中。書昆塔有五個池塘，塘中長著藍色的、紅色的和白色的蓮花；毗濕奴和拉克希米置身於白色的蓮花之中，他們像太陽一樣放射光芒。

當毗濕奴乘著金翅鳥橫越蓮池時，有著千頭的悉刹龍覆蓋了他的頭頂，這時自毗濕奴肚臍長出一株蓮莖，蓮莖上開著花，蓮花上趺坐著梵天，由此創造了新世界。

毗濕奴能以無數的化身來拯救世界，民間流傳最廣的，是毗濕奴十次化身下凡的故事。

（一）馬特斯亞——魚

毗濕奴的第一個化身是一條魚，這是借用梵天的神話，在有關摩奴的神話中描述。

這個故事的另一種說法又把化身的目的深化了。據說，在大梵天入睡之夜，地界及其他諸界都浸淫在瀛水中。惡魔訶羯里婆悄然來到大梵天身邊，將出自他口中的四《吠陀》盜走。爲找回四《吠陀》，毗濕奴化身爲魚。洪水過後，宇宙間一切如初，毗濕奴把梵天的不朽靈魂眞正傳授給他，當梵天醒過來後殺死惡魔，恢復了《吠陀》。

馬特斯亞

（二）庫爾馬——龜

在第一個時代一次毀滅世界的大洪水期間，有些珍貴的寶物喪失了，其中最重要的就是乳海中的甘露。甘露的喪失威脅到宇宙的繼續存在，因此毗濕奴化身為龜下凡幫助找回這些寶物。眾神與阿修羅一起動手攪動乳海，使之產生甘露，用曼陀羅山作攪棍。

但曼陀羅山如此沉重，除非庫爾馬把他彎曲的背部作為攪棍的支點，否則不可能攪動。於是庫爾馬把曼陀羅山扛在背上，潛入乳海海底，繼而順利完成這項艱鉅的任務。

庫爾馬

(三) 瓦哈拉——野豬

毗濕奴為了從宇宙之海創造世界，便化身為喜歡水的動物——野豬。野豬瓦哈拉看到一片荷葉，心想葉梗必定長在什麼東西上，於是他潛入海底，發現了底下的土地，並把一塊土地帶到了海面。

但梵天被魔鬼希蘭藥叉的甜言蜜語所惑，賜給他不受傷害的恩惠。在這種恩惠的庇護下，希蘭藥叉開始殘害凡人和天神，甚至從梵天那裡偷走《吠陀》，並把大地拖到海底的黑暗宮殿。希蘭藥叉念誦著所有神、人和動物的名字，為了免受他們的攻擊，但是他卻忘了提到野豬。於是毗濕奴立即化身為渾身漆黑、吼聲如雷的瓦哈拉。他高大如山，雄壯如獅，長著尖銳的白色獠牙和閃電般耀亮的火紅眼睛。

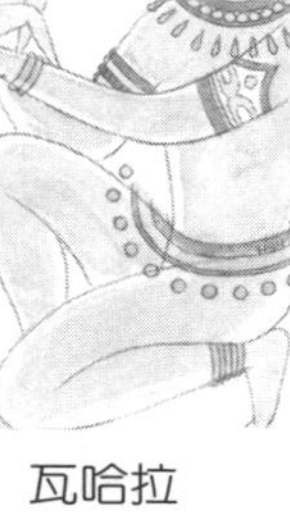
瓦哈拉

瓦哈拉潛入海底，與希蘭藥叉搏鬥了一千年，最後終於以獠牙戳死魔鬼，找回《吠陀》釋放大地，使之重新浮到海面上。

那羅辛哈

（四）那羅辛哈——人獅

魔王希蘭亞卡希布像他的兄弟一樣，從梵天那裡得到了免受人、獸和神攻擊傷害的恩賜；他得到梵天的許諾，不論是在他的房內或房外，他都不會被殺害。在這種豁免的庇護下，希蘭亞卡希布得意忘形，他禁止崇拜任何神，只准崇拜他自己。但是他發現自己的兒子普拉赫拉達對毗濕奴非常虔誠，魔王惱羞成怒，決定殺死親子。

一天，他決意下毒手，先是指使一群蛇咬死普拉赫拉達，但是普拉赫拉達安然無恙，而這些蛇卻陷入熱病的混亂，牠們的毒牙折斷了，內心充滿了恐懼。緊接著，一群大象又被派去對付普拉赫拉達；普拉赫拉達被抛下懸崖，又被淹進水裡。但最終還是有驚無險，普拉赫拉達安然渡過一次次的危機。

有一天傍晚，魔王惡狠很地指著大廳裡的一根石柱問道：「現在你那無所不能、無所不在的毗濕奴在哪裡呢？在這石柱裡嗎？」說著猛擊石柱。這時毗濕奴化身爲一個半人半獅的怪物——那羅辛哈躍出柱子，把希蘭亞卡希布撕成了碎片。

希蘭亞卡希布之死的情況不在梵天恩賜的條件之內，因爲時間是傍晚，既不是白天也不是黑夜；地點是在宮殿門口，既不在魔王的房內也不在房外；殺死他的是半人半獅，既不是人、獸，也不是神。

（五）瓦摩那——侏儒

毗濕奴的第五個化身發生在第二個時代。在這個時代，普拉赫拉達的孫子巴里稱王。巴里竭盡全力頌揚眾神以討好他們。他善於統治，深受百姓愛戴，但是在眾神看來，他卻是野心太大。巴里盡一切可能在塵世擴張他的王國，最後甚至企圖染指眾神的天國。

侏儒

眾神憂心忡忡，齊聚會商，波利哈斯帕蒂仙人提醒因陀羅，如果沒有儘速遏止巴里的野心，因陀羅將不可避免地失去天界。仙人的預言不幸而言中了，眾神遭到驅逐。

眾神再次會商，決定讓毗濕奴化身為七仙人之一卡斯亞帕的兒子。這個孩子長大後成為侏儒瓦摩那。由於巴里以慷慨聞名，瓦摩那來到這個國王面前，請求賜給他三步土地。剛剛得到恩賜，瓦摩那便開始長成了巨人。他接著邁開了兩步，這兩步包括了全部大地和諸天，就這樣為眾神贏回了巴里的整個王國。但是巴里往昔勤於祭祀和苦行的功德必須承認；因此瓦摩那放棄了第三步的權利，巴里被獲准統治宇宙中剩下的地方——陰間，稱作帕塔拉。巴里還獲准每年訪問一次他失去的王國，在馬拉巴爾仍然忠實於他的臣民會定期慶祝他的來訪。

（六）帕羅蘇羅摩——持斧羅摩

第六個化身像第五個化身一樣，也發生在第二個時代，那正是剎帝利種姓對其他種姓施行暴政的時候。

爲了恢復祭司種姓的權力，毗濕奴化身爲嚴厲的婆羅門隱士賈馬達伽尼的小兒子帕羅蘇羅摩來到人世。後來以濕婆給他的戰斧，與傲慢的剎帝利種姓進行二十一場大戰，在大戰中他消滅了他們所有的男人，他們的鮮血注滿了五個大湖。

殺死了所有的統治者後，帕羅蘇羅摩把塵世交給婆羅門仙人，從此維護了婆羅門的主導地位。

帕羅蘇羅摩

（七）羅摩旃陀羅——羅摩

毗濕奴的第六和第七個化身都出現在《羅摩衍那》和《摩訶婆羅多》兩部史詩中。

（八）克利希那——黑天

毗濕奴化身爲阿逾陀國十車王之子羅摩，降除十首魔王羅婆那。

羅摩

黑天是毗濕奴最著名的化身。在敘事詩《摩訶婆羅多》中，黑天幫助般度族的五王子並使他們獲勝，而且也是雅度族的指導者；由此看來，黑天似乎是一個眞實的人物。不過，在日後創出的毗濕奴化身為各種形象去救世的神話中，卻將英雄黑天附會為毗濕奴的第八次化身，因而產生了各種有關黑天的神話及傳說。

雅度族的都城摩吐羅城，是由惡王剛沙所統治。眾神在經過商量後，決定由毗濕奴化身為剛沙王之妹迪婆的兒子，以懲罰這個惡王。有一天，迪婆和丈夫富天乘坐由剛沙王駕駛的馬車，正朝都城去時，天空傳來響亮的聲音說：「迪婆的第八子將殺死剛沙王。」

剛沙王聽到這兆示，非常害怕，因此把迪婆和富天關入牢中，並將他們所生的六個兒子全都殺了，只有第七個兒子巴拉摩和第八個兒子黑天僥倖逃出惡王的魔掌。原來黑天出世的時候，他的父親富天立刻就將他和一個同日出生，住在閻牟那河邊的牧牛人南達的女兒交換，因此，黑天便得以和哥哥巴拉摩一起逃到科克拉城，並在那裡長大。

黑天從小就非常淘氣，有一次他打破牛奶瓶，被養母雅秀達斥罵，並被綁在一個石臼上，誰知他卻拖著這個石臼，一步步地走到兩棵大樹之間，將大樹連根拔起。

閻牟那河中住著一隻有五個頭的龍王卡里耶，他所噴出的毒液，令附近居民無法忍受，最後黑天大戰這五首龍，並將牠擊斃。

又有一次是當牧人們正準備祭祀掌管降雨的因陀羅神時，黑天卻去祭祀山神，惹得因陀羅大怒，便降起大雨。受困於大雨的牧人只好向黑天求助。於是，力大無比的黑天便拔起科婆達那山，用一根手指頂了七天，遮住天空，讓牧人不再受大雨的威脅。

黑天長大以後，不但成爲出色的牧牛人，更是牧女們思慕的對象。他身體黝黑健壯，常穿一件黃色的衣服，手執橫笛，在布林達班森林中，和牧女們笑鬧嬉戲。黑天與牧女之一的拉達戀愛的故事，每每在詩歌中被歌頌，在繪畫中被臨摹，更常成爲戲劇和舞蹈的主題。

剛沙王聽了有關黑天的傳聞，便陸續派遣惡魔去殺他，但每次都不成功，於是打算將黑天召喚到都城摩吐羅城，以便謀殺他。

最後，黑天偕同哥哥巴拉摩一起到了都城，大發神威，終於殺了剛沙王。後來，黑天受到外敵耶婆那的攻擊，撤退到西印度的克迦拉特海岸，並在那兒建立德婆拉卡城（據說這個城市後來沉入海中）。

黑天在這裡和毗達巴國公主魯克米尼結婚。也有傳說說，後來黑天娶了一萬六千個妻子，生了十八萬個子女。

黑天後來不但殺了惡魔那拉卡，還力戰因陀羅，並在兒子結婚時，大戰魔族之王婆羅那，神勇無比。

有一天，黑天因觸怒賢者多帕薩斯，受到他的詛咒，預言他將會因腳掌受傷而死。果然，後來黑天有一

黑天

次在森林裡漫遊時，被一個獵人所射的箭射中腳掌，猝然而死；死後被迎往天界。

（九）佛陀

毗濕奴的第九個化身佛陀——佛教創始者，出現在迦梨瑜伽（現世）開始之際，勸說惡者和非信者藐視《吠陀》、棄絕種性、否棄天神信仰。

佛陀

（十）卡爾吉——白馬

毗濕奴的第十個也是最後一個化身，尚未降臨。他將在我們的現世之末出現。社會精神生活將墮落到最低點，統治者註定了最後的衰亡；他們才智平庸，權力有限，但是在短暫的統治期間他們將利用權力窮奢極欲。他們將濫殺臣民，他們的鄰邦也會仿傚他們的榜樣，除了虛飾之外一切都毫無價值。即使是婆羅門，除了他們的聖線之外沒有可以辨認他們的東西，而唯利是圖者的顯赫財富將是一種空洞的炫耀，因爲一切都已失去眞正的價值。眞理與愛情將從人間消失，謬論將在社會普遍流行，肉慾將成爲夫妻之間唯一的紐帶。印度將失去它神聖的聯繫，大地僅僅因爲它的寶藏而受到崇拜。神聖的儀式將不復存在；純粹的沐浴竟被當作滌罪；雙方同意取代了結婚典禮；欺詐將代替學問；官服將授予統治權力。最後甚至連文明的外表也會

卡爾吉

消失；人類將回復動物生活，除了樹皮之外一絲不掛，以森林的野果爲食，遭受著風吹雨打。沒有一個男人或女人能活過二十三歲。

墮落到這種地步，毗濕奴將親自出現於人間，騎著一匹白馬卡爾吉，那就是他第十個化身。毗濕奴將騎馬穿過世界，他手臂高揚，帶著一把閃耀如彗星的出鞘寶劍。他將完成最後消滅邪惡的任務，準備在下一個摩訶瑜伽中重新創造，恢復美德。

第十三章 天神之敵——阿修羅（Asura）

阿修羅本是天神，包括像吠陀時代的伐樓拿那樣的重要人物。這一名稱意即「未喝」。但是由於因陀羅麾下的雅利安天神提婆稱霸，大多數阿修羅被貶爲魔鬼。他們從天國被趕入地獄，通常被認爲居住在海底深處。

但他們的改變並不一定意味著力量的喪失；印度神話與眾不同的地方特徵之一是天神與魔鬼勢均力敵，不斷地在爭奪三界的霸權。最初，天神們因爲獨享甘露而居於優勢，到了後來的時代，魔鬼們修煉苦行，結果獲得了強大的力量，迫使大神尤其是梵天讓步。許多魔鬼是極其淵博的神學家，善於以這種方式得到恩賜；但天神通常仍能以十足的騙術，以他們自己苦行的力量，或以秘密的祈禱和類似的辦法制勝他們。

起先，當阿修羅還被認爲是天神的時候，他們參加所有的祭祀。提婆爲了獲得霸權，用一種無聲的祈禱，而阿修羅察覺不到這種訣竅，因此變得比較軟弱。於是，「無聲的讚美」成了對付阿修羅的一種武器，他們不懂它。阿修羅拿祭品時，通常是把祭品一把塞進自己的嘴裡，進一步削弱了他們；而天神們則互相謙讓享用，因此獲得更大的精神力量。

在一次周期性的宇宙創造期間，由於缺乏甘露和其他的寶物，他們與天神都被削弱了。提婆決定聽從梵天的指示，與阿修羅們合作攪動乳海，而引誘阿修羅參與的唯一辦法就是答應與他們平分甘露。但甘露取得後，他們卻不願履行諾言，因為一旦阿修羅喝了甘露，就會變得比他們更強大。後來毗濕奴化身為美麗甜蜜的莫希尼誘惑阿修羅，致使他們得不到甘露。

天神與受騙的阿修羅之間立刻爆發了一場戰鬥，但天神們由於喝了甘露而增強了力量，所以輕而易舉地戰勝了他們狂怒的敵人。從那時起，阿修羅就被蓋上了魔鬼的烙印。而且，這次事件之後，魔鬼們就再也沒有機會接近甘露之源。

(二)阿烏瓦

雖然魔鬼通過苦行而獲得力量，越來越常打敗天神，但天神也依靠自己統治宇宙有恃無恐的勇氣同樣經常地打敗他們。他們的全部力量，只有在每個時代之末臨到總毀滅之際才釋放出來。這種力量以地獄的海底之火為代表，在那裡火以水為能源。這種火是從阿烏瓦仙人的大腿中產生的，仙人通過苦行獲得如此巨大的力量，使天神都為之恐懼。

阿烏瓦

阿烏瓦負責使魔鬼居住的海洋繼續存在下去，因為他曾在薩伽拉的母親懷有薩伽拉（海洋）的時候阻止她在她丈夫的火葬柴堆上自焚。後來從他的大腿中產生的火，一出現就立即宣稱它將燒燬三界，並且就要引燃。但梵天為拯救他的造物而出來干涉，他向阿烏瓦保證他的子孫在時代之末可以任意燒燬三界，而在此期間梵天將在創世之初孕育他的水中為火提供一個合適的住所。在時代之末，火將焚毀一切，包括天神。

(二) 海妖、蛇妖和吃人魔

除了祭祀的破壞者之外，阿修羅還可以分成不同的種類。底提耶和達那瓦是仙人伽葉波和檀奴的孩子，他們都是巨人，是被因陀羅幽禁在地獄的水下王國的海妖，因陀羅又派伐樓那監視他們，這樣順便流放了他先前的對手。希蘭亞卡悉布和希蘭藥叉是有名的底提耶，也是毗濕奴兩次化身的起因。

地獄裡還居住著蛇妖那伽，也是伽葉波（與卡德魯所生）的子孫。有些那伽被當作天神崇拜；不過，大多數那伽代表邪惡，就像他們在吠陀時代一樣，那時他們的原型旱魔夫利特曾大戰因陀羅。他們的身體在腰以上是人形，但下身是蛇尾。這種惡蛇之一是凶惡的眼鏡蛇卡利亞，他在朱木拿河中恐嚇牧人，直到他被男孩克利希那降伏。雌的那伽稱為「那吉

海妖

尼」，有時貌似仙女，凡人往往迷戀她們。

其他種類的魔鬼是吃人的。有一個像這樣的吃人魔名叫巴卡，他許諾不把他住處附近的村鎮居民全部吃掉，但交換條件是向他奉獻貢品，每天的貢品是成車的蔬菜、大米和一個人。伐由之子毗摩是阿修羅的死對頭和屠殺者，也以饕餮聞名，這時提出由他假扮犧牲的人而去。在路上，他感到饑餓，吃掉了所有的蔬菜；他剛剛吃完，巴卡出現了。儘管巴卡拼命地反抗，但毗摩很快地打掉他的牙齒並一棒殺了他。自從毗摩反擊阿修羅獲勝後，阿修羅保證再也不騷擾人類。

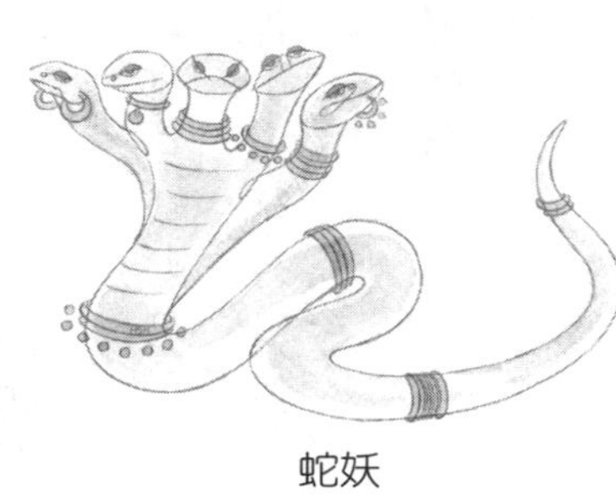
蛇妖

阿修羅能隨意變成任何形狀，馬妖凱辛就是其中之一，他也是因陀羅的敵手。有些阿修羅具有一種特殊能力：他們能隨意遷移住處。他們的城市名叫三連城，有時位於海底，但有時它又衝破因陀羅劃定的疆界，在地下移動或在天空飛行。

巴卡

第十四章 人類之敵——羅刹(Raksasa)

像阿修羅一樣，羅刹也代表邪惡的勢力，但與阿修羅不同的是，他們並不限於自己與天神進行宇宙大戰，而是攻擊人類。羅刹也是仙人伽葉波的後裔，不過，根據有些神話，他們生自梵天之腳，被派去守衛眾水。

羅刹的外貌奇形怪狀，但他們常常用僞裝掩藏起他們的畸形，尤其是羅刹女，她們有時用妖術迷惑凡人，解除他們的防衛而成爲他們的家庭女神。不過去掉僞裝，他們就會現出形形色色的醜態。有的貌似猩猩，醜陋不堪；有的是侏儒；有的像麻桿一樣細長；有的肥胖，有的精瘦；有的長著過膝的手臂；有的卻只有獨眼或獨耳；有的大腹便便；有的雙腿彎曲；有的只有一條腿，有的卻有三四條腿；有的長著蛇頭；有的長著驢頭、馬頭或象頭。

正像他們的外貌多種多樣，他們的職能也各不相同。妖怪狀的毘舍闍及其近親達爾巴出沒於墓地，專吃死屍；空中魔鬼帕尼，負責鼓勵愚蠢行爲，慫恿誹謗和懷疑，他們這種鬼蜮伎倆使他們成爲因陀羅的特殊敵人。

黑膚色的達斯尤被認爲是受雅利安人蹂躪的達羅毗荼人，也被認爲是因禁雲牛的夫利特手下的旱魃；瓦爾蒂卡是帶來凶兆的惡魔，而戈拉哈是一些經常聚集在戰神鳩羅摩身邊的妖精，他們掌握著人的靈魂，可以使他們精神錯亂；普塔是濕婆出沒於墓地的隨從。他們是憤怒的孩子，使死屍有生氣，然後食其肉。

夜叉（藥叉）是俱比羅的隨從精靈，住在喜馬拉雅山中，原是善良的半人半鳥的精靈，對人類通常是友好的。但他經常阻礙人們獲得財寶，且出沒於黃昏的天空、森林和深山，後來被當成食人鬼，佛教則將他列爲八部鬼眾之一。夜叉女又稱母夜叉，雙眼充血，從不眨眼，沒有影子，不知恐懼爲何物，也沒有慈悲心。

荼枳尼是侍候迦梨女神的女鬼，會吃人肉，並且有一種神通，能在人死前六個月就預知死期，到時會吃掉此人的心。

（一）羅剎王

羅剎的首領在化身爲羅婆那時最爲有名，是所有羅剎中最邪惡的一個。他違反一切法律，強姦他人的妻子。他長著十頭二十臂，銅色的眼睛，新月狀的獠牙。他高大如山，像死神一樣張開大口，吞食一切。他的行爲恐怖得使日月停止運行，太陽被嚇得不敢放熱，風不敢吹，海洋不敢動蕩。他的膂力可以折斷山頂，掀翻海洋；他的精神力量與之相稱，因爲苦行和學問是他

羅剎王

力量的源泉。天神曾數次與他交鋒，天神的武器包括因陀羅的雷杵、毗濕奴的輪寶，在他身上留下了累累的傷痕，令人反感。

曾經有一次，由於一個阻礙天神獲勝的咒語，羅婆那不僅佔領了天國，還使天神淪爲他的奴隸，強迫所有天神包括梵天、毗濕奴和濕婆在他的宮中從事卑下低賤的雜務。天神最終逃脫了這種奴役，但他們卻無法立即降服羅婆那，最後靠著毗濕奴化身的羅摩才懲罰了他。

羅婆那意識到自己的報應不會太久，於是他企圖使自己獲得永生。他的母親尼卡沙信奉濕婆，崇拜林伽。一天因陀羅偷走了這根林伽，尼卡沙爲了重獲它，開始嚴格地絕食。羅婆那勸她不要用這種方法折磨自己，他將去拜訪濕婆，把阿特馬林伽（眞正的林伽）帶來給她。於是他前往凱拉薩山，開始了一連串的苦修。他首先在五堆火中用他多頭中的一個頭倒立了千年；千年結束時，他砍掉這顆頭扔進火裡，然後他又用第二顆頭倒立了千年，又把它砍掉。就這樣他陸續把他的十顆頭一一砍掉，當他砍掉最後一顆頭的瞬間，濕婆出現了，允諾說出他渴望得到的恩賜。羅婆那要求三種恩賜：他本人永生、娶一個與雪山神女一樣貌美的女人，以及把阿特馬林伽給他。

即刻，他被賜予永生和持有阿特馬林伽，但條件是他不能用以危害濕婆。至於最後一個要求，濕婆遲疑了許久，因爲他知道世上沒有其他女人可以與雪山神女媲美。於是羅婆那威嚇大神說要修煉苦行，濕婆害怕這種苦行，因爲這樣的苦行會產生一種能夠燒燬世界的熱。最後，他只得讓出自己的妻子。

羅婆那如願以償，得意洋洋地帶著雪山神女回楞伽，中途遇到了仙人那拉達。

「愚蠢啊，羅婆那！你怎麼能輕易相信濕婆賜予你永生的能力？他欺騙了你啊！」那拉達說。

羅婆那聞言，因自己被愚弄而勃然大怒，折斷了凱拉薩的山頂；但這樣一來他就危害了住在那兒的濕婆，由於違反了條件，他失去了永生的恩賜。

但他仍擁有雪山神女和阿特馬林伽；於是他揹著雪山神女繼續趕路。她趁機叫喊毗濕奴來保護她，因此毗濕奴化身爲一個老婆羅門出現。

「羅婆那，你揹著這老婦要上哪兒啊？」老婆羅門假意打聽。

「你瞎了眼是嗎？」羅婆那暴躁地反駁，「她可是女神中最美的雪山神女，怎麼是老婦？」

「我看你才是瞎了眼吧，」老婆羅門譏諷道，「不信你親眼看一看！」

於是雪山神女迅速變成一個醜極的老婦，羅婆那一見她當場就把她扔下，只帶著阿特馬林伽向南走去。

羅婆那又走了一段路程後，他想解手，但是想起了濕婆讓他不要把阿特馬林伽放在地上的警告，他環顧四周，想找個人拿著它。他第一個看見的是化裝成牧人的伽內什，因此他把阿特馬林伽交給了他，告誡他不要把它放下，並向他保證到時一定回來。但羅婆那未能按時返回，於是「牧人」就名正言順地把林伽放在地上。林伽迅速地在地上插牢，羅婆那回來時發現它不可移動，正慢慢沉入地面。他竭力把它拉出來，但它隨即變成了一頭牛，繼續下沉。最後只露出一對牛耳，這對牛耳在印度的西海岸仍然可以見到。

惡貫滿盈的羅婆那，最終被毗濕奴化身爲羅摩給殲滅了。

（二）夜叉之王（Yaksa）

在吠陀時代，俱比羅是生活在陰暗之處的鬼王，直到印度教時代，他被提升到眾神的行列，變成世界上八方守護神之一（儘管他仍是夜叉之王）。關於這個醜陋的侏儒是如何得到不朽的神位，有兩種說法。一種說法是他修煉了幾千年的苦行，結果被提升到神界；另一種說法則說俱比羅前世曾是個賊，一天夜裡，他正在濕婆（濕婆亦稱盜匪之賊）的神廟中行竊，他點燃的蠟燭被風吹滅了。但他不放棄，連續點了十次才點上，因此爲他贏得了來世轉生爲財神的功德。

儘管升格爲財神的俱比羅渾身上下戴滿了珠寶飾物，但他仍舊保留著他的醜陋和畸形。他那白色的身體十分矮小，有三條腿，只有八顆牙齒。梵天只得賜予這個造物某種行動方式，於是他讓維希瓦卡爾馬爲他造了一輛魔車布什帕卡。布什帕卡是一輛可以自動飛行的空中飛車，其尺寸之大可以容納一整座城市。當它在大地上空飛行時，就降落珠寶如雨。

有一次，魔車布什帕卡被俱比羅的異母兄弟羅婆那偷到了楞伽，在他攻打眾神和劫持羅摩之妻悉多時派上用場。當羅摩戰勝羅婆那之後，羅摩用魔車布什帕卡戴著自己、悉多、羅什曼那和

夜叉之王

全部猴、熊大軍回到阿踰陀。

羅婆那還竊據了俱比羅在楞伽的宮殿，它是羅刹們建造的，是當時最富有、最堅固的城堡，但羅刹由於害怕毗濕奴的攻打而把它放棄了。

俱比羅的領地都在巍峨的喜馬拉雅山上，這一方面因爲他是北方的守護神，另一方面也因爲喜馬拉雅山群峰是礦物資源的寶庫。俱比羅在他的隨從的幫助下看守著塵世的寶庫。

第十五章 亡靈的世界

很久很久以前，地上的人們是不會死的。在金時代，人們不知道什麼是罪惡，他們生活得無憂無慮。

但是大地上生靈繁衍生息，無限制的增長讓大地女神不堪重負，大地女神終於向梵天訴苦。造物主梵天開始考慮如何減少世上的生靈，可是一時想不出辦法來。這讓梵天極爲憤怒，他的憤怒之火從全身的毛孔噴射出來，燃成一片火海，世界面臨毀滅。

濕婆大神可憐生靈，他對梵天說：「始主啊！別遷怒於你所創造的生靈，宇宙萬物如果毀於一旦，就難以復甦了。讓這些生靈有生有死吧，別讓他們全部滅絕！」

梵天的憤怒平息了，他將怒火歸於心田，於是從梵天的身體裡生出一個黑眼睛的女人。這個女人頭戴蓮花環，身穿紅衣，向南走去。梵天叫住她：「死神，行動吧！妳生於我毀滅世界的思想和行動，妳去消滅生靈吧！不管是聰明的還是愚蠢的。」

死神一聽就哭了。她央求道：「創始之主，不要把如此可怕的任務交給我吧，我怎能忍心去消滅無罪的生靈、大人和孩童呢？我不忍從父母那裡奪走心愛的孩子，不忍使夫妻、親人生離死別。要知道有誰死了，生者會詛咒我，我害怕詛咒和不幸者的眼淚，它們使我感到灼痛！」

但是梵天說：「死神啊，我讓妳去消滅生靈的決心是不可動搖的，妳必須擺脫愛與憎，妳這就去吧！」

死神就這樣來到人間。不過，創世主梵天讓她的淚水變成令人死亡的疾病，同時，激情和淫蕩也成爲死亡的原因。

（一）天國的傳說

閻摩和他的孿生妹妹閻密是最早的男人和女人。當人類被締造之後，閻摩成了人類的探路者；他是第一個探察那些隱蔽區域的人，發現了那條被稱爲「祖先之路」並把死者引導到天堂的道路。由於發現了這條道路，閻摩不僅成了第一個死者，而且被尊爲「死者之王」。

最初，死者像閻摩一樣不得不沿著這條路走，但後來這條「祖先（尊者或前輩）之路」由阿耆尼掌管，因爲當死者被焚化時，阿耆尼的火在他們中間區分善與惡。地上遺留的骨灰表示所有的邪惡與缺陷，而死者的皮膚和四肢則完整無損地隨火升天而去。在那裡，淨化的靈魂將與它那被美化的軀體重新結合，並受到那些在閻摩王國裡過著歡樂生活的祖先們的歡迎，他們也像神一樣光彩煥發，或生翅或乘車。

死後，就是在這樣一個美好的住地度過，盡善盡美；一切慾望在這裡都可以獲得滿足，在神的面前，永恆的時間都消耗在尋歡作樂之中。有時，神的住地與祖先的住地（即閻摩的王國）是有區別的；但是通往兩個天國的道路都被阿耆尼排除了障礙，它們在塵世的路口是祭火和焚化的柴堆。

但是，並非所有的死者都能居留在閻摩的國度裡。閻摩後來成爲死者的法官，被稱爲「達摩羅闍」（法王）。達摩，即眞理或正義，閻摩根據梨多法則把那些惡人或不信神者消滅或打入稱作「布特」的冥界。

閻摩像牧羊人那樣吹著笛子，與其他眾神共飲蘇摩。當死者走近他時，他把蘇摩賜給虔誠的信徒飲用，從而使他們不朽。幫助他們做這件事的，是他的使者——一隻鴿子和一隻貓頭鷹，還有兩條四眼、有斑紋的看門狗。

通過審判的死者被許可進入閻摩的天國——那是一片光明的國土，在那裡生活無憂無慮，大自然是美妙的，空中充滿了歡聲笑語和神聖的音樂。閻摩的集會殿是天神的巧匠陀濕多利用燦爛的金子建造的，金碧輝煌，不亞於太陽的光芒；閻摩作爲比特利帕蒂（祖先之王），由那些掌管著凡人壽命的侍從

閻摩的生死輪迴圖

們侍奉，仙人和祖先圍繞著禮拜，身穿白衣，佩戴金飾。集會殿裡充滿了悅耳的音樂，香煙繚繞，鮮花絢燦。

傳說裡，天國並不是只有一座。閻摩的天國並非無可匹敵，因陀羅天國的壯麗和歡樂尤其可與之媲美。

因陀羅的天國——歡喜園和美藤園也是陀濕多所建，坐落在梅盧山上，但又像戰車那樣可以到處移動。它與其他天國一樣四處都裝飾著仙樹，鳥聲不絕，花香四溢。因陀羅威武地坐在宮殿的寶座之上，身穿白袍，佩戴花環，寶冠和手鐲熠熠放光。他的王后陪伴在他身旁，侍奉他的有摩魯特、主要的眾神、仙人和聖徒，他們純淨無罪的靈魂亮麗如火。

關於因陀羅天國的這種觀念至今依然存在。在那裡沒有憂愁、痛苦或恐懼，因為居住著代表繁榮、信仰、歡樂、忠誠和智慧的神靈；在因陀羅的天國還可以發現自然界的神祇：風神、雷神、火神、水神、雲神、植物之神和星宿之神。提供娛樂的有，天上的精靈阿布薩羅和乾濕婆的歌舞、英雄或非凡的武士表演精湛的武藝，還舉行神聖的儀式。天使們乘著天車來來往往。

由這位戰神統轄的天國被認為特別是武士們永久的住所。因此在《摩訶婆羅多》中，因陀羅迎接雙方陣亡的英雄來到他的天國，接納了所有那些履行了自己責任的武士。

佛教的天國被稱作輪圍，有三層：分別處於梅盧山的上面、周圍和下面。在梅盧山峰四周有四大天王，即東方守護神持國、南方守護神增長、西方守護神廣目和北方守護神俱比盧或多聞的天國。在此天之上是三十三天或帝釋天（即因陀羅）的天國。在這兩重天和梅盧山頂之上，又有二十四重天，每一重都在另一重之上，全都各放光彩。六重天居住著那些享受感官快樂者，上方的其餘諸天有禪界（抽象的冥想界）和無色界（無形界），用於佛和阿羅漢等高果位的靈魂。

（二）地獄的傳說

隨著歲月的演進，人們開始認爲天國是對善行的報償，而不是接納大多數死者的地方（例如：那些不幸沒有子嗣爲之舉行祭祀的死者，不能進入天國。）。於是，到祖先住地去的想法慢慢演變成這樣的觀念：閻摩的王國不是天堂而是地獄。

現在閻摩是南方陰間的統治者。所有的靈魂都要在迦梨奇他的寶座前接受審判，在那裡他的判官旃陀羅笈多宣讀一本大簿子，上面記載著死者一生的功過。閻摩根據這個登記簿審判，他可能把亡靈打入某一層地獄，或送到天堂，或遣返人間托生。

閻摩還保存著另一本登記簿——記錄著每個人規定壽命的大生死簿。當生死簿上註明某個人該死時，閻摩就派遣他的差役前去捉拿。他偶爾也會親自出馬，他的綠色皮膚在血紅袍子的襯托下更顯幽暗，在他那猙獰的面孔上一雙銅色的眼睛凝視不動。他騎著一頭水牛，手持一根沉重的釘頭錘和一根套索，他用這根套索套住他的獵物的脖子拽回他的住地。在他的住地中有多少地獄，眾說不一；有的說成千上萬，有的說二十八層，還有的說只有七層。那裡的種種酷刑被描繪的日益複雜，閻摩本身也變成了一個恐怖的形象（註1）。

而地獄裡便是根據亡者的罪行施以各種刑罰，例如：殘忍的人用油煎；虐待動物的人被送到某個地方，讓妖怪把他們撕成碎塊，但又永遠不讓他們死去；殺害婆羅門的人被打入底下是熔爐、上面是油鍋的地方；暴虐的國王被碾石碾碎；打死蚊子的人被處以不准入睡的刑罰；冷淡客人的人被變成蠕蟲，扔進一層地獄，讓牠們互相蠶食；在種姓外通婚的人被迫與熾熱的人形擁抱；煽動宗教糾紛的統治者和大臣則被扔進一條充滿最可怕的骯髒之物的河中，在那裡他們被煮熟後餵水中的動物。

至於佛教的地獄傳說，便是融合了大乘與印度教萬神殿。佛教的地獄在梅盧山的下面。下層包括一百三十六層地獄，每層用於某種特定類型的罪人。辱罵佛陀和佛法的被打入最底層的阿鼻地獄。靈魂至少要經過五百年地獄年，地獄的一天等於世上的五十年。梅盧山周圍的一層則包括了畜生界、餓鬼界（因饑渴而死的生靈）、阿修羅界和人類界。

另外，人們也堅信靈魂的轉生（即輪迴的觀念）。他們認爲，壞人會向南進入閻摩的地獄，或者生爲蠕蟲、蛀蟲或咬人的蛇，而好人或者會被送往祖先的住地，沿著穿過東南的一條小路直達月亮，或者他們被送往西北，在神的指引下走向太陽。

前者這些人先穿過煙霧，再穿過黑夜，然後到達祖先的住地，最後來到月亮上。在那裡他們變成神的食物（註2），但是他們從神那裡被散布到空間，接著又從空氣中相繼入雲，進入雨，於是復歸大地，在地上變成食物，他們生出男人和女人生命的本源，這樣便再次出現於人世。

後者那些獲准走向太陽的善良亡者是終生信仰宗教的人——換言之，就是達到與宇宙精神同一並因此解脫輪迴的人。他們進入來世的旅程有以下幾個階段：火葬柴堆之火淨化了他們，他們隨即變成火燄；死後他們進入白晝，進入神界，進入閃電。接著，他們在最高靈魂的指引下進入梵界。梵乃宇宙的神聖精神，無始無終，不朽不衰。進入梵界後便不再返回，他們在這裡獲得了不朽的極樂。

至今印度人仍普遍相信：靈魂是根據「業」（由前世的行爲所造成的命運）而轉世或再生。下面這個〈地獄遊記〉便是闡述這樣的觀念。

這是一個名爲妙智的人所講述的故事：

七世前的我轉世爲一個平民，生前因爲阻擋一頭母牛喝水的罪孽，死後進了恐怖的地獄。地獄到處是飛騰的火燄，還有許多長著尖利鐵嘴的大鳥，地上到處是血污，罪人的亡靈鬼體發出的呻吟聲和哀嚎聲使人毛骨悚然。我在那裡熬了一百多年，忽然有一天，一陣使人爽快的涼風吹來。那風吹拂著我們痛苦的肉體，使我和其他罪人的身上不再感到那麼疼痛，我們都覺得像在天堂裡一般舒適。我們很奇怪地四下張望，看見在地獄裡出現了一個品德高尚的人。

那是一個國王，在一個手持木棍、相貌猙獰的閻摩使者的引導下走過道路。當時，看見他的人都感到十分的愉快和舒適。於是地獄裡的這些亡靈鬼體們合掌對國王說：

「請你在這裡多逗留一會兒吧，你給我們帶來了清涼的風，使我們十分舒適。」

那國王於是停下了腳步。他看著地獄裡的各種慘狀，問閻摩使者：

「我犯了什麼錯，使你把我帶到這萬分恐怖的地獄中來？我是一個婆羅門學者，又是人民的保護者。我按照達摩保護四種姓，做一切該做的事。我從來沒有背棄過我的職責，從沒有怠慢過遊僧人、香客，我總是竭力幫助饑渴的疲憊者。我對母牛敬若神明，可是你爲什麼還帶我到這可怕的地獄中來？」

那可憎的閻摩使者聽到國王如此說之後，十分尊敬地對他說：

「偉大的國王，你說的那些都是事實。但你曾經犯過一個過失，我這就講給你聽：你有一個妻子，是維達帕人，她叫碧婆莉。那時，你一心迷戀著蓋珂耶國王的女兒蘇修婆娜。在你的妻子非常適合懷孕的時候，你卻不理睬她，使她沒能及時生子。你知道身爲一個國王，首先應該考慮的是他的江山社稷是否有繼承人。如果違背了這一點，即使是虔誠遵循達摩的人，由於他愧對祖先，也是要落入這地獄的。這就是你唯一的罪過，也是我帶你下地獄的原因。現在你的罪過已經解除，請你跟我去享受你的善行所帶來的幸福。」

國王說：「閻摩使者啊，你帶我去那裡吧！不過，請你如實告訴我，這些人爲了什麼罪過要遭受這樣的折磨？這些可怕的大黑烏鴉不停地去啄他們的眼睛，而他們的眼睛又不停地長出來。他們得忍受這些反覆不停的割鋸、熱沙炒和油煎的痛苦，那鐵嘴烏鴉啄得這些人發出如此令人膽寒的嚎聲。現在請你從頭到尾告訴我，什麼樣的罪過入什麼地獄、受什麼樣的折磨。」

閻摩使者說：「國王陛下，我這就簡單地爲你敘說一下。每一個人都因爲自己前世的行爲而得其果報，或入地獄，或升入天堂。只有經過果報，才能洗清罪過，才能得到解脫。有罪的人，要在地獄裡受饑餓、痛苦和恐懼的折磨。行善行的、虔誠信達摩的人，得歡樂、進天堂。有罪的人，在地獄裡要經過許多年的磨難，然後轉世投胎成患有各種疾病的人，或轉世成蟲子或獸，然後再次拋棄肉體，進入地獄。如此反覆多次，生死多次，在因果報應完全了結之前，一直得遭受地獄裡的折磨。」

「不同的罪孽就要遭受不同的折磨。凡是用卑劣的眼神看別人的妻子或對別人的錢財打壞主意的人，就在這地獄裡被這些厲害的大鳥啄食眼睛。他們的眼神越是邪惡，就越要多受折磨。」

「凡是向別人進讒言，或給別人出壞主意，勸說別人違背經典，或者哪怕是向敵人說謊者，都將被這鐵嘴鳥啄食舌頭。譴責吠陀、誹謗婆羅門、天神和師父者，也被啄食舌頭，罪孽越深重，待在地獄裡的時間越長，受的苦越多。」

「凡是在親朋好友間，挑撥離間或使祭祀者與施主、父子和夫妻產生隔閡者，就要受鋸刑；凡是使人憤怒或有意破壞他人的愉快心情者，凡是搶走他們手中的扇子以及使家人遭受極大痛苦者，他們就得在地獄裡受熱沙炒身的折磨；凡是作僞證者、誹謗他人者，就被鋒利的刀子割掉舌頭；凡是酗酒後怠慢、欺辱父母或師父長輩者，就被頭朝下塞進盛滿濃血、糞便的甕中；凡是商旅中拋棄貧窮者獨自進食的人，在這裡將以吐沫和痰爲食。各種罪孽在這裡都會受到應得的懲罰。」

「有罪的亡靈鬼體在地獄裡經過多年的磨難後，就會轉世；凡是接受了不義之財的婆羅門，投生在驢腹中；凡是背著師父勾引師父的妻子，就投胎變成狗；辱罵父母者變成水牛；羞辱父母者變成驢；侮辱弟媳者變成鴿子；使弟媳痛苦者變成龜；侵占他人錢財者，從地獄解脫出來後變成蛆；嫉妒他人者轉世變成羅刹；失信於人者變成魚；與有婦之夫幽會者變成可怕的狼；與兄弟之妻通姦者變成野豬；破壞祭祀、婚禮、施捨等儀式者變成蟲子；凡是沒有敬過天神、祖先和婆羅門而自己先進食者，在經過煉獄之後，變成烏鴉；殺害手無寸鐵者變成驢；殺死婦女兒童者變成蛆；偷人銀器者變鴿子；偷鐵器變烏鴉；偷絲綢變成熊……。」

「凡是有罪的人，在地獄裡受過折磨之後，就轉世變成下賤、可惡的、令人噁心的蟲子和畜生。相反，凡是行善的有德之人，死後都上天堂，享受前世所沒有的幸福之後再轉世。」

閻摩使者對國王如此說過之後，又對國王說：「我已經給你講述了善有善報、惡有惡報的各個方式，你也看過了這個地獄，現在請你到別處看看吧。」

於是國王請閻摩使者在前面領路，準備離開那可怕的地獄。地獄裡的人見國王要走，一個個痛苦地高聲喊叫起來：

閻摩像

「啊，偉大仁慈的國王陛下，請您再逗留片刻吧！您在這裡，使我們的心感到十分的愉快；從您身邊吹來的風使我們備受燒灼的身上感到清涼。啊，可敬的人間君主，可憐可憐我們吧。」

聽到這一番呼喊，國王不解地問閻摩使者：

「我在這裡爲什麼會使他們如此舒適和清涼呢？我在人間做了什麼樣的善事，竟會給這些人帶來如此的好處？」

閻摩使者告訴國王：「啊，國王陛下，你總是在敬過天神、祖神和遊僧等人之後，才用他們剩下的東西來塡飽自己的肚子，因此從你身邊吹過的風可以免除這些鬼魂的痛苦；你按照規矩舉行祭典，因此，閻摩那些給人帶來痛苦的烈火、刀劍、烏鴉和鐵嘴鳥之類的，看見你之後都變得柔弱起來。」

國王說：「我想一個人如果能夠免除別人的痛苦，那他是幸福的。這種幸福，在天堂和凡間中是得不到的。如果我待在這裡能減輕這些罪人的痛苦，那我將毫不猶豫地留下來。」

「不，國王，還是請你離開這裡，去享受你該得到的果報吧！這地方是有罪者遭受磨難的地方。」閻摩使者勸阻道。

國王不爲所動，他說：「只要這些人在受折磨，我就不能離開這裡。因爲我留在這裡，他們所有的人都會感到舒適。即便是一個敵人，如果他來向你請求庇護，而你卻拒絕憐憫他、幫助他，那也是應該受到譴責的。如果一個人不同情痛苦者，不保護痛苦的人，那他的祭祀、施捨和苦修都不會給他帶來幸福。雖然我待在這些人的身邊，要忍受地獄的煉火和痛苦的饑渴，但一想到我能保護他們，我就覺得比在天堂還要幸福。閻摩使者啊，請你走吧！去報告閻摩王，不要再耽擱。」

就在這時，因陀羅和達摩王（正法王）出現在國王面前。閻摩使者說：「國王啊，因陀羅和達摩王是爲了引你上天堂，特地來到你面前。你一定得離開這裡。」

達摩王說：「國王，你是我虔誠的崇信者，因此我要領你入天堂。請你不要再耽擱，快快坐上這飛車。」

國王不肯，他說：「啊！偉大的達摩王，成千上萬的人在這可怕的地獄受苦受難，我不能拋棄他們不管。」

天神之王因陀羅說：「這些罪人在這地獄裡受煎熬，是因爲他們前世惡行的果報。你不需管他們，你該上天堂去享受你的果報。」

國王遲疑了一下，然後問達摩王說：「請你告訴我，我究竟有多少功德？」

達摩王回答道：「你的功德有如大海中的水滴，夜空中的繁星，雨季的雨點，恒河中的沙粒，數也數不清。現在，你對地獄中的眾罪人所表示的同情與憐憫使你的功德更增添了千百倍。」

「達摩王啊，我願意用我全部的功德使這些倍受折磨的人從地獄裡得到解脫！」國王低喊道。

「如你所願。」因陀羅說。

這時，國王的頭頂上落下一片花雨，一駕飛車將國王載上了天堂。地獄裡的亡靈從痛苦中得到解脫，都轉世投胎了。

◎註1：地獄的觀念在印度古而有之，又通過佛教傳入中國。民間所稱「閻羅王」音譯「閻摩羅闍」，中國習慣用法把第二字和第四字省去，於是就成了「閻羅」，更進一步省作「閻王」。

◎註2：透過月神蘇摩與甘露蘇摩的關係。

第二篇 傳奇故事

第一章 佛本生故事

佛教是世界三大宗教之一，自公元前六世紀在印度興起之後，逐漸傳佈到亞洲其他國家，對這些地區的神話、哲學、文學、藝術等產生了深遠的影響。直到現在，佛教不僅仍在一些國家被奉爲國教，而且還以它深邃的哲理、浩繁的典籍和豐富的文化，在世界文化中佔有顯赫地位。

佛教神話傳說之富如大林深泉，幾乎俯拾即是。就佛教自身而言，與原始佛教和上座部佛教相比，公元前後開始傳入中國的大乘佛教中的神話傳說更爲繁多。諸多有關極樂世界、西方之聖、天堂地獄、天龍八部、神妖夜叉等故事，都是神話。甚至連佛教的創始人釋迦牟尼這一歷史人物也被神化，變成法身佛大如來的化身。

佛教認爲，天神、人類、牲畜、餓鬼，都處在生死輪迴的苦海之中。只有生於人道，皈依三寶，持戒修禪，才能斷除煩惱，解脫生死，達到涅槃的彼岸。悉達多太子是經過累世修行，才在此中獲得大功德，成爲佛陀的。他在經歷過無數次的往生中，曾爲國王、比丘、牲畜、禽獸等。但他每一生都行善積德，都是大慈大悲的菩薩，千里行路，一步到家，終於成爲大徹大悟的佛陀；《佛本生故事》講的就是釋迦牟尼如來佛前生的故事。

《佛本生故事》共收集了五百四十七個故事，它的內容十分廣泛，不論是傳奇故事、寓言、格言詩等，都有其文學價值，這些故事生動活潑，寓意深遠，家喻戶曉，深入人心。而潛藏其中的另一個重大意義，是讓我們見到了佛教興起年代前後多采多姿的社會生活。

（二）佛陀略傳

釋迦牟尼在成佛以前，只是一個菩薩，他還跳脫不了輪迴，他必須經過無數次的轉生，累世修行，積特大功德，最後才成爲佛陀。

一、白象入胎　王子出世

在燃燈佛住世時，釋迦牟尼是一位修苦行的僧人，名叫蘇梅陀（意爲「善智」），修十波羅蜜多，成了一位菩薩。從兜率天下生人間時，決意生在迦毗羅衛國一個帝王之家。

這迦毗羅衛國位於喜馬拉雅山南麓，拘薩羅國以北，是一個物阜民豐的城邦小國。迦毗羅衛國歷史悠久，當初遵從一位名叫迦毗羅的仙人的旨意所建，故名「迦毗羅衛國」。

在釋迦牟尼誕生之前，迦毗羅衛的國王是淨飯王，王后是摩耶夫人。這位夫人很不平凡，她生得端莊美麗，卻情慾淡漠，她徵得淨飯王同意，已在寢宮獨處三十二個月，沒有和淨飯王同房。

這一年艾薩拉月（相當於陽曆七～八月）望日，迦毗羅衛國的君臣百姓歡慶艾薩拉節，沉浸在節日的快樂氣氛之中。摩耶夫人這一天也特別高興，她沐浴更衣，向出家僧人大行布施。晚上入睡之後，她做了一個很有意思的美夢。她夢見四大天王把她連同她身下的御床一起抬到喜馬拉雅山的山頂，放置在一塊六十由旬（註1）長的石板上。四大天王的四位王后又把御床舉起，把她送到了清涼的湖邊。這清涼湖也在喜馬拉雅山頂，有山峰環抱，四周有獅口、馬口、象口、牛口四道水門，向湖裡注入清水。四位王后用清涼的湖水爲摩耶夫人洗浴，使她身心舒暢。然後又把她送到帝釋天的樂園，放置在一片美景之中。

這時，有一頭白象來到樂園，牠用銀色的長鼻採了一朵白花，吼叫著走向夫人，繞御床右側朝內轉了三匝後，便從夫人右肋進入腹中。菩薩就這樣從兜率天投生到了人間。在這一吉祥無比的時刻，瑞象降臨，大地震動，刑火自熄，疾病痊癒，整個世界煥然一新。

第二天清晨，摩耶夫人便把夢境告訴了淨飯王。淨飯王難解其意，請來六十四位聖哲問夢。聖哲們都說，將要出生的王子如若在家繼位，則必是轉輪聖王；如若出家修道，則必成佛陀。

自懷孕之後，摩耶夫人感覺到從來沒有的安祥自在。她無憂無慮，更無貪慾和嗔怒。十月期滿，夫人遵照當時的習俗要到娘家生產。當她走經藍毗尼花園時，想到園中小憩。她坐在一棵鮮花盛開的娑婆樹下休息片刻，腹中突有異感，胎兒從右肋生出。夫人頭頂上的娑羅樹枝自然垂落，將夫人和嬰兒自然圍起，宛如一個花帳。難陀和伏波難陀兩位龍王及時趕來，口吐清水爲王子沐浴。帝釋天和大梵天也來向夫人賀喜。這時百鳥歡唱，天樂鳴空，天人各界，一片歡騰。小王子站立地上，先環視四方，然後前行七步，一手指天，一手指地，大聲宣告：「天上天下，惟我獨尊！此身最後，永無再生！」其聲如獅吼，響徹寰宇。

當時有一位在喜馬拉雅山修道的仙人，名叫阿吉得。此人神通廣大，智慧高深，被淨飯王尊爲師長。這天阿吉得仙人到忉利天遊逛，見諸位天神興高采烈，歌舞狂歡，便去詢問。諸神告訴他說：「菩薩已降生人間，可喜可賀。」仙人聞言，急忙來到迦毗羅衛國淨飯王的王宮拜謁新生王子。阿吉得對淨飯王說：「王子日後必成佛陀，轉動法輪，調服人心，解除眾生苦難。」阿吉得向淨飯王指出王子的三十二大人相和八十種好，以爲證據。

王子出生的第五日，取名悉達多。出生後第七日，摩耶夫人去世。王子由姨母闍波提撫養。

不久耕耘節到來，淨飯王照例帶群臣到田地去扶犁躬耕，以作國人表率。這天，乳母也帶了小王子前去觀看。來到田間，她把王子放在一棵贍部樹的陰涼處，自己也跑去看國王犁田。王子見眾人離開，環境幽雅，便盤攏雙膝，結跏趺坐，靜修禪觀；不時入定，進入初禪。這樣過了許久，當乳母回來照看王子時不覺大吃一驚。她看到王子靜坐不動，威儀莊嚴。更使她奇怪的是，日已偏斜，而樹蔭卻沒有移動！

在此同時有五位仙人在天空飛行。他們飛近此處時突然受阻，無法通過。仙人詢問此方樹神，樹神告訴他們說這裡有位菩薩正在坐禪，威力貫宇故難通過。仙人聞言急忙降落地面，禮拜王子，之後才升上天空繼續前進。

悉達多八歲時，淨飯王請維什婆密得拉大師教授王子「四藝」、「四吠陀」和「五明」。兜率天諸神聞知此事，派大神蘇達瓦拉來到迦毗羅衛對維什婆密得拉說：「王子本是菩薩，他無師自通。依他的智慧和學識，可足爲汝之師。」說完在王子頭上撒下一把鮮花便飛回天界。

開課那天，王子問老師：「師長，今天您要教的是婆羅米字，還是佉盧字，還是……？」王子一連說出六十四種文字，有些文字老師聞所未聞，頓時驚得瞠目結舌，無言以對。教學只好作罷，老師拜別而去。

二、戰勝惡魔　得道成佛

悉達多王子漸漸長大成人。他看到世上眾生，生死無常，生老病死，苦惱繁多，決心尋求解脫之道。淨飯王爲他鋪設了一條繼位治國的道路，他也娶了一位美麗的妻子耶輸陀羅，生得一個可愛的兒子羅侯羅，但這些都未能動搖他追求眞諦，救渡眾生的誓願。在二十九歲那年的一天夜裡，他終於偷偷離開王宮，出家作了沙門。

王子遍訪諸師，苦行修道，以種種苦行折磨、激勵自己。天神見他形容枯槁，面色憔悴，身體極爲虛弱，便對他說：「你發誓口不進食，我們可以把瓊漿玉液從毛孔注入你的體內，用以滋補。因爲你的身體令眾神擔心。」王子說：「如果這樣，我豈不前功盡棄？萬萬不可。」他苦行六年，仍未得正果，這才放棄了極端苦行，開始托鉢乞食，沐浴潔身。

一天夜裡，他連做五個夢。第一個夢：他變成一個巨人，以大地爲床，喜馬拉雅山爲枕，左手伸向東海，右手伸向西海，兩足伸向南海。這預示他將成爲蓋世的佛陀。第二個夢：他的肚臍中生出一株青草，這預兆他將徹悟八正道，並以此教化眾生。第三個夢：有兩群黑頭白身的昆蟲順著他的兩足爬向兩膝，這預示許多身著白衣的男女居士將皈依佛陀。第四夢：有四隻顏色各異的燕子從四面八方飛來，落在他的腳下之後，頓時變爲單一的白色。這預示分屬於婆羅門、剎帝利、吠舍和首陀羅四種姓的臣民百姓將紛紛向佛陀靠攏，成爲佛陀弟子。第五個夢：他行走在一座又髒又臭的山頂上，而腳下卻沒有沾染一點污垢。這預示佛陀將會得到像山一樣的充足供養，而又不生一點貪心。

次日清晨，他回味著夜中五夢，來到尼連禪河邊的一棵榕樹下。在他靜心坐禪的時候，村姑蘇賈特送來了香甜可口的奶粥。

原來這尼連禪河附近，有一個名叫賽那尼的村莊。村長有十個女兒，長女蘇賈特幼年時曾向守護榕樹的樹神許下一願：如果樹神保佑她婚姻美滿，早得貴子，她將不惜花費千金供養樹神。年前蘇賈特如願以償，於是便開始操辦供品。她用上等的甘草飼養了一千頭母牛，取牠們的鮮奶餵養其中的五百頭牛；又以此五百頭乳牛的鮮奶餵養其中的二百五十頭。這樣越來越濃稠，營養越來越豐富的鮮奶，最後餵養了八頭最好的乳牛。這天正是蘇賈特向樹神還願的日子，她很早起床到牛棚擠奶。沒想到奶桶剛剛往乳牛腳下一放，那鮮奶便像泉水似的流入桶中。

蘇賈特十分高興，用這鮮奶做了一罐香甜的奶粥，頂在頭上去敬樹神。她走出家門，遠遠望見坐在樹下的悉達多王子。又見他身上放射著霞光瑞氣，誤以為是樹神已來到地上等候接受供品。走近樹下，一問原委，才知是一修道的沙門。蘇賈特看到此沙門非等閒之輩，已是一位很有德行的菩薩，便將罐中奶粥請王子食用。王子吃完奶粥，補足了營養，精神煥發，誓志要在這一天徹悟正道，成為佛陀。他拿起那盛過奶粥的空罐高聲說道：

「如果我今天能夠得道成佛，此罐當漂向上游；如果我不能如願，則會順流而下。」

說完便把罐子拋向尼連禪河，只見那罐子一落入河中便向上游急速漂去。漂出一百六十餘腕尺遠之後，便隨著漩渦沉入海底，落入龍宮。龍王一見，知今日必有異人成佛，普渡眾生，喜得龍宮諸神一齊歡呼起來。

悉達多王子懷著必勝的信心告別蘇賈特，向一棵蔥蘢茂盛的菩提樹走去。路上遇到一位索提亞的賣青草的人，他布施給王子八把青草。王子拿著青草來到菩提樹下，他把手中的青草搖了幾下，置於地上，只見那青草立即變成了一座二十腕尺高的金剛寶座。王子面東坐在金剛寶座上，開始沉思靜慮，修習禪觀，求索這人生宇宙的眞諦和解脫生死的法門。天神聞知咸來護持。在天中的自在魔王得知此事，立刻率領魔兵魔將來此干擾破壞。魔王演化出千隻手臂，每隻手中都持有鋒利的兵器，在王子面前耀武揚威。先行來此護法的天神嚇得四處逃竄，連手拿王傘保護王子的大梵天王，也丟下王傘逃回梵宮。悉達多王子仍穩坐不動，他以十波羅蜜多的功力抵禦著魔軍的攻擊。

魔王企圖威嚇王子。他對王子說服道：「你應回到王宮享受五欲之樂。死後還可以升入天堂，這才是人生正道。古往今來，各國聖主明君概莫能例外。而你卻偏偏來此苦修，追求什麼解脫之道，眞是逆天理而行！」

魔王見王子對他這番勸告無動於衷，置若罔聞，便指使隨他而來的三個女兒，欲染、能悅和可愛樂，上前撩撥挑逗，以甜言蜜語和放浪形骸誘惑王子，但王子堅定不移，始終不為所動。

此計未成，魔王又掀起一陣狂風，吹得樹木摧折，山峰撼動。但這狂風卻吹不到王子近處，連他身上的袈裟也紋絲未動。魔王又召來一陣驟雨，一時瓢潑如注，頓成洪流，但一滴雨點也未能落在王子身上。魔王一見此計未成功，他氣急敗壞，率領魔軍各持武器殺將過來。魔王將手中巨輪舉起，向王子猛力砸去；這巨輪落至王子頭頂上方卻變成了一個華蓋，保護著他的身軀。魔王又放出毒蛇猛獸向王子襲擊。毒蛇放出的毒氣沖到王子跟前，頓時化成了清涼和煦的微風，猛獸衝到王子面前也不敢再前進。魔王發動的雪雹雷霆，也都變成了五色蓮花，簇擁在王子的四周。

這時，天空突然傳來雷鳴般的巨響，護法天將厲聲喝斥魔軍：「膽大惡魔！你們竟敢來此為非作歹？你們應當知道，動搖這位修道者的決心和毅力，比撼動須彌山還要困難百倍。這位修道的沙門有正確的見解，勇猛精進的毅力，深邃的智慧和慈悲平等之心，此四件寶物足可以護持其身，不受任何侵擾。他很快就要得道成佛。眾生躑躅在黑暗、癡愚之途，正需要他這盞智慧的明燈去照亮；眾生正漂泊在生死輪迴的苦海，正等待他去救渡。你們到此干擾破壞，眞是罪大惡極，還不快快滾開！」

魔軍聽到天將的訓斥，不敢執拗，落荒而逃。此時，王子的心像無風的水面一樣平靜，像中午的太陽一樣明亮。他專心禪定，斷除貪、嗔、癡三毒。天近黃昏的時候，進入四禪，產生不苦不樂之感受；夜中時分，斷除無明得天眼通；黎明時分，斷除一切煩惱得漏盡通；悟苦、集、滅、道四聖諦和十二因緣，成爲大徹大悟的佛陀。

在這一無比吉祥的時刻，大地震動，千樹開花，空中落下花雨，諸神齊來祝賀。賀喜之詞響徹寰宇：「至尊至貴的佛陀，我們向您頂禮跪拜，祝您悟得正道得大解脫！成就正等正覺！」

三、升天入地　度化難陀

悉達多王子成佛之後，並未忘記迦毗羅衛國的君臣百姓。他的胞弟難陀王子沉迷女色，庸碌無爲；悉達多出家之前所生之子名叫羅侯羅，尙年幼無知。淨飯王年事已高，王位應由誰來繼承，便成了問題。

佛陀爲使眾生安祥幸福，希望能打破父崩子繼，兄終弟及的傳統，由一賢明之士繼承淨飯王的王位。爲達此目的，他把胞弟難陀和兒子羅侯羅都度爲僧人，使二人加入他領導的僧團之中。佛陀回到迦毗羅衛游化弘法時，他的這一願望才得以實現。

難陀出家之時，剛剛與遜得娌公主結婚。公主姿色美麗，二人終日廝守，情意纏綿。難陀出家後仍懷念世俗享樂，不求進取。佛陀決意因勢利導，使他走入正道。一日，佛陀帶難陀出遊，見一母猴。佛陀問難陀：「難陀，此母猴與你昔日之妻遜得娌，孰美？」難陀說：「昔日家妻美如天仙，豈能與這母猴同日而語？」接著，佛陀略施神通，將難陀帶入光輝燦爛的天堂。那裡宮殿巍峨，亭臺富麗，瓊樓玉宇，堂皇壯觀。悅耳的音樂，馨香的鮮花，使難陀心馳神蕩。他問佛陀：「此爲何方國土？君王是誰？」佛陀說：「你去問那些神女吧。」

這時正有一群冰肌玉膚，豔麗窈窕的神女出了大殿，向這邊走來。難陀一見，魂魄飄蕩起來。他上前詢問，神女們嬌滴滴地回答說：「此乃天堂，尚無君主。人世間迦毗羅衛國有一位難陀王子，爲佛陀之胞弟。如今難陀剛出家不久，待他勇猛精進，功德圓滿時，死後便來此出任國王，我們大家都是他寵愛的嬪妃，我們正等著同他共度佳期呢。我們這裡和娑婆國土，五濁惡人（指人間）不同，那裡的人們壽命只有短短幾十年，縱享榮華富貴，也不得長久，若投生來此，其壽可達千年。看樣子你尚是一位人間凡夫，還未經過苦行修煉，所以這裡的奇妙優美，你尚不能理解。」

這見所未見，聞所未聞的美景使難陀如醉如癡。佛陀問他：「難陀，你妻子遜得娌與她們相比，孰美？」難陀說：「世尊，我妻與這些神女一比，她就像那母猴一樣醜陋不堪了。這些神女，舉眉動目，皆能勾魂攝魄，我眞有點垂涎欲滴了。我雖已出家，但尚未能專心修煉；今後一定加倍用功，虔誠篤信，以求往生此國，享盡五欲之樂。」佛陀莞爾一笑，點頭未語。佛陀是以善巧方便之門，先以情慾誘導，使難陀好好修行，然後再授以智慧，使得徹底解脫。

接著，佛陀又帶領難陀到鐵圍山參觀地獄。佛陀略施神通，二人登時跨入地獄之門。那裡瑟瑟冷風，陰森恐怖，難陀望而生畏，卻步不前。佛陀說：「難陀，我們僅是來此遊逛，你不必害怕。如有疑問，可向獄卒請教。我在此等候，你速去速回。」

難陀鼓足勇氣向裡面走去。眼前所見，皆是刀山劍樹，鐵叉銅鉤，油鍋血河。處處都有罪鬼受刑，有被剝皮的，有被剜眼的；鬼哭狼嚎，淒慘悲涼。難陀發現，只有一口油鍋還無罪鬼受刑。於是問獄卒：「此口油鍋沸油滾滾，不知用以懲處哪個罪鬼？」獄卒獰笑道：「迦毗羅衛國有一個難陀王子，是佛陀的胞弟，他發願苦行修煉，以求升入天堂與美女作樂。待他天福享盡之後，應墮入此地獄受油煎之苦，這口油鍋就是爲他準備的。」難陀一聽，大驚失色，拔腿便跑。

這樣，難陀才真正認識到生死無常，輪迴盡苦；必了生脫死，求證涅槃，才是正道。佛陀見他已有所悔悟，便帶他回到世間。

四、噴水噴火　大顯雙通

佛陀已修得三身四智五眼六通。他孜孜勤求的是終竟的解脫，並未追求神通；但各種神通，他已自然獲得。在通常的情況下，佛陀反對他的弟子顯露神通；他本人顯神通的事例，則更少見。佛陀住世期間，只有一次大顯「雙通」。

事情的經過是這樣的：

佛陀住王舍城竹林精舍時，城中有一富商。他將一條河流的一段以網繩圍起，作爲供人們游泳的浴場。一天，一塊紅檀木從上游飄來，被繩截住。富商一看到這塊檀木質地堅實，顏色美觀，便請木匠用這塊檀木做成了一個大木缽，掛在一棵六十腕尺高的竹樹上。然後富商向全城宣佈：「本人不信任何宗教，是一個嚴守中立的人。現在我已把一個紅檀木缽掛於高樹之梢，如果有哪個僧人能從天而至，摘下木缽，我及我的家屬便誠心皈依他所信奉的宗教。」消息傳開，各宗各派爭相嘗試，結果都未成功。

到第七天，目犍連和巴拉瓦加兩比丘來到王舍城化緣。他們聽人議論說：「七日以來，神也未能把那木缽摘下，可見當今之世，眞有神通，能顯奇能的羅漢並不存在。」目犍連等心裡明白佛家羅漢皆有神通；這些議論是對佛家的蔑視。目犍連便請巴拉瓦加比丘前去摘取。

巴拉瓦加跏趺而坐，進入四禪，騰空而起，飛行入城。他停留在富商家宅的上空，引得王舍城臣民都來觀看。只見他不慌不忙，取下木缽，飛落地面。富商一見，忙上前施禮，表示心悅誠服。他盛滿一缽蜂蜜、糖漿，供巴拉瓦加比丘食用。巴拉瓦加手持木缽，向竹林精舍走去；許多人跟隨其後，仍讚不絕口，有些人懇請他再顯露一次。巴拉瓦加到竹林精舍向佛陀稟告之後，佛陀對巴拉瓦加嚴厲訓斥了一頓。佛陀把木缽摔碎，將碎片分給每個比丘。從此立下一條戒規：「任何比丘不得顯露神通。違者得突吉羅。」

諸外道得知佛陀要立此禁令，便來挑釁，紛紛提出要和佛陀比試神通。國王頻婆娑羅十分擔心，他作爲一個佛教徒，怕佛陀不應戰會影響到佛教的聲譽和民眾的信仰。他到竹林精舍詢問佛陀態度，佛陀告訴他說：「正如國王你制定的法令不能約束你本人一樣，我規定的禁令也不能約束我自己。現在我鄭重宣佈，四個月後的艾薩拉月望日，我將在舍城顯露神通，與外道一比高低。」

諸外道得知佛陀要親自出馬顯神通，又探聽到佛陀選定的地點是舍衛城的一棵芒果樹下時，他們便把舍衛城所有的芒果樹統統拔除，一棵未剩，以此使事情不如佛意。待賽期將至時，王宮中的一位園丁獻給佛陀一個熟透的芒果。佛吃掉果肉，把果核拋在地上。登時，地上便長出一棵芒果樹來，樹上還掛滿了碩大的芒果。到了艾薩拉月的望日，城中的百姓都來觀看。已得阿那含果的迦拉民女居士、剛滿七歲的殊得小沙彌、吉拉沙彌尼、目犍連比丘等，都提出願顯神通，以打消外道的傲氣。他們都認爲這種事毋需勞駕佛陀，弟子出馬亦可穩操勝券。但佛陀沒有同意，他決定親自出馬。

這時，帝釋天爲佛陀在空中演化出一座亭台，佛陀騰空而起，站在高空中的亭台上，每個毛孔裡冒出一團火燄；火燄收攏後，每個毛孔又冒出一股水流；接著，火燄和水流同時從每個毛孔裡冒出。然後佛陀又把自身一分爲二，兩位佛陀同時向眾人說法。見佛陀大顯神通，地上的人們無不歡呼讚美。一切外道只好甘拜下風。

佛陀從高空亭台上又升入天界，向母親摩耶夫人等眾神說法。然後又應帝釋天的邀請，在天宮逗留了三個月。諸事圓滿之後才又回到世間。

五、鬼神來臨　佛說三經

四大天王和忉利天的天王派遣一位大神，代表天宮諸神向佛陀請教「何爲吉祥」，以利人、天、教化眾生。當時佛陀住在舍衛城的祇園精舍。某天半夜，大神來到佛陀處，請佛陀開示，佛陀便向他講說了《吉祥經》。經中指出要遠離惡人、親近善友（或稱「善知識」）、孝敬父母，對妻子、兒女也要盡到責任；要行善、布施、容忍、順從、堅定信念、一心向道等，共三十八個方面。講此經時，許多天神都來聆聽。聽完後歡喜信受，作禮而去。

其後不久，跋耆國惡鬼作祟，出現大飢荒。旱災嚴重，疾病流行，百姓死亡不計其數。人們聚集在都城吠舍離的議事大廳共同商議解除危亡的方略，大家一致要求國王請佛陀說法，以消災禳禍，因爲佛陀大慈大悲，大智大勇，又有神通諸法。當時佛陀住在王舍城的竹林精舍，由摩揭陀國國王頻婆娑羅虔誠供養。跋耆國國王摩訶利帶了一位婆羅門大臣到竹林精舍延請。佛陀欣然同意，決意到跋耆國宣說《三寶經》，以使臣民及一切眾生免除災難，得到安寧。

佛陀帶了五百弟子向吠舍離進發，當他們渡過恒河，進入跋耆國國境時，跋耆國普降喜雨。骯髒污濁之物盡被沖走，龜裂的土地開始變爲濕潤。佛陀弟子進入吠舍離城時，帝釋天也帶了眾神前來護法；一切惡鬼妖魔悉皆逃遁。佛陀在城內向人們宣說了《三寶經》，阿難學習了此經，他手持佛陀的石缽，缽中盛有受過《三寶經》經文感應的清水，和國王一起邊滴灑清水，邊繞城遊行。一些殘留城內的惡鬼妖魔，都被驅趕出去。全國臣民得到安寧，百姓的臉上也開始有了笑容。人民又在吠舍離城中心搭起了一座高台，請佛陀登高台。佛陀登座後又把《三寶經》複述了一遍。有八萬四千人民聽完此經後悟得佛教奧義，使佛陀之教法在跋耆更加普及。

一次，五百比丘到喜馬拉雅山坐夏（即雨季安居），喜馬拉雅山的山神和當地的地神爲了恐嚇前來安居的僧人，便化身爲青面獠牙的惡鬼出現於夜間，並發出陰森的嘶叫。比丘們明知這是諸神作祟，但還是毛骨悚然，心不能專。於是他們便去請求世尊幫助。佛陀爲了使在山林中的比丘能安心修禪，使百姓不受驚嚇，便講說了《慈悲經》。比丘們日夜誦習此經，山地諸神受到佛教慈悲願力的感化，便不再出來搗亂，比丘們才安全渡過了雨季。佛陀以此經教誡比丘們對一切眾生要心懷慈悲，對一切眾生，包括魔鬼在內，應如母愛子一樣關心愛護，不可生出半點嗔怒和貪慾。並要求比丘們忠誠直爽，謙虛謹愼，聰明伶俐。比丘們慈心大增，諸神諸鬼亦受到教育。

六、提婆達多　害佛未遂

佛教僧團剛創建不久，迦毗羅衛城中釋迦族的許多子弟都追隨佛陀出家修道；連理髮師優波都離業剃髮爲僧，精研戒律。提婆達多是佛陀的一位堂弟，他也加入了僧團。佛陀在末羅國的阿努比亞村安居期間，這些釋迦族的子弟也在加緊修煉，都獲得了不同程度的神通。跋提獲得「三明」，即宿命通、天眼通、漏盡通；阿尼律陀得天通；阿難證得予流果。提婆達多雖不能專心問道，因他對神通孜孜矻矻，勤求不輟，因而也獲得了一些神通。

提婆達多有謀取僧團領導權位的野心。他審時度勢，認爲摩揭陀國王子阿闍世遲早會繼位爲王，如取悅於他，日後可得其庇蔭，飛黃騰達。於是他來到王舍城，以其神通之力，變幻成一個脖子上纏有一條長蛇的孩童，找到阿闍世王子，悄悄坐在他的身邊。

王子發現身旁有個孩童，脖子上還纏有一條粗大的毒蛇，嚇得急忙躲閃一旁。阿闍世問那孩童：「你是何人，竟如此大膽，難道你不知道眼鏡蛇很可怕？」孩童不慌不忙答道：「殿下不必驚慌，我是提婆達多比丘。」

「你既是提婆達多，爲何還不顯現出原形？」話音剛落，孩童消失，身披黃色袈裟的提婆達多出現在王子面前。阿闍世王子一見提婆達多竟有如此神通，倍加敬重。自此以後，四事利養，供應不絕，拜謁請益，過往頻繁。

提婆達多因得王室恩寵與尊敬，心生傲慢，貪慾之心也日見嚴重。因此緣故，一切神通，盡皆消失。

佛陀見提婆達多妄入歧途，不思悔改，便以此例教誡弟子，不可像提婆達多那樣追名逐利，自造罪孽。提婆達多卻對佛陀說：「世尊，你年事已高，精力不濟，可把管理僧團的事務交我辦理。」佛陀說：「你不可有此妄想，僧團領導權不能禪讓。像舍利弗、目犍連這樣德高望重的比丘，也不宜承擔這樣的職務，更何況是你呢？」提婆達多遭佛陀拒絕，心生惱怒，從此結下對佛陀的怨恨，伺機進行報復。

提婆達多仍把希望寄托在阿闍世王子身上。他對王子說：「從前人壽甚長，現在甚短；我們可能來不及繼位就離開人世。所以我一定要害死佛陀，以取代他僧團領袖的地位；你也應及早動手，殺死你的父王頻婆娑羅，繼承摩揭陀國的王位。」

阿闍世王子聽從了提婆達多的計謀，身藏匕首進宮行刺，不期被衛兵查獲。群臣震怒，審問阿闍世意欲爲何。阿闍世坦白承認，他是聽信了提婆達多的計謀，進宮刺殺父王。

群臣一聽怒不可遏，有的主張把阿闍世王子、提婆達多和所有比丘全部處死；有的提出只處決提婆達多和阿闍世王子，其他比丘不宜株連；有的大臣說不可妄開殺戒，應奏明聖上，聽從國王的旨意。最後頻婆娑羅國王做出裁決：對提議通通處死的大臣革職查辦；對主張只殺阿闍世及提婆達多的大臣降職貶官；提議不開殺戒的大臣提升加賞。頻婆娑羅國王又把阿闍世王子召至面前，問他弒父之意因何而起，王子毫不隱諱地承認是爲了謀取王位。頻婆娑羅國王即舉行禪讓大典，把王位移交給阿闍世王子。自己退離王位，頤養天年。

提婆達多聽說王子已經繼位爲王，喜出望外。他更加迫不及待要除掉佛陀，以奪取僧團的領導大權。他先派刺客刺殺佛陀，沒有成功，便親自出馬謀害佛陀。一天，佛陀在靈鷲山下漫步，提婆達多趕忙爬到山頂，把一塊巨石推下，想乘其不備，把佛陀砸死。沒料到佛陀得天神保護，那巨石尚未滾到佛陀面前便裂成兩半，落到兩旁。

提婆達多仍未死心，又心生一計。在阿闍世國王的象房裡，有一隻凶猛的御象，名叫拉蓋里。提婆達多慫恿象倌將大象放出，準備在佛陀化緣時把他踩死。

那象豎起大耳，翹起長鼻向佛陀直衝過去。周圍的人全都嚇得四散驚逃；只有阿難雖然害怕但沒有跑開，他欽佩鎮定自如的佛陀。

就在拉蓋里大象逼近時，佛陀發起慈悲之心，使牠受到感化。這龐然大物放慢腳步，馴服地臥倒在地。佛陀撫摸著大象勸化牠說：「大象，對佛陀及任何生靈都不可起殘殺、傷害之心，否則會造下惡業，遭受不幸。」

這次事件之後，提婆達多的所有追隨者都皈依了佛陀，他自己則因絕望而病倒。他病癒之後，一般認爲他已悔悟。他到佛陀所在的寺院去拜謁他；但就在他走近寺門時，他的眞正動機暴露了，因爲地下噴出火燄燒死了提婆達多。

七、兩國交戰　佛陀力阻

在佛陀時代，印度次大陸的中、北部有十六個國家，其中以摩揭陀和拘薩羅最爲強盛。佛陀的祖國迦毗羅衛位於拘薩羅以北的喜馬拉雅山麓，是一個城邦小國，面積和國勢都無法和上述兩個大國相比。拘薩羅的國王波斯匿皈依了佛陀，是一個虔誠的佛教徒和得力的施主。他在皈佛之前曾向迦毗羅衛國求婚，欲娶迦毗羅衛國的公主爲王后。迦毗羅衛的王族自恃「釋迦」種姓高貴，自尊心甚強，認爲優等民族的公主不能下嫁他國，但懾於拘薩羅國的威力，又不敢拒絕。當時迦毗羅衛的國王，便把宮中一位名叫末利的女奴充做公主嫁給了波斯匿王。末利嫁到拘薩羅後升爲王后，不久得一貴子，人稱「琉璃王子」。

這時，拘薩羅國雖已知王后出身奴隸，但也沒有因此滋事。琉璃王子八歲時，波斯匿命他到以騎射著稱的迦毗羅衛學習技藝。於是琉璃王子便暫離拘薩羅，來到了外祖母家。當時，迦毗羅衛新建成一座富麗堂皇的法堂，準備迎請佛陀來此說法弘教。琉璃王子好奇，與釋迦族的小朋友們到法堂去玩耍，不巧被宮中貴族看見，他們勃然大怒：「一個女奴生養的兒子，豈可到這樣神聖的地方遊戲？這簡直是對釋迦族的玷污！」他們立刻把王子驅出國境，送回拘薩羅國；並將法堂中琉璃王子足跡所到之處掘地七尺，將污土鏟除後，換上潔淨的新土。琉璃王子得知這些情況後，感到受了奇恥大辱，心中生起極大的怨恨，發誓爲王之後，一定把釋迦族剿滅。

不久，波斯匿病逝，琉璃王子加冕爲王。琉璃王以爲時機已到，率領大軍北征迦毗羅衛。佛陀知道祖國人民將遭劫難，便來到北征大軍必經之地，在大路旁的一棵樹下靜坐等候。

大軍開到這裡，見佛陀阻住去路，琉璃王只得下車施禮：「佛陀，那邊山上有枝葉茂密的大樹，您爲什麼不到那裡去坐禪，卻偏偏坐在這棵枯萎凋零的樹下呢？」佛陀說：「親族之蔭，更勝餘蔭。」琉璃王見佛陀保護親族之心異常堅定，其儀容又是那樣的威嚴，不便執拗，只好罷兵回朝。如此一連三次。到琉璃王第四次北征時，佛陀自知已無能爲力，便沒有再去阻勸。這樣，琉璃王的大軍以翻江倒海之勢向迦毗羅衛襲來，把這個都城團團圍住，城中君臣百姓，生命危在旦夕。

神通第一的目犍連不忍生靈塗炭，便以神通飛入城中，將五百人裝入缽中救出城外；誰知出城一看，缽中那五百人已化爲一灘血漿。目犍連知業力所致，神通也無濟於事。

大軍攻進城去，把力戰不降的五百將士統統殺死，把準備參戰的三萬將士的腿腳埋在土裡，要放出大象把他們踩死。迦毗羅衛國的國王摩訶那摩見情況危急，挺身而出，他對琉璃王說：「無論如何，你仍是我釋迦族的外孫，我希望你能答應我一個請求。」琉璃王問他有何請求時，他說：「我潛入此湖水底時，你便放這些人逃跑，待我浮上水面後，這三萬人中未及時逃脫者隨你處死，我毫無怨言。」琉璃王點頭同意。

但待那三萬將士統統逃光之後，摩訶那摩國王還未浮出水面。琉璃王遣水手潛水探察，水手上岸稟報：「我們潛入水底，發現摩訶那摩王把自己的頭髮綁在一根樹根上，他爲救活那三萬將士以身殉國了！」拘薩羅就這樣占領了迦毗羅衛國。但不久拘薩羅國又被它南方的阿闍世王所滅，併入了摩揭陀國的版圖。

八、娑婆雙樹　涅槃寂滅

佛陀遊行教化，說法佈道凡四十五年。一天惡魔摩羅趁阿難暫離佛陀，突然出現在佛陀的面前，摩羅勸誘佛陀說：「佛陀，你已教化了四眾弟子，將佛法留給天上人間，現在你自己獲得涅槃而放棄普渡眾生的說教。」佛陀竟回答他說只能再活三個月。語罷，大地顫抖，因陀羅雷杵閃光。

阿難連忙來到佛陀身邊問他爲什麼宇宙震動，充滿了不祥之兆。佛陀說：「我三個月後將入涅槃。」阿難請求佛陀在人世多住一段時間。佛陀說：「事已至此，無法改變。」

當他知道死亡臨近時，佛陀最後一次漫遊到末羅人國中的拘尸那羅城。他來到一片娑羅樹林中，這些樹不合季節地開滿了鮮花。他在那裡躺下，最後一次在世間休息。阿難從諸國召集來的國王、貴族和婆羅門們都來參謁他。他對所有的來人都慈祥地談話，一個也不曾冷落，又安慰阿難和其他弟子們，他們雖然能超然物外，但仍然抑制不住自己的悲哀。佛陀告誡他們要孜孜不倦，即安祥示寂。

當佛陀的靈魂進入涅槃之際，大地震動，黑暗籠罩，而一道神奇之光照亮諸天，交織著耀眼的閃電。狂風席捲大地，河流彷彿沸騰。那些較小的精靈——那伽、藥叉和乾達婆都在垂首哀悼，但那些大神們理解這些預兆的意義而為之歡慶。

遺體存放了六天，待到荼毗（佛陀、僧侶圓寂後火化屍體），遺體無法點燃。請教天眼第一的阿尼律陀，阿尼律陀說是因為大弟子大迦葉尚未來到，故點而不燃。恰在這時，大迦葉帶領五百弟子趕來。大迦葉跪拜頂禮，向遺體告別後，屍體自然焚燒起來。火化之後，發現了佛陀的遺骨，看上去有如一堆珍珠。它們被分成八份，由八個王子帶回本國，建塔供養，以為永恆的紀念。

◎註1：由旬，長度名，究竟多長，說法不一，大致在十公里左右。

（二）真理本生

古時候，當梵授王在迦尸國波羅奈城治理國家的時候，菩薩轉生在一個商隊長家中，長大成人後，帶著五百輛車，從東到西，從西到東，四處經商。在波羅奈城，另外有個商隊長的兒子，生性愚蠢，缺乏智謀。一次，菩薩從波羅奈採辦了許多貴重商品，裝滿五百輛車，準備出發。那愚蠢的商隊長兒子也裝滿了五百輛車，準備出發。菩薩心想：「如果這傻小子跟我一起出發，一千輛車同時在一條路上行進，這條路承受不了，人的柴火、飲水以及牛的草料等等也難以解決，因此，或者要他先走，或者我先走。」

於是，菩薩將那人召來，向他說明情況，然後問道：「朋友，我們倆不能一起走，你願意先走，還是後走？」那人尋思道：「我先走好處多——車可以走沒被破壞的道路，牛可以吃沒被啃過的草，人可以享受新鮮的咖哩葉和乾淨的水，我還可以任意標價賣掉的貨物。」於是他回答道：「朋友，我先走。」

菩薩卻認爲後走好處多，他是這麼想的：「先走的車隊壓平坎坷的道路，我的車隊就能在平坦的道路上行走；先走的牛群吃掉又硬又澀的老草，我的牛群就能吃到又嫩又甜的新草；先走的人採去老咖哩葉，我的人就能享受鮮嫩的咖哩葉；在沒有水的地方，他們會挖井找水，我們就能在他們挖好的井眼裡汲水；商品的賣價最傷腦筋，我後去，就能按照他們的定價賣掉貨物。」菩薩想到這種種好處，欣然同意讓那人先走。

這位愚蠢的商隊長兒子就帶領車隊出發了。漸漸地，他們越過有人煙的地方，來到險境的入口。所謂險境，共有五種：強盜險境、猛獸險境、乾旱險境、惡魔險境和饑餓險境。強盜當道，謂之強盜險境；獅虎當道，謂之猛獸險境；無水沐浴和飲用，謂之乾旱險境；惡魔當道，謂之惡魔險境；缺乏食物，謂之饑餓險境。眼前遇到的是五種險境中的乾旱險境和惡魔險境。這位商隊長的兒子在車上安置了一些特大的水罐，驅車進入這六十由旬長的險境。

當他到達險境時，住在那裡的夜叉心忖道：「我要讓他們倒掉帶來的水，使他們身體虛弱，然後把他們統統吃掉。」於是，夜叉幻化出一輛漂亮的車子，套上雪白健壯的公牛，帶上一、二十個手持雕弓、箭袋、盾牌、刀劍的隨從，自己坐在車上，儼然像個君王，頭戴青蓮、白蓮，頭髮和衣服濕漉漉的，車輪黏著泥漿，從相反方向駛來。他的隨從前前後後簇擁著他，頭髮和衣服也是濕漉漉的。他們頭戴青蓮、白蓮花環，手捧紅蓮、白蓮花束，嘴裡嚼著藕塊，身上淌著泥水，隨車走來。

商隊在旅途中，凡遇逆風，商隊長就由隨從圍繞保護，走在車隊前面，以免吃到車輛刮起的塵土。同樣的道理，如遇順風，就走在車隊前面。此時，正刮逆風，商隊長走在最前面。夜叉見他走來，將自己的車讓到道旁，熱情地招呼道：「你們上哪兒？」商隊長也把自己的車讓到道旁，騰出車道，站在一旁，向夜叉說道：「朋友，我們從波羅奈來。你們頭戴青蓮、白蓮，手捧紅蓮、白蓮，嘴裡嚼著藕塊，身上淌著泥水，是不是你們在前面的路上遇見大雨，遇見長滿各色蓮花的池子？」夜叉聽了他的話，說道：「朋友，這還用問嗎？前面就能看見一片蒼翠的樹林，再往前整個森林裡全是水，那裡經常下雨，坑坑窪窪積滿雨水，到處都有長滿蓮花的池子。」

商隊的車輛依次前進時，夜叉又問道：「你帶著這些車輛要到哪兒去？」商隊長兒子回答說去某地。「這些車上裝的是什麼貨？」商隊長兒子回答說裝了這種、那種貨。「後面這輛車好像很沉，裝的什麼貨？」「全是水。」「你們在過來的這段路上，帶著水，是對的。再往前走，就不必帶水了。前面有的是水，你們砸破罐子，放掉水，走起來就輕鬆多了。」接著，又假意對隨從說：「走吧！我們耽擱了不少時間了。」夜叉走了一程，走出商隊的視野，便返回自己的夜叉城。

這愚蠢的商隊長兒子確實愚蠢，他聽信了夜叉的話，便砸碎水罐，放掉所有的水，然後驅車前進。結果，前面路上一滴水也沒有，大家喝不到水，焦渴難忍。他們硬撐著走到太陽落山，才卸下車，圍成車陣，將牛拴在車輪上。牛沒有水喝，人沒有粥吃。精疲力竭的人們東倒西歪躺在地上。午夜時分，夜叉們從夜叉城出來，殺死所有的人和牛，吃光了肉，扔下骨頭走了。就這樣，由於一個愚蠢的商隊長兒子，整個商隊遭到毀滅，屍骨遍地，五百輛裝滿貨物的車子依舊停在那裡。

在這愚蠢的商隊長兒子走後一個半月，菩薩才帶著五百輛車，離城出發。不久，他們也來到險境入口處。菩薩灌滿水罐，帶足用水。他在營地擊鼓召集眾人，宣佈道：「未經我的同意，你們不准動用一滴水。這一帶有許多毒樹，凡是你們過去未曾吃過的樹葉花果，未經我的許可，也不准隨便食用。」他這樣告誡眾人後，帶著五百輛車進入險境。

當他們到達險境中心，夜叉又故技重演，出現在菩薩迎面的路上。菩薩一看到他，心中就有數：「這一帶沒有水，才叫做乾旱險境。這傢伙面無懼色，兩眼通紅，又沒有影子，不用說，那個先走的商隊一定是全軍覆沒，被夜叉吃掉了！」於是，他對夜叉說道：「你們走吧！我們是商人，不親眼看到水，我們絕不會輕易倒掉儲水。」夜叉悻悻然地走了一程，返回自己的夜叉城。

夜叉走後，眾人不解地問菩薩：「尊者啊！既然那些人說前面水源豐富，我們為什麼不把水倒了，好輕裝前進呢？」

菩薩聽了這些話，吩咐停車，將眾人召集一起，問道：「你們當中，有誰聽說過這一帶有水塘或蓮花池？」「尊者，沒有聽說過。這一帶叫乾旱險境。」

「剛才那些人說：『前面能望見一片樹林，再往前，雨水不斷。』你們說，帶雨的風能吹多遠？」菩薩又問。「一由旬，尊者！」有人回答。

「帶雨的風吹到你們身上了嗎？」「沒有，尊者！」

「能望見多遠的雲彩？」「一由旬，尊者！」

「你們有誰望見雲彩了嗎？」「沒有，尊者！」

「能望見多遠的閃電？」「四、五由旬，尊者！」

「你們有誰望見閃電？」「沒有，尊者！」

「能聽見多遠的雷聲？」「一、二由旬，尊者！」

「你們有誰聽見了雷聲？」「沒有，尊者！」

「那些傢伙不是人，而是夜叉。他們到這兒來，是要哄騙我們倒掉水，使我們精疲力盡，然後吃掉我們。先走的商隊一定已經在焦渴疲乏中被夜叉吃掉了。今天我們就會看到。你們一滴水也不能浪費，快上路吧！」菩薩吩咐眾人繼續前進。走著走著，果然看到了五百輛裝滿貨物的車子和遍地狼藉的骨骸。菩薩吩咐卸下車輛，圍成宿營地，讓眾人和牛群吃飽晚餐，讓牛群躺在人群中間，而他自己帶著隨從，徹夜警戒，直至天明。

次日清晨，他們整理行裝，餵飽牛群，挑選結實的車輛，淘汰損壞的車輛，裝上貴重的貨物，捨棄廉價的貨物。到達目的地之後，菩薩以兩、三倍的價錢賣掉貨物，然後帶著眾人安全地返回波羅奈城。

(三) 祭羊本生

古時候，當梵授王在波羅奈治理國家的時候，有個舉世聞名的精通三吠陀（註1）的婆羅門老師，想祭拜祖先，囑人逮來一頭山羊，吩咐學生說：「孩子們，把牠帶到河裡洗澡，然後給牠脖子上戴個花環，按上五指印（註2），裝飾一番，再帶回來。」

學生們答應後，便帶著山羊來到河邊，洗刷打扮了一陣，然後放在岸邊。山羊記得自己的宿業，心裡想道：「今天我就要脫離這種痛苦了。」想著想著，不由得十分高興，發出了打破水罐似的大笑聲。一會兒，牠又轉念想道：「這個婆羅門殺了我，將會陷入和我同樣的那種痛苦。」牠不禁對婆羅門心生憐憫，又大聲痛哭起來。

學生們問道：「山羊啊，你一會兒大笑，一會兒大哭，你到底笑什麼?哭什麼?」

「你們還是當著老師的面問我吧!」山羊說。

於是，他們把牠帶到老師那兒，報告了這件事。老師聽後，便問山羊：「你爲什麼笑?又爲什麼哭？」

山羊記得自己的宿業，便向婆羅門說道：「婆羅門啊，我從前也像你一樣，是個精通吠陀的婆羅門。由於我想祭祀祖宗，便殺了一頭山羊。就因爲殺了一頭山羊，我已經四百九十九次轉生爲山羊，每次都遭到砍頭之苦，這是我最後的一次，第五百次的轉生了，想到我今後就要擺脫這種痛苦，我十分高興，所以笑了，但又想到你今天殺了我，也會像我一樣遭到五百次的砍頭之苦，我感同身受，所以就哭了。」

婆羅門聽後，說道：「山羊啊，別怕，我不殺你！」

「你說什麼？」山羊大叫，「不管你殺不殺我，今天我難逃死亡之苦。」

「山羊，別怕，我保護你，陪著你一起遊蕩。」婆羅門安慰道。

「婆羅門啊，我的罪孽深重，你無法保護我。」山羊黯然。

婆羅門執意釋放山羊，並帶領著學生跟隨著這頭山羊不准任何人傷害牠。山羊躍進岩石附近的樹林裡，抬起脖子開始吃樹葉。剎那間，突然一道火光，雷電擊中山岩。一塊石頭迸裂，掉在山羊伸長的脖子上，砍下了牠的頭。

人們匯聚在周圍，議論紛紛。那時，菩薩正轉生爲這裡的樹神。他施展神力在空中結跏趺坐，望著圍觀的人們，心想：「眾生知道這種罪孽的果報，就不會殺生了。」於是，用和緩的聲音說法，唸了這首偈頌：

倘若眾生知，痛苦之根源，
不會再殺生，以免遭災難。

大士用地獄之苦警告眾人，宣講正道。眾人聽了菩薩說法，懼怕地獄之苦，不再殺生。菩薩透過說法，使眾人遵守戒律，然後按自己的業死去。眾人也恪守菩薩的告誡，做了許多善事，最後升入天國。

◎註1：三吠陀是婆羅門教經典《梨俱吠陀》、《娑摩吠陀》和《夜柔吠陀》。
◎註2：五指印是一種巫術標誌。

(四) 蘆葦飲本生

相傳，這個竹林以前是座森林。森林裡有個蓮花池，住著一個水妖，專吃進入池子的生物。那時，菩薩是一隻長得像小紅鹿一般大的猴王，率領八萬隻猴子，住在森林裡。牠保護這群猴子，告誡牠們道：「孩子們，在這個森林，有些樹是有毒的，有些蓮花池是水妖霸佔的，你們凡是想吃過去沒有吃過的果子，想喝過去沒有喝過的水，都要先來問問我。」

「遵命！」群猴答應道。

一天，牠們來到一個過去沒來過的地方，遊蕩了大半天，想找水喝。牠們看見一個蓮花池，但都沒有下池，坐著等待菩薩的到來。菩薩來後，說道：「孩子們，爲什麼不喝水？」

「我們等著你來。」

菩薩沿著蓮花池走了一圈，仔細察看腳印，發現只有下去的腳印，沒有上來的腳印。牠思忖道：「毫無疑問，這個蓮花池是水妖霸佔的。」於是說道：「孩子們，你們做得對。這個池子裡有水妖。」

水妖見牠們沒有下來，就躍出水面，露出黑肚皮、白嘴巴、紅手腳的可憎模樣，說道：「你們呆坐在這裡幹嘛？下來喝水吧。」

菩薩問道：「你是這裡的水妖吧？」「我是。」

「你捕捉進入蓮花池的生物吧？」「是的！我捕捉所有進入這池子的生物，哪怕是一隻小蟲我都不放過。我也要把你們全都吃掉。」

「我們不會讓你吃掉的。」「可是你們總得喝水吧。」

「是的，我們是要喝水的，但我們不會讓你抓住。」「那你們怎麼喝呢？」

「你以爲我們必須進入池子裡才能喝到水嗎？你錯了。我們不用進池子，八萬猴子各拿一根蘆葦桿，就像用蓮花梗吸吮水那樣，吮你這蓮花池的水。這樣，你就不能吃掉我們了。」

大徹大悟的尊師記得這事，唸了這首偈頌的上半偈：

猴王仔細查腳印，只見有去無返回；
諒你無法謀害我，群猴飲水用蘆葦。

菩薩說罷，吩咐一隻猴子取來一根蘆葦，心念波羅蜜（註1），莊嚴宣誓，然後用嘴吹蘆葦桿。蘆葦桿裡的每個節結都被吹出窟窿，用這種方法，菩薩吩咐一隻又一隻猴子取來蘆葦桿，吹通之後給牠們。

但是，八萬根蘆葦桿怎麼吹得完呢？因此，這個辦法不行。

於是，菩薩圍繞蓮花池走了一圈，命令道：「這裡所有的蘆葦都自己穿孔吧！」由於菩薩益世濟眾的大德行，這個命令得以生效。從此以後，這個蓮花池周圍的蘆葦都長成空心的。

在這一劫（註2）裡，有四大奇蹟將流傳下去。哪四大奇蹟呢？

在整個劫裡的兔子形象將保留在月亮中；〈鶴鶉本生〉中講到大火熄滅的地方將不遭火燒；陶工居住的地方將不受雨淋；這個蓮花池周圍的蘆葦將長成空心的。這就是流傳下去的四大奇蹟。

菩薩這樣命令後，拿了一根蘆葦坐下，八萬隻猴子也各拿一根蘆葦圍著蓮花池坐下。菩薩用蘆葦桿吸水，坐在池邊的猴子們也依樣畫葫蘆。牠們用這種方法喝水，水妖沒有任何展獲，終於氣急敗壞地隱入水中。

◎註1：波羅蜜是指由此岸到達彼岸的方法或途徑。

◎註2：劫是印度教神話的時間概念，一劫相當於四十三萬億二千萬年（一是說四百三十二萬年）。佛教沿用這種時間概念，只是在時間的劃分和計算上略有不同。

(五) 齊心協力本生

古時候，當梵授王在波羅奈治理國家的時候，菩薩投胎爲鵪鶉，與千隻鵪鶉一起住在樹林裡。那時有個捕鳥師來到牠們的住處。他先是模仿鵪鶉叫，等鵪鶉聚落在一起時，就撒出網將牠們網住，然後收緊網將牠們綑作一團，裝進籃子帶回家。他靠賣這些鵪鶉爲生。

一天，菩薩對鵪鶉們說：「這個捕鳥師要滅絕我們的種族。我有一個辦法，可以使他抓不到我們。以後，當他把網撒在你們頭上時，你們每隻鵪鶉都把自己的頭伸出網眼，一起帶著網飛到你們願意去的地方，然後降落在荊棘叢中。這樣，我們就能從網底逃生了。」鵪鶉們同意道：「好吧！」

第二天，當網撒在牠們頭上時，牠們就按菩薩說的方法帶著網飛走，降落在一處荊棘中，從網底逃脫出來。捕鳥師趕到荊棘叢中取下網時，已是黃昏時分。一連好幾天，鵪鶉們都採取這種辦法，因而捕鳥師總是一無所獲，空手回家。他的老婆很生氣，罵道：「你每天都空手回家，想必你在外面另有吃飯的地方吧？」捕鳥師趕緊辯解道：「冤枉呀！老婆，我絕對沒有在另外的地方吃飯。只是那些鵪鶉現在齊心協力啊！每每當我撒下網，牠們就帶著網飛走逃脫。但是，牠們不會永遠和睦相處的。妳別擔心，一旦牠們中間發生爭吵，我就能將牠們一網打盡，回來時準叫妳眉開眼笑。」說完，對妻子唸了這首偈頌：

眾鳥齊心協力，帶網飛走逃命；
一旦互相爭吵，準能一網打盡。

此後不久，有隻鵪鶉在飛落吃食時，不小心踩了另一隻鵪鶉的頭。被踩的那隻鵪鶉氣憤地嚷嚷道：「誰踩我的頭了？」「是我不小心踩了你，請別生氣。」儘管這樣賠了不是，那隻鵪鶉依然怒氣沖沖。於是，這兩隻鵪鶉你一言我一語，爭吵不休，互相諷刺道：「我想是你獨個兒把網帶起來的吧！」菩薩見牠們爭吵，心想：「一發生爭執，就會失去安全。現在，牠們不能帶網飛起，因而將遭到滅頂之災。捕鳥師的機會來了。我不能再待在這裡了。」於是，牠帶著自己的同伴，飛往別處。

過了幾天，捕鳥師果眞又來了。他先模仿鵪鶉叫，等鵪鶉聚落在一起時，網住了牠們。一隻鵪鶉說：「你帶著網飛起時，你頭上的羽毛一定會掉光光。現在，你飛吧！」另一隻鵪鶉說：「你帶網起飛時，你的兩隻翅膀一定會折斷。現在，你飛吧！」就在牠們互相鬥嘴的時候，捕鳥師過來撿起網，將牠們綑住一團，裝進籃子帶回家。他老婆見了笑逐顏開。

（六）鷓鴣本生

古時候，在喜馬拉雅山坡上一棵大榕樹旁住著三個夥伴：鷓鴣、猴子和大象。牠們互不尊敬、不服從、不禮讓。後來牠們想：「我們不能再這樣生活下去了。我們應該選出年長者，大家服從牠。」於是牠們思索：「誰是我們中間的年長者。」

一天，牠們想出了一個辦法：牠們三個坐在大榕樹下，鷓鴣和猴子問大象：「大象朋友啊！你最早能記事的時候，這棵樹有多大？」大象回答道：「朋友啊，當我是隻幼象時，它還是灌木一般的小樹，我常常跨越它。跨越的時候，站在那裡，只有最高的樹枝碰著我的肚皮。它還是一棵小樹時，我就知道它了。」

接著，大象和鷓鴣向猴子提出同樣的問題，猴子回答道：「當我是隻小猴子時，我坐在地上，一伸脖子，就能吃到這棵小榕樹上最高的嫩芽。它還是一棵小樹苗時，我就知道它了。」

然後，猴子和大象向鷓鴣提出同樣的問題，鷓鴣回答道：「朋友啊！從前，在附近一個地方有棵大榕樹，我吃了它的果子，把糞便拉在這裡。後來，就長出了這棵榕樹。因此，在它還沒有長出來前，我就知道它了。這樣看來，我比你們兩個都年長。」聽牠這麼一說，猴子和大象便向鷓鴣尊者表示：「朋友啊，你比我們年長。我們今後要尊重你、敬仰你、崇拜你，要恭順謙卑，禮貌周全，恪守你的訓誡，請你今後對我們多多指教。」

此後，鷓鴣教導牠們遵行戒律，自己也遵行戒律。牠們三個都恪守五戒，互相尊重，謙恭禮讓，死後都升入天國。

（七）竹蛇本生

古時候，當梵授王在波羅奈治理國家的時候，菩薩轉生在迦尸國一個富豪家。長大成人後，他看到愛慾招禍、無慾致福，於是摒棄愛慾，出家到喜馬拉雅山當隱士，他完成禪思的準備工作，達到五神通、八定（註1），享受禪思之樂。後來有五百苦行者追隨他。他住在那裡，成了他們的老師。

一天，一條小蛇爬到一位苦行者的淨修屋裡。這位苦行者對小蛇產生了親子之愛，將牠收養在一個竹籠裡。由於這條蛇居在竹籠裡，人們便稱牠爲「竹蛇」；而這位苦行者待蛇如子，人們也就稱他爲「竹蛇爹」。

菩薩聽說有個苦行者養了一條蛇，便把那個苦行者召來，問道：「你眞的養了一條蛇嗎？」苦行者回答：「是的。」菩薩說：「絕不可與蛇親近，不要再養了。」苦行者說：「這條蛇待我就像學生對待老師那樣，沒有牠，我活不下去。」

菩薩說：「可是，你留著牠，你最終會喪命的。」苦行者沒有聽取菩薩的勸告，他捨不得扔掉這條蛇。

幾天後，所有的苦行者都去採集果子。他們到達一個地方，見那裡的果子長得特別茂盛，便在那裡住了兩、三天。「竹蛇爹」也跟他們一起去了，他把「竹蛇」安置在竹籠裡，關好了籠門。這樣兩、三天後，他與苦行者們一起回來，心想：「我該給竹蛇餵點食物了。」

他打開竹籠，伸手進去，說：「孩子，你一定餓了。」這條蛇因爲兩、三天沒有食吃，怒不可遏，一口咬住伸進來的手，苦行者頓時斃命，跌倒在竹籠旁。這條蛇逃進了樹林。

見到這情景，苦行者們就去報告菩薩。菩薩吩咐將那苦行者的屍體焚化；然後，坐在苦行者們中間唸了一首偈頌告誡眾人：

剛愎自用者，不聽善意勸，
猶如竹蛇爹，命喪旦夕間。

菩薩這樣告誡苦行者，使他們安於四梵住（註2），死後皆升入梵界。

◎註1：「五神通」和「八定」是佛教術語。五神通指五種超自然的神秘力量，即天眼通、天耳通、他心通、宿命通、神足通（或如意通）。八定是按入定程度的深淺而分的八種禪定，即初禪定、第二禪定、第三禪定、第四禪定、空無邊處定、識無邊處定、無所有處定、非想非非想處定。

◎註2：四梵住即慈、悲、喜、捨四種精神。

（八）有德象本生

古時候，當梵授王在波羅奈治理國家的時候，菩薩投胎爲喜馬拉雅山的象。

牠一出娘胎，渾身雪白猶如一團銀子；眼睛明亮，猶如一對寶石；嘴巴像紅袍；鼻子像點綴著赤金的銀環；四條腿彷彿刷過油漆。牠十全十美，英俊無比。長大後，整個喜馬拉雅山的象都跟隨牠。因此牠跟八萬隻象一起住在喜馬拉雅山上。後來，牠發現象群中有犯罪行徑，便離開象群，獨自隱居森林。由於牠恪守戒律，被稱爲有德象王。

那時波羅奈有個務林爲生的人，進入喜馬拉雅山尋找自己的生計。他迷失方向，在山上徘徊，害怕地大聲哭泣。菩薩聽到他的哀號，心生憐憫：「我要解救這人的困境。」牠走近這人。這人一見大象，慌忙拔腿就跑。菩薩見他逃跑，就站在原地不動。這人見菩薩停步，也跟著停步。菩薩再往前走，他又逃跑。菩薩又停步，他也跟著停步。這人心想：「這隻大象，我逃跑時，牠停步，我停步時，牠走來。牠不像要傷害我，倒像是要救助我。」

於是，他大膽地站著不動。菩薩走到他跟前，問道：「人友啊！你爲什麼在這裡徘徊哭泣？」「尊者啊！我不辨方向，迷失道路，生怕死在這裡。」菩薩把他帶到自己的住處，用各種果子款待他。

幾天後，菩薩對他說：「人友啊，別害怕。我送你到行人來往的大路上去。」菩薩讓他坐在自己背上，送他到大路上去。這個無情無義的人暗暗思忖：「如果有人問起大象，我就告訴他們。」因而，他坐在象背上，一路上默記樹木和山丘的標記。菩薩把他帶出森林，到達通往波羅奈的大路，說道：「人友啊，上路吧！不管人家問不問你，請不要把我的住處說出去。」送別了這人，菩薩回到自己的住處。

這人到了波羅奈，東遊西逛，來到象牙街，看見工匠們正在雕刻象牙。他問工匠：「如果有活象的象牙，你們收嗎？」「先生，這還用問？活象的象牙比死象的象牙值錢多了。」「那麼我將帶給你們活象的象牙。」

於是，這人帶了糧食，拿了鋸子，來到菩薩的住處。菩薩見到他，問道：「你來這兒有事嗎？」「尊者啊，我家境貧寒，難以維生，前來請你給我一小塊象牙。如果你肯給的話，我可以拿去變賣，餬口度日。」

「好啊，朋友！我可以把象牙給你，你就用鋸子鋸下帶走吧。」菩薩蜷起腿，俯伏在地。這人把兩只象牙頂端的部份鋸了下來。

大象用鼻子捲起象牙，說道：「人友啊，並不是我不喜愛、不珍惜這對象牙。我把這對象牙給你，但願我從此無所不知。」牠把這對象牙作爲取得無所不知而付出的代價，給了這個人。

這人把這對象牙拿回去，變賣了。等錢花光後，他又來到菩薩跟前，說道：「尊者啊，你給我的象牙，變賣之後，所得到的錢只夠償還我的債務。請你把剩下的象牙也給我吧！」大象同意道：「好吧。」依照上次的方法，牠讓這人鋸下象牙的剩餘部份，給了他。

他變賣之後，又說道：「尊者啊，我窮得沒法活了，把你的象牙根也給我吧！」菩薩說道：「好吧。」跟先前一樣俯伏在地。這惡人踩著大士銀環似的鼻子，爬上蓋拉瑟山峰似的顱蓋，用腳後跟猛踹牙床。踹開牙肉後，騎在顳骨上，用鋒利的鋸子鋸下象牙根。然後看也不看菩薩一眼，拿著象牙根，揚長而去。

二十九萬四千由旬的大地能夠承受沉重的悉奈盧諸峰和污穢腥臭的垃圾糞便，而這時彷彿承受不住這個惡人的罪孽，裂開了一個大缺口。無間地獄（註1）噴出烈燄，猶如用裹屍布裹屍，吞沒這個忘恩負義之徒。就這樣，這惡人墮入了地獄。住在這個森林裡的樹神說道：「這種忘恩負義的傢伙，即使封他為轉輪王，他也不會知足的。」樹神宣講的法音在整個森林迴響，然後他唸這首偈頌：

忘恩負義者，永遠墮地獄；
大地全給他，也不會滿足。

這樣，樹神以響徹森林的聲音說法。菩薩活夠歲數，按其業死去。

◎註1：無間地獄是八大地獄之一，也譯阿鼻地獄。

（九）名字本生

古時候，在旦叉始羅，菩薩是舉世聞名的老師，向五百弟子傳授經典。其中有個弟子名叫巴波格，意思是「有罪」。他聽著別人「有罪」來、「有罪」去地喊著，覺得很彆扭。於是他到老師那兒，說道：「老師，我這名字不吉利，請老師替我另取一個名字吧！」

「孩子，去吧，到城鄉各地走走，找一個你中意的吉利名字，我將參照你帶回來的名字，給你另取一個。」老師如此說道。

翌日，這青年帶了乾糧就出發了。他走過一村又一村，來到一個城市。那裡剛好死了一個人。他看到送葬的親屬將死者抬往墳場，便問道：「這死者叫什麼名字？」「他叫長壽。」

「長壽也會死啊？」青年納悶地又問。

「不管是叫長壽還是短壽，人總是要死的。名字只不過是個稱呼罷了。看來你是個傻瓜！」村人嘲弄地搖搖頭。

聽了這番話，青年對名字感到淡漠了。

然後他進入城裡。這時，有家主人將一個女奴推倒在門口，用繩索抽打，責怪她沒有交出掙來的錢。青年剛好走過這條街，見到女奴遭毆打，便問道：「她叫什麼名字？」「她叫護財。」

「既然名字叫護財，怎麼會交不出那一點兒工錢？」

「不管是叫護財還是失財，她總歸是個窮婆娘。名字只不過是個稱呼罷了。看來你是個傻瓜！」那人哈哈大笑。

聽了這番話，青年對名字更加感到淡漠。

他離開這個城市。中途，他遇見一迷路的人，便問道：「先生，你爲何瞻前顧後地團團轉？」「尊者，我迷路了。」

「你叫什麼名字？」「我叫指路。」

「指路也會迷路啊？」「不管叫指路還是迷路，都會迷路的。名字只不過是個稱呼罷了。看來你是個傻瓜！」那人哂然一笑。

聽了這番話，青年對名字完全淡漠了。

他回到菩薩那裡。菩薩說道：「孩子，你回來了。喜歡哪個名字？」「老師啊！我想明白了，名字只不過是個稱呼罷了。靠名字不能取得成就，只有靠業才能取得。我的名字還是照舊吧！不用改了。」

菩薩總結這青年的所見所爲，唸了這首偈頌：

名叫長壽亦死去，名叫護財亦貧窮；
名叫指路亦迷路，有罪回來不改名。

（十）鱷魚本生

古時候，當梵授王在波羅奈治理國家的時候，菩薩轉生為喜馬拉雅山上的一隻猴子，力大如象，身材魁梧，容貌漂亮，住在恒河拐彎處的森林中。

那時，有一條鱷魚住在恒河裡。牠的老婆看到菩薩的身軀，渴望吃菩薩的心，對丈夫說道：「夫君啊！我想要吃猴王的心。」

「可是愛妻，我們是水中動物，牠是陸上動物，我們怎麼能抓住牠呢？」鱷魚說。

「反正你得想辦法把牠捉來，如果我得不到牠，我就會死去。」鱷魚老婆回道。

「別擔心，我有個辦法，會讓妳吃到牠的心。」鱷魚安慰老婆之後，就去找菩薩。

這時菩薩喝了恒河水，正坐在恒河岸邊。鱷魚走近菩薩，說道：「猴王啊，你為什麼老在這個地方吃些壞果子呢？恒河對岸有無數的芒果、麵包果等甜果子，你為什麼不到那兒去吃各種各樣的果子呢？」

「鱷魚啊！恒河水深河寬，我怎麼過得去呢？」猴子說。

「如果你想去，我可以馱你過去。」猴子聽信鱷魚的話，欣然登上牠的背。

鱷魚游了一段，就把猴子擱在水中。菩薩問：「朋友啊，你這樣做是為了什麼呀？」

「我不是出於好心帶你過河的。我的老婆想吃你的心，因而我要讓她吃到你的心。」鱷魚說。

「朋友啊，你把實話告訴了我，做得很對。」菩薩說：「可是你知道嗎？如果我們把心擱在肚子裡，在樹枝上蹦來蹦去，早就顛碎了。」

「那麼，你們把心擱在那裡？」鱷魚緊張地追問。

菩薩指著不遠處一棵結滿成熟果子的無花果樹，說道：「你看，我們的心都掛在那棵無花果樹上呢。」

鱷魚順著指示看過去，說：「如果你把心給我，我就不殺你。」

「那麼，你帶我到那裡吧，我把掛在樹上的那顆心給你。」

於是，鱷魚馱著菩薩到達岸邊。菩薩從鱷魚背上躍起，坐在無花果樹上，說道：「傻鱷魚，你當眞以爲猴子的心是掛在樹上的？我是騙你的！」菩薩唸了兩首偈頌：

芒果閻浮麵包果，它們長在河對邊，
我不希罕不垂涎，寧願吃這無花果。

鱷魚像是輸掉一千元錢的賭徒，垂頭喪氣地潛入水中。

（十一）烏龜本生

古時候，當梵授王在波羅奈治理國家的時候，菩薩轉生在一個大臣家裡，長大後，成爲國王的宰相。這國王是個饒舌的人，只要他一張嘴，別人就別想插話。菩薩想糾正國王饒舌的惡習，一直在尋找合適的機會。

那時，在喜馬拉雅山區的一個水池裡，住著一隻烏龜。兩隻小天鵝前來覓食，與烏龜結識，成爲好友。一天，這兩隻小天鵝對烏龜說：「烏龜朋友，我們住在喜馬拉雅山吉多峰坡面的金洞裡。那是個可愛的地方，你願意跟我們一起去嗎？」

「我怎麼去呢？」烏龜問。

「我們可以帶你去，只要你能閉緊嘴巴，不跟任何人說話。」

「我能閉緊嘴巴，你們帶我去吧。」烏龜雀躍地說。

於是，天鵝們讓烏龜咬住一根小棍，牠們自己咬住小棍的兩端，飛上高空。村童們看見天鵝帶著烏龜，驚訝地叫喊道：「兩隻天鵝銜著一根木棍，把烏龜帶走了！」

烏龜張開嘴，想要說：「朋友們帶我走，關你們這些壞小子什麼事！」這時，天鵝正飛過波羅奈王宮的上空。烏龜一張嘴，就墜落在王宮的庭院裡，摔成兩半。

頓時人聲鼎沸，國王在大臣的陪同下，與菩薩一起來到這裡，看到烏龜，國王問道：「智者，這烏龜怎麼會掉下來的？」

菩薩順勢說道：「事情是這樣的：這隻烏龜與天鵝交上朋友，天鵝要帶烏龜去喜馬拉雅山上遊玩，牠們讓烏龜咬住小棍，帶著牠飛上空中，而這烏龜聽到有人說閒話，不肯保持緘默，想要回嘴，結果鬆開了棍子，從空中掉下，葬送了性命。」於是，菩薩告誡國王：「國王啊，這完全是饒舌招來的災禍。」說罷，唸了兩首偈頌：

這隻烏龜，咬住棍子，
饒舌多言，害死自己。

國王鑒戒，謹言慎行，
記取烏龜，饒舌喪生。

國王默默無語，傾聽教訓。

（十二）乾糧本生

古時候，當梵授王在波羅奈治理國家的時候，菩薩轉生在大臣家裡，長大後，成爲國王的法政顧問。

那時，國王疑心兒子要謀害他，將兒子趕走。兒子帶著妻子出城，住在迦尸國的一個村子裡。不久，他聽說父親去世，心想：「我要繼承王位了。」便動身返回波羅奈。途中有人給他一包乾糧，說道：「這是給你妻子吃的。」但是他獨自享用，不給妻子吃。妻子非常苦惱，心想：「這人眞自私！」

他回到波羅奈，如願登上王位，立妻子爲王后。他認爲這對於妻子已經足夠了，因而不再給她其他應有的尊敬或榮譽，也不關心她的生活。菩薩心想：「我們這位王后盡心伺候和眞心愛護國王，而國王卻毫不關心她。我應該讓國王尊敬她。」

於是，他來到王后那兒，行過禮，站在一旁。王后問道：「有事嗎？尊者！」菩薩說：「王后啊，我們應該怎樣侍奉妳？妳怎麼從不賜給我們這些老臣一根布條或一個飯糰？」

「唉，尊者啊！我自己一無所有，能賜給你們什麼？」王后無奈地嘆了口氣：「如果我有東西，怎麼會不賜給你們呢？眼前，國王什麼也不給我。不說別的，就在他回來繼承王位的途中，得到一包乾糧，也不肯分給我一點，自己一人全吃了。」

「夫人，你敢不敢當著國王的面也這樣說？」菩薩試探地問。

「我敢，尊者！」王后回答。

「那麼，今天我在國王跟前向妳提問時，妳就這樣說。就在今天，我要讓他理解妳的品德。」

說罷，菩薩先走一步，來到國王那兒。接著，王后也到了，站在國王身邊。於是，菩薩問道：「夫人啊！妳眞狠心，從來不賜給我們一丁點東西。」

「尊者啊，國王什麼也不給我，我能賜給你們什麼呢？」

「妳不是我們的王后嗎？」

「尊者啊，如果不受到尊敬，身居后位又有何用？當初在歸途中得到一包乾糧，國王都不肯分我一點，獨自一人吃了，現在還會給我什麼？」王后說。

「大王啊，當眞如此？」菩薩面色凝重地詢問國王。

國王點頭承認。菩薩見國王坦承無諱，便對王后說：「夫人啊，既然國王早就不愛妳，妳爲什麼還一直住在這裡？在這世上，沒有愛情的結合是痛苦的。眾生以愛對愛，如果發現對方不愛自己，就應該到別處去。這個世界寬廣得很呢！」

說罷，唸了兩首偈頌：

以愛對愛，以善對善；
他不愛妳，妳別愛他。
他若無情，妳別愛他；
鳥離枯樹，世界廣大。

波羅奈王聽了菩薩的話，給予王后一切應得的權利。從此，兩人和睦相處。

（十三）全牙豺本生

古時候，當梵授王在波羅奈治理國家的時候，菩薩是他的祭司，精通三吠陀和十八般技藝。他懂得征服世界咒語，據說這種咒語是通過修煉禪定獲得的。

一天，菩薩想要溫習這個咒語，來到森林中開闊地，坐在一塊石板上背誦。據說不舉行特定儀式，旁人是聽不見這種咒語的，所以他才放心地坐在那裡。

就在他背誦時，一隻豺狼躺在洞裡聽到並記住了這個咒語，因為這隻豺狼在前生也是一個懂得征服世界咒語的婆羅門。

就在菩薩熟背咒語，準備起身離去之時，豺狼從洞裡出來，說道：「喂！婆羅門，這個咒語，我也記住了，而且記得比你還熟！」說完後撒腿就跑。菩薩擔心這隻豺狼會釀成大禍，就緊追著跑，想抓住牠。但追趕了一陣，仍讓豺狼竄進森林。

這隻豺狼逃進森林後，遇見一隻雌豺狼。牠在雌豺狼身上抓了一把，雌豺狼莫名其妙地問道：「你幹什麼？」

「妳知道我是誰嗎？」豺狼得意地問。

「不知道！」雌豺狼答道。

於是，牠唸起征服世界的咒語，召來幾百隻豺狼，並讓所有象、馬、獅、虎、豬、鹿等四足走獸聚集在自己周圍。這樣，牠成了森林之王，號稱「全牙」，封雌豺狼為王后。兩隻大象背上站著一隻獅子，獅子背上坐著全牙豺國王和雌豺王后，威風凜凜，神氣十足。

由於享有無上的榮譽，全牙豺得意忘形，不可一世，決心要奪取波羅奈王國。牠率領所有的四足走獸來到波羅奈城下。牠的隊伍有十二由旬長，在城下通報波羅奈王：「國王，你只有兩條路可走，或者獻出王國，或者和我交戰！」波羅奈居民個個膽戰心驚，緊閉城門。

菩薩來到國王那裡，說道：「別害怕，大王！與全牙豺交戰一事由我承擔。除了我之外，誰也無法與牠交戰。」他安撫了國王和全城居民後，便登上城樓，問道：「全牙！你準備怎樣奪取這個王國？」

「我要命令獅子發出吼叫。用這吼叫聲嚇倒眾人，奪取王國。」

菩薩知道了全牙豺的戰術，走下城樓，擊鼓宣佈：「波羅奈城十二由旬方圓內的全體居民都用麵糰堵住自己的耳朵，也堵住貓和其他一切動物的耳朵，這樣就不會受到傷害了。」

然後，菩薩又登上城樓，喊道：「全牙！」

「什麼事？婆羅門！」全牙傲慢地看著菩薩。

「你無法指揮獅子吼叫。」菩薩仍想勸阻，「這些出身高貴、四足漂亮的鬃毛獅子，不會聽從像你這樣的老豺的命令。休戰吧！」

「誰說我不行？我這就證明給你們瞧瞧！」全牙豺隨即用腳踢牠坐著的獅子，喝令道：「吼叫！」獅子的嘴巴貼近大象的耳朵，發出三聲巨吼。大象一驚，把全牙豺摔落在地，象腳踩著豺的腦袋，踩得粉碎，全牙豺就這樣一命嗚呼。大象們聽到獅子吼，懼怕死亡，東奔西突，互相衝撞踐踏而死。除了獅子，其他的四足走獸──鹿、豬乃至兔、貓，全部喪生。獅子們也都逃進森林。整個十二由旬的地方橫屍遍野。

菩薩走下城樓，吩咐打開城門，擊鼓宣佈：「所有的人都拿掉自己耳裡的麵糰！想要肉的去撿肉！」人們吃足鮮肉，然後把其餘的肉都做成肉乾。據說，人們是從那時開始製作肉乾的。

（十四）貓頭鷹本生

從前，在第一劫的時候，人類集合在一起，選了一位英俊、吉祥、有威信、有美德的人，作爲國王；四足走獸集合在一起，選了一隻獅子，作爲獸王；大海裡的魚類選了一條名叫「歡喜」的魚，作爲魚王。於是，鳥類集合在喜馬拉雅山的一塊岩石上，商議道：「人類有了王，四足走獸和魚類也有了王，而我們鳥類還沒有王。群龍無首是不對的，我們也應該有個王吧。大家推舉一隻適合當上王位的鳥吧！」

大家左顧右盼，選擇這樣的鳥，最後看中了一隻貓頭鷹，說道：「我們喜歡這隻貓頭鷹！」接著，由一隻鳥當眾宣佈三次，以徵得全體同意。頭兩次宣佈時，一隻烏鴉忍住沒說話；第三次宣佈時，牠挺起身子，叫喊道：「且慢！瞧貓頭鷹這副嘴臉，登基時尚且如此，發怒時更不知如何了。牠發怒時，只要瞪我們一眼，我們就會像撒在熱鍋上的芝麻粒，坐立不安，性命難保。我不願意選這傢伙爲王！」

爲了說明這個意思，牠唸了第一首偈頌：

眾位鄉親選牠，立為鳥禽之王，
倘若大家允許，我要提出異議。

眾鳥允許烏鴉提出異議，牠又唸了第二首偈頌：

我們表示允許，請提合理意見，
這裡眾多鳥禽，年輕英俊聰明。

烏鴉得到允許，唸了第三首偈頌：

我向諸位致敬禮，我不喜歡牠為王，
登基嘴臉尚如此，不堪設想發怒時。

唸完偈頌，烏鴉飛上空中，高喊道：「我不喜歡牠！我不喜歡牠！」貓頭鷹騰空飛起追逐烏鴉。從此牠們倆結成寃家。最後，衆鳥選定金天鵝爲王，分頭飛走了。

（十五）堅法王本生

古時候，當堅法王在波羅奈治理國家的時候，菩薩轉生在大臣家裡，長大成人後，侍奉國王。他受到國王寵信，享有極大的榮耀。

那時，國王有一頭身強力壯的母象。牠一天能走一百由旬，爲國王傳送信息；在戰場上，牠奮勇殺敵，所向披靡。國王覺得這頭象對自己十分有用，賜給牠無數的裝飾品，讓牠享有一切榮譽。然而，當牠年老體衰時，國王取消了牠一切的榮譽。從此，牠無依無靠，在森林裡吃草和樹葉維持生命。

一天，王宮裡的碗盞不夠了，國王召來陶工，囑咐他們迅速製作。但那陶工說道：「大王啊，我沒牛駕車拉牛糞（註1）。」

國王聽了他的話，問道：「我的那頭母象在哪裡？」

「牠自個兒在森林裡遊蕩。」隨從們答。於是，國王把這頭母象派給陶工用來駕車拉牛糞。

一天，母象拉車出城，看見菩薩進城，便匍匐在他腳下，哭訴道：「尊者啊，在我年輕的時候，國王覺得我非常有用，給予我極大的榮譽。現在我老了，他就剝奪我的一切，理也不理我。我無依無靠，只得在森林四處覓食保命。不幸的是，現在，他把我給了陶工，讓我駕轅拉車。除了你，沒有人能保護我。你知道我爲國王出過力，請你爲我恢復失去的榮譽吧！」

菩薩聽見母象的敘述，安慰牠說：「你別傷心，我去跟國王說說，恢復你的榮譽。」他回城後，來到國王那裡，與國王攀談：「大王啊，你不是有一頭母象？牠在某地打仗時，胸脯中了箭還衝鋒陷陣。有一天，牠擔任信使，脖子上繫著信，跑了一百由旬路。爲此，你賜給牠極大的榮譽。現在，這頭母象在哪裡？」

「我把牠給了陶工拉牛糞。」國王答。

於是菩薩對他說道：「大王啊，你把牠給了陶工駕轅拉車，這樣做適合嗎？」說罷，唸了四首偈頌教誨國王：

有用賜榮譽，無用踢一旁，
世人皆如此，正如王棄象。

昔日受恩惠，今日翻白眼，
為人若如此，宏願難實現。

昔日受恩惠，今日記心間，
為人若如此，宏願能實現。

在座諸君子，福音聽我説；
為人知感恩，永久居天國。

這樣，大士對國王和所有在座的人進行教誨。國王聽後，恢復了母象的榮譽，並按照菩薩的教誨，廣行布施，做了許多善事，最後升入天國。

◎註1：在印度，牛糞是燃料。

（十六）天鵝本生

古時候，當梵授王在波羅奈治理國家的時候，菩薩轉生爲天鵝，與九萬隻天鵝一起住在吉多峰。一天，牠率領衆天鵝非到贍部洲平原一個湖泊吃野生稻穀。吃完後，牠們排成優美的隊形緩緩飛回吉多峰。飛過波羅奈城時，牠們的龐大的隊形猶如一張金蓆，蓋住整個城市上空。

波羅奈王指著爲首的天鵝，對大臣們說道：「這隻天鵝一定跟我一樣是王者。」他喜歡這隻天鵝，便讓人取來花環、香粉和油膏，然後他仰望著大士，讓人彈奏各種樂器。

大士看到他對自己如此崇敬，便問衆天鵝：「國王如此崇敬我，他想要什麼？」「大王啊！他想跟你交朋友。」衆天鵝異口同聲地回答。

「那麼讓我去跟國王交個朋友吧！」說罷，牠跟波羅奈國王結爲朋友，然後飛回吉多峰。

一天，國王去花園，進入阿褥德多池沐浴。大士飛到那裡，用一隻翅膀沾水，給國王沐浴，用另一隻翅膀沾檀香粉，給國王撲粉。然後，眾人目送牠帶著眾天鵝飛回吉多峰。從此國王渴念大士，經常獨自望著大士飛來的方向猜測牠會不會來訪。

那時有兩隻小天鵝決心要與太陽賽跑。大士知道後勸阻道：「孩子，太陽的速度非常快，你們不能跟它賽跑。你們會累死的，會毀了自己。千萬別去！」牠倆一而再、再而三地懇求，菩薩每次都加以勸阻。後來，這兩隻小天鵝不自量力，固執己見，決定瞞著大士去跟太陽賽跑。牠們在太陽還未升起時，就到瑜乾駄羅山頂上等待。

沒多久，大士發現牠倆不在，便決心要去救牠們。於是，大士也到瑜乾駄羅山頂上。當太陽露出圓臉，這兩隻小天鵝騰空飛起，與太陽一起飛行。大士也與牠們比翼飛翔。其中年幼的那隻小天鵝飛到上午就筋疲力盡，翅膀像著了火。牠向大士說：「尊者，我不行了。」大士說：「別怕，我來救你！」說罷，用翅膀圍著牠，安慰牠，把牠帶回吉多峰，放在天鵝群裡。

然後，大士又飛到太陽旁邊，與另一隻小天鵝一起飛行。這隻小天鵝跟太陽賽跑，賽到將近中午，也精疲力竭，翅膀著了火。牠向大士求救，大士同樣安慰牠，用翅膀圍著牠，保護著牠回到吉多峰。

此刻，太陽到達天空中央。菩薩心想：「今天我要試試太陽的力量。」牠向前一躍，到達瑜乾駄羅山頂，又往上一躍，到達太陽旁邊；牠一會兒飛在前，一會兒飛在後，與太陽賽跑。賽著賽著，牠想：「我跟太陽賽跑毫無意義。這是一種愚蠢的念頭，我何必這麼做呢？我還是回到波羅奈去，向我的朋友國王宣講義理和法度。」

這時，太陽還未越過天空中央。大士返轉身從世界的一頭飛到另一頭，然後放慢速度，從贍部洲的一頭飛到另一頭，到達波羅奈。整個十二由旬方圓的城市彷彿被天鵝遮蓋，沒有一絲空隙。隨後，大士漸漸放慢速度，天空才露出空隙。大士從空中徐徐降下，停在窗前。國王高興地喊道：「我的朋友來了。」他吩咐爲天鵝端來一把金椅，說道：「朋友，進來，坐在這裡。」接著唸了第一首偈頌：

> 天鵝請你坐金椅，我真高興見到你，
> 你在這裡是主人，需要什麼別客氣。

大士坐在金椅上。國王用提煉過千百次的油膏塗抹在牠的翅膀，用金盤端給牠吃甜炒米和蜜糖水，與牠親切交談：「朋友啊，你今天獨自前來，是從哪兒來的？」牠把事情的經過講了一遍。國王聽後，好奇地說道：「朋友，你跟太陽比賽的速度快表演給我看看！」

「好吧！大王，我就略微表演一下。請你召來幾個能把箭射得快似閃電的弓箭手！」大士說。

國王召來弓箭手。大士從中挑選了四名，帶著他們離開國王的寢宮，來到王宮廣場。牠吩咐在廣場間豎立一根石柱，並在自己脖子上繫一只鈴鐺，然後坐在石柱頂端。牠讓四個弓箭手朝四個方向，背靠石柱站著，說道：「大王啊！讓這四弓箭手朝四個方向同時射出四枝箭，我可以在這箭尚未落地前抓住它們，放到四個弓箭手腳下。你聽到鈴鐺響，就知道我去抓箭了，但是，你會來不及看清楚我的動作。」說罷，四枝箭齊發，轉瞬間牠抓住箭，放回弓箭手腳下，但在人們看來，牠始終坐在石柱上。

國王嘆爲觀止，讚賞道：「這世界上再也沒有任何東西比你的速度更快了！」

「有的，朋友。一切生物的生命元素衰竭、破裂和毀滅的速度比我的速度還要快一百倍、一千倍、十萬倍。」菩薩向國王闡明物質世界在一刹那間破裂衰亡的道理。

國王聽了菩薩的講解，懼怕死亡，竟失去知覺昏倒在地。眾人手忙腳亂地往國王臉上灑水，好不容易他才悠悠清醒。這時菩薩說：「大王啊，別害怕！你要記住死亡，遵行正道，樂善好施，不要疏忽大意。」

「尊者，沒有你這樣聰明的老師，我活不下去。別回去吉多峰，留在這裡爲我說法，做我的導師吧。」國王懇求道。說罷，唸了兩首偈頌：

耳聞令人生愛念，目睹令人止焦渴，
耳聞目睹皆愉快，你願讓我目睹否？
耳聞你言我高興，目睹你面更喜歡，
我願永遠見到你，請你留在我身邊。

菩薩說道：

縱然長住在這裡，備受尊敬有福享，
難防哪天你喝醉：「給我燉熟天鵝王！」

國王說道：「那我就再也不喝酒。」他唸了這首偈頌，作出保證：

豈能愛酒食，勝過於愛你？
你若住這裡，我就不喝酒。

菩薩接著唸了六首偈頌：

豺嗥和鳥啼，一聽就明白，
唯獨人的話，善變難理解。

世人常稱說：「這是我朋友」；
過後會反目，朋友變仇敵。

心中有此人，天涯若比鄰；
心中無此人，咫尺似隔天。

對你懷善意，隔海也如此，
對你懷惡意，隔海也如此。

惡人在身邊，猶如在天邊；
善人在天邊，猶如在身邊。

居住時間久，友情會減弱，
趁你未厭棄，讓我回家去。

國王對牠說道：

雙手合十求恩惠，未能獲得你同意，
最後只能懇求你：今後有空來這裡。

菩薩接著說道：

只要生命不夭折，只要你我還活著，
日日夜夜雖流逝，我們還能再見面。

菩薩這樣教誨國王後，飛回吉多峰去了。

第二章 五卷書

《五卷書》是古印度流傳最廣的故事集，按照印度傳統的說法，《五卷書》是《統治論》的一種。它的目的是通過一些故事，讓皇太子們能夠知道統治、外交、倫理、處世之道，好讓他們能夠繼承衣缽，把人民統治得更好。

《五卷書》至今共譯成了十五種其他亞洲語言、兩種非洲語言、二十二種歐洲語言，而且很多語言還並不是只有一本譯本，由此可以看出它在世界上影響之大，而且深植人心。

在歐洲中世紀許多為人所喜愛的故事集中，如薄伽丘的《十日談》、斯特拉帕羅拉的《滑稽之夜》、喬叟的《坎特伯里故事》、拉封丹的《寓言》，甚至在格林兄弟的童話裡，到處可見《五卷書》的痕跡。

《五卷書》共有五卷故事集，分別是〈朋友的決裂〉、〈朋友的獲得〉、〈烏鴉和貓頭鷹從事於戰爭與和平等六種策略〉、〈已經得到的東西之喪失〉、〈不思而行〉。其中包括兩部份：散文與詩歌。說故事的任務由散文負擔，而詩歌是分插在散文裡面的。因此，這一部書既是一部寓言童話集，又是一部格言散文集。

印度正統哲學常把人生看成是幻影，像水泡，像電光火花，像影子一樣虛幻。但閱讀《五卷書》中的故事，卻會讓人深刻地感覺到，創造這些故事的人民，對待人生的態度是肯定、積極、實事求是的。他們既沒有把人生幻想成天堂樂園，也沒有把人生看做地獄苦海。人生總難免有一些喜怒哀樂的；他們也就實在、嚴肅地對待這些喜怒哀樂，沒有沉湎於毫無止境、無補於實際的幻想中。這種努力找出一些辦法，使自己過得更好、更愉快的生活態度，不正是現代人應努力修持的生活哲學？

(一)白鵪與大海的競賽（第一卷第十五個故事）

在一個充滿烏龜、鱷魚、海豚、蛛蚌、蝸牛，還有其他生物的大海的海濱，住著一對白鵪。有一次，母白鵪就要生育了。牠對公白鵪說：「你給我找個生產的地方吧！」

公白鵪說：「難道我們祖先留下來的地方還不夠吉利嗎？妳就在這裡生吧！」

母白鵪說：「不要再談這個危險的地方了！就在身旁的大海說不定什麼時候用它老遠捲上來的潮水，把我的孩子們都給沖走。」

公白鵪說：「放心吧，它認識我，不可能這樣對待我。妳沒聽說過嗎？

有誰敢到毒蛇皮裡去採取那光芒四射輝煌燦爛的寶珠？
那一個難於接近瞪一眼就能殺人的人，誰敢惹他發怒？

即使為夏天的炎陽所苦，在一個沒有樹木等等的沙漠裡，
誰又敢到一隻為春情弄瞎了眼睛的大象身軀影子裡去求庇蔭？

還有：

吹起了清冷的晨風，裡面還摻雜著一粒一粒的雹霰，
哪一個分清楚好歹的人，會用涼水把這寒冷來防止？
獅子撕裂了春情發動的大象前額，因疲倦而睡去，
有誰想去窺探一下閻摩的世界而敢把一個死神的象徵喚起？
有誰有這個膽量，敢毫不畏懼地走到閻王殿前去挑戰：
『就請你把我的生命拿走吧，如果你有任何權力敢這樣做！』
成百的火舌遮蔽了天，只有烈燄冒著煙，看到就令人打冷顫，
有什麼人腦筋這麼簡單，他竟敢自願地投入這樣的烈燄？」

聽了這個只會在天空飛行的傢伙這樣說過以後，母白鴴大笑起來，說道：「這是對的，好多東西都是這樣。你吹這樣的牛皮有什麼用？你將爲全世界所嘲笑，鳥中之王！那簡直是怪事：一個小小的

兔子拉的屎，竟想同大象一樣。自己的長處和短處，你爲什麼竟不知道呢？常言道：

『最難的是自知，知道自己什麼能做，什麼又不能；
誰要是有這樣的自知之明，他就絕不會陷入困境。』」

(二)聰明的那杜迦(第一卷第二十八個故事)

在某一個城市裡，有一個商人的兒子，名字叫做那杜伽。當他的財產耗盡時，他就想到遠方去。因爲：

在一個國家，或者在一個地方，他以前曾由於自己的能力而揮金如土；
如果財產耗盡了他仍然待在那裡，他就會成為最被人看不起的人物。

同樣：

在一個地方，自己曾趾高氣昂，長時間地快樂歡暢；

如果窮了，而仍留在那裡遊蕩，別人就會拿他當做壞榜樣。

在他家裡，有一個從祖先傳下來的、用一千斤鐵打成的秤。他把它託付給大商人羅什曼請他保管，就到遠方去了。

他在遠方隨心所欲地遊蕩了很長一段時間，又回到這個城裡來，對那大商主說道：「喂，羅什曼呀！我託付給你的那個秤請還給我吧！」

「你的秤讓老鼠吃掉了！」羅什曼說道。

聽了這話，那杜伽說：「羅什曼呀！你沒做錯什麼，這是老鼠吃掉的嘛。生命本來就是這樣子，沒有任何東西是一成不變的。但是，我想到河裡去洗個澡，請派你那個叫做懸那提婆的兒子跟我一同去，替我拿一拿洗澡的用具。」

羅什曼因爲作賊心虛，就對懸那提婆說：「兒子呀，那杜伽想到河裡洗澡，你同他一塊去吧，替他拿一拿洗澡的用具！」哎呀，常言說得眞好呀！

如果僅僅是出於愛情，任何一個人也不會做一件事情使人歡喜；他這樣做，一定是出於恐懼，出於引誘，或者出於特別的動機。

同樣：

如果是沒有什麼特殊的原因，而竟過份地恭敬殷勤，

在這時候，人們就要小心，只有這樣才能保證安穩。

羅什曼的兒子於是就高興地跟著那杜伽到河邊去。那杜伽在河裡洗過澡後，把羅什曼的兒子懸那提婆推到一個山洞裡去，在洞口堵上一塊大石頭，就回到羅什曼家裡去了。

羅什曼問他道：「那杜伽呀，我的兒子跟你一塊兒去，怎麼沒見你們一起回來？他到哪兒去了？」

「你說懸那提婆啊？」那杜伽說，「一隻老鷹把他叼走了。」

「你這說謊的傢伙！懸那提婆那麼大的個子，一隻老鷹怎能把他叼走呢？」羅什曼生氣地叫道。

「喂！羅什曼呀，那難道老鼠能把一個秤吃掉嗎？如果你還想要兒子的話，就請把我的秤還給我！」那杜伽說。

就這樣，他們兩個爭爭吵吵，走到國王的門口。法官們聽了之後，就裁判道：「那杜伽！把羅什曼的兒子交出來！」

那杜伽說：「我有什麼辦法呢？一隻老鷹就在我眼前把他從河裡叼走了。」

法官說：「喂，那杜伽呀！你說的不是實話。一隻老鷹絕對叼不走一個十五歲的孩子。」

那杜伽笑了笑，說：「請聽一聽我的話，如果一隻小小的老鼠竟然能夠把千斤重的秤吃了下去，那麼一隻鷹也就可以叼走大象；牠叼走一個小孩，又何足爲奇？」

法官們聽完後，都笑了起來，就下令羅什曼交還秤，那杜伽交還兒子。

人們說得眞對：

平常總是出身寒微的人們責罵出身高貴的，失戀的人責罵情種，
吝嗇者責罵慷慨好施的，奸詐的責罵正直的，懦弱漢責罵英雄，
長得難看的人們責罵長得漂亮的，處在不幸中的人們責罵運氣好的，
傻子們永遠在那裡無盡無休地責罵那個把各種學問精通的人。

同樣：

聰明的人們為傻子們所憎恨，有錢的人們為窮人所憎恨，
虔誠的人們為惡人們所憎恨，淫蕩的女人總是恨貞節的女人。

或者說：

連聰明的人舉動都是順隨著自己的本性，
一切生物都復歸於本性，強迫有什麼用？

（三）兩個脖子的鳥（第二卷第一個故事）

在某一個池子旁邊，住著一隻叫婆倫多的鳥。牠只有一個胃，卻有兩個分開的脖子。一天，其中一個脖子找到了一些甘露。第二個脖子就說：「給我一半！」

第一個脖子沒有給它，第二個脖子一生氣，就把它在不知道什麼地方找到的毒藥呑了下去；因爲這隻鳥只有一個胃，所以就死掉了。

因此，「只有一個胃，脖子卻分成兩個。」只有聯合起來，才有力量。

一些被獵人囚禁在網子裡的鴿子聽了以後，都想活下去，牠們於是就同心協力把網子帶起來，絲毫無懼地飛向前去，像是在天空裡搭起一座天棚。

獵人看到一群鳥把自己的網子帶跑了，心裡很吃驚，心想：「這樣的事情以前從沒見過！」他唸了一首詩：

這一群鳥聯合起來，因此就能夠把我的網子拖走；
如果牠們互相爭論不休，那麼就會遭我的毒手。

獵人於是開始跟在鴿子後面跑起來。鴿子們見這殘酷的傢伙跟來，心裡一點兒也不慌張。牠們轉了個方向，往高山密林崎嶇難行的土地飛去。獵人眼見那崎嶇的道路已經將他和鴿子越隔越遠，他放棄了，歎道：

不應該發生的事情就不會發生，應該發生的事情不用努力自然發生，
你不應該有的東西，即使是已經落到你的手心裡，它自己也會溜掉。

還有：

如果人們在運氣不好的時候得到了一件寶物，
它就會像寶貝商揭（註1）一樣，連其餘的東西都拐了逃跑。

因此，想吃鳥肉的事情就算了吧，連我那用來養活我一家人的網子都丟掉了！

◎註1：財神俱比羅的寶物之

（四）老鼠和大象（第二卷第八個故事）

在一個地方，那裡沒有居民，沒有房子，也沒有廟宇，只有住著一些老鼠。牠們從很早的時候起，就同自己的兒子們、孫子孫女們，在地下的一個洞裡搭了個窩，大窩接小窩，連綿不斷。牠們在過年過節的時候，在結婚的時候，有吃有喝，享受著幸福的家庭生活。

正在這時，象王領著成千上萬隻的象群，到這個池子喝水。象群一腳踏進老鼠窩，把一些老鼠踏得臉歪、眼斜、頭破、頸斷。倖存的老鼠就商量：這些混蛋大象在這裡這麼一走，就把我們踏死了。如果牠們再來一次的話，我們豈不只剩下幾隻，連傳留種子都不行了！還有：

只要一碰牠，大象就能殺人；只要一吐氣，毒蛇就能把人來傷；
帝王笑一笑，也就能殺人；壞人殺人，只需把你恭維一場。
現在我們總要把辦法想出來！

後來，牠們想出了一個法子。幾隻老鼠就走到池邊，給象王磕頭，恭恭敬敬地說道：「陛下啊！離這裡不遠，就是我們的家，這是好幾輩子傳下來的。我們的子子孫孫就在那裡繁榮滋長；但是你們跑過去喝水，我們成千的老鼠就這樣被你踏死了。如果你們再走一次這一條路，我們就剩下沒多少，連傳宗接代都不行了。如果你們可憐我們的話，那麼就請你們走另一條路。因爲，就連像我們這樣的小東西，說不定什時候對你們也會有一些好處的。」

聽了這些話，象王心想，「既然這些老鼠都這麼說了，那就是這樣子，沒有別的辦法了。」牠同意了老鼠們的請求。

過了一些時候，國王命令僕從捕捉大象。他們把象王和那一大群大象都捉住了，用繩子把牠們綁在樹林裡枝幹粗壯的樹上。象王長嘯著求救，老鼠們聽到之後，就成千地聚集起來，走到象群那裡來報答牠們的恩情。

牠們奮力地咬著繩索，哪裡有繩索，牠們就往哪裡咬；最後終於把那些拴在樹幹上的大繩子咬斷，把象群都放開了。因此：

不管有力量，還是沒有力量，朋友反正總是要結交；
因為一群大象被綑在樹林子裡，是老鼠把牠們放掉。

（五）蛇王（第三卷第五個故事）

在某一個蟻垤那裡，有一條又粗又大的黑蛇，名字叫做阿底達梨薄（註1）。有一回，牠離開了那一條通向牠的洞穴的道路，想從另外一條小道裡爬出來。在爬行的時候，由於牠的身子太粗，而且命運作祟，由於這小道太窄，結果牠身上受了傷。

有一群螞蟻嗅到了傷口流出來的血腥味，就從四面八方把牠圍起來；牠殺死了一隻又一隻的螞蟻，但是牠們的數量實在太多了，牠全身都是傷痕，阿底達梨薄終於化爲五種元素了（註2）。因此：

同數目多的東西不要發生衝突，因為一大堆東西無法戰勝；
一條蛇王，不管怎樣左蜷右曲，最終還是被螞蟻吃到肚中。

◎註1：阿底達梨薄意即「極端驕傲」。
◎註2：意思就是死了。古代印度哲學家有的主張宇宙根據源是五種元素：地、水、火、風和空。人死後，就分解為這五種元素。

（六）老鼠娶新娘（第三卷第十二個故事）

恒河邊上住著一個族長。當他在河裡沐浴的時候，有一隻小老鼠從鷹嘴巴裡掉下來，正巧落在他的手掌上。他看到了牠，把牠放在一片無花果樹的葉子上，然後利用自己苦行的力量把牠變成一個女孩子。由於族長沒有孩子，就把她當作女兒撫養。

這女孩慢慢長大，到了適婚年齡。族長想把她許給一個門第相當的人。常言道：

兩個人的門第相當，
兩個人的財富相等，
這樣才能結婚作朋友，
一個吃飽一個挨餓就不行。

同樣：

門第、脾氣、和保護人，
知識、財產、相貌、和年齡；

聰明人嫁女兒別的都不管，
他們就應該考慮以上七種。

族長問女兒：「如果妳願意的話，我就把薄迦梵太陽神叫過來，把妳許給他。」她說道：「這有什不好呢？你就這樣做吧！」

於是族長把太陽神叫了過來。剎那間太陽神就到了，說道：「尊者啊，把我叫來有什事？」族長說：「站在這兒的是我的女兒，你娶了她吧！」接著他又對自己的女兒說道：「這一位大神是三界的明燈，妳喜不喜歡他呢？」女兒說：「爸爸呀！他太熱了，我不想要他。你再叫一個比他好的來吧！」族長聽了就問太陽神說：「尊者啊，還有比你強的嗎？」

太陽神說：「雲彩就比我強，他一遮住我，別人就看不見我了。」族長於是就把雲彩叫來，對自己的女兒說道：「女兒啊，我想把妳許給他。」她說道：「這傢伙是黑的，又有點呆頭呆腦。不要把我嫁給他，嫁給另一個比他強的吧！」

於是族長就問雲彩：「雲彩呀！有比你強的沒有哇？」雲彩說道：「風就比我強。」於是族長就把風喊了來：「女兒呀！我要把妳嫁給他。」她說道：「爸爸呀！這傢伙太喜歡流動了。請你再找一個比他強的來吧！」

族長又問道：「風呀！有比你還強的沒有哇？」風說：「山就比我強。」於是族長又把山喊了來，對女兒說道：「女兒呀！我要把妳嫁給他。」她說道：「爸爸呀！這傢伙太硬了，而且還不能移動。把我嫁給另一個吧！」族長問山道：「山王啊！有比你強的沒有哇？」山說道：「老鼠就比我強。」於是族長就喊了一隻老鼠來，把牠指給女兒看。

女兒一看到老鼠，馬上就愛上牠，說道：「爸爸呀！你把我變成一隻老鼠吧！我要嫁給牠。」族長後來以他苦行的神力把女兒化成一隻老鼠，辦了隆重的婚禮。因此，他說道：

有那麼一隻小小的老鼠，
不願意做太陽、雨、風和山；
牠又恢復了自己本來的面目，
跳出自己的族類，實在很難。

（七）金鳥（第三卷第十四個故事）

在某一個山地，有一棵大樹。有一種鳥住在那裡，牠拉的糞便裡有金子。一次，有個獵人到這個地方打獵。這個鳥就把屎拉在他眼前。獵人看到這些屎在往下落的時候變成了金子，吃了一驚：「哎呀！從我當小孩的時候起，我就幹捉鳥這一行，到現在八十年了，從來沒有看過鳥拉的屎會變成黃金。」

他想了一下，就在那一棵樹上張了一張網。那一隻傻瓜鳥跟從前一樣泰然自若地落下來，就在那一剎那，牠就被網住了。然後被獵人關進籠子裡帶回家。

獵人看著這隻金鳥，心想：「我要怎樣對付一些惹是生非的傢伙呢？如果有人看到這隻金鳥，一定會去報告國王的；這樣我的性命就難保了。我還不如自己去把這隻金鳥的事報告國王哩。」

於是獵人到王宮，報告了國王。國王看到了這隻金鳥，他的眼睛睜得大大的，快活得不能再快活了，說道：「喂，喂，侍從們！你們要好好地把這一隻鳥兒給我看守住！牠願意吃什麼喝什麼，就給牠什麼！」

大臣們於是說道：「陛下，你只是根據那一個不可靠的獵人的幾句話，就把這一隻鳥兒留下，我們怎麼辦呢？有人曾經在鳥糞裡找出金子來嗎？你還是把這一隻鳥從籠子裡放出來吧！」國王聽了大臣的話，就把牠放了；這一隻鳥就站在門框上，拉了一泡金屎，並唸了一首詩：

我首先就是一個傻瓜，
其次就那個捕鳥人，
國王和大臣們也是；
總而言之，傻瓜一群。

然後就飛入空中，願意飛到什麼地方，就飛到什麼地方去了。

（八）未雨綢繆（第三卷第十五個故事）

在某一座森林裡，有一隻名叫迦羅那的獅子。有一回，牠餓得細長細長的，東遊西蕩，連一頭野獸都沒碰到。到了太陽下山的時候，牠看到一個大山洞，走進去，心忖：「夜裡的時候，一定會有什麼野獸到這裡面來，因此，我就在這裡一動也不動地等一下。」

過了一會兒，這個山洞的主人——一隻名叫陀提牟迦的豺狼，走到洞口，就喊起來：「山洞呀，山洞呀！」喊完了就停了一會兒，又自言自語地說道：「喂，你難道忘記了嗎？我曾跟你約好，我從外面一回來，就跟你說話，你如果出聲邀請我，我才進去。如果你今天不喊我的話，我就到另一個山洞去了，它會邀請我進去的。」

獅子聽了這些話，心想：「原來這山洞平常會喊牠進來的，今天它因爲害怕我，什麼話也不說。這樣好了，我來代替它喊，那豺狼要是一走進來，我就把牠吃掉！」

於是獅子大聲一吼，山洞就把迴聲傳播到四面八方去，連住在遠處的那些野獸也嚇得發抖。豺狼飛也似地跑了，唸了一首詩：

誰要是未雨綢繆，
誰就會吉星高照；
誰要是只顧眼前，
誰的事就會不妙。

（九）吃象肉的方法（第四卷第十個故事）

有一隻豺狼在森林裡找到一隻倒斃的大象。豺狼圍著牠轉來轉去，卻始終沒有法子撕破牠堅硬的皮。

這時候，一隻獅子走了過來，豺狼看見牠來了，就雙手合十，恭恭敬敬地說道：「偉大的獅王啊！我是你的奴才，現在給你看守著這一隻大象。就請大王來享用吧！」但是獅子說道：「別人殺死的東西我從來不吃。這頭大象我賜給你吧！」豺狼聽了很高興，直跟獅王磕頭道謝。

獅子走了以後，來了一隻老虎。看到牠以後，豺狼想道：好不容易打發走獅子，現在又來了一隻老虎，現在這一位怎樣打發牠呢？如果不用挑撥離間的辦法，這一個英雄是打發不走的。常言道：

如果好言好語用不上，
也沒有法子去賄賂；
就應該挑撥離間，
這辦法能使人屈服。

而且，挑撥離間可以使所有的東西都就範。常言道：

生在蚌殼裡面封藏起來的、
圓圓的很美麗的一顆珍珠，
如果從中間穿上一個洞，
就能夠用繩子來約束。

牠於是向老虎走去，慌慌張張地對牠說道：「舅舅呀！你爲什麼到這裡來尋死呢？這一隻大象是給一隻獅子殺死的。牠讓我在這裡看守著，自己洗澡去了。在牠走的時候，還命令我說：『如果有老虎來到這裡，你就偷偷來告訴我，我好把這林子的老虎都殺淨。因爲，從前我殺死一隻大象，一隻老虎先來吃，吃剩的才留給我。從那一天起，我就生老虎的氣。』」

老虎聽了豺狼的一番話，大爲驚慌說道：「喂，外甥呀！你救我一命吧，即使那獅子好久以後才回來，你也別告訴牠，我來過這裡。」這樣說完，牠就趕快逃跑了。

老虎走了以後，來了一隻花豹。看到牠後，豺狼心想：「花豹的牙很厲害，我要利用牠把象皮撕開。」於是牠對花豹說：「外甥呀！好久不見，你看起來餓得很厲害，因此，我要請你吃飯。常言道：

在祭祀中間來的就是客人。

這裡躺著的這隻大象，是獅子殺死的；牠命令我看守著。但是在那傢伙回來以前，你仍然可以吃一點象肉，吃飽了，就趕快逃走。」

花豹說道：「舅舅呀！如果是這樣的話，我還是不吃這肉吧。因爲：

活著的人看到一百種幸福。

因此，什麼東西能消化，才吃什麼東西。我還是離開這裡吧。」豺狼趕緊說道：「喂，你這個懦夫！你就放心大膽地吃吧！獅子如果回來，老遠我就會告訴你。」花豹照辦了；當豺狼看到皮已經撕透的時候，牠就說道：「外甥呀！走吧！走吧！獅子回來了。」

正當豺狼利用花豹撕開了的裂口吃肉的時候，另外一隻怒氣沖沖的豺狼走了來。牠看到那傢伙的體型與牠差不多，對著牠就衝上去，嘴裡唸著一首詩：

同高於自己的人周旋要卑躬屈膝，
同英雄們打交道就要挑撥離間，
同低於自己的人周旋要用賄賂，
同跟自己平等的人就要蠻幹。

牠用自己的牙把對方咬傷，將牠趕得四下亂跑，就心滿意足地享受大象大餐。

（九）財神的火輪（第五卷第二個故事）

在某個地方，住著四個婆羅門，他們成爲了好朋友，彼此都窮得要命，互相抱怨著自己的窮日子還眞難過呀！常言道：

如果他們一文錢都沒有，
即使有權利趾高氣揚，

他們服務得無論怎樣好，
也得不到主子的賞識；
好親戚驀地把他們丟掉，
自己的美德放不出光芒；
兒子們都掉頭不顧，
倒楣的事一場接一場，
出身寒微的老婆不愛自己，
朋友也一個個都走光。

還有：

英勇、漂亮、美麗、能說善道、
又精通各種各樣的經典書籍，
可是如果他一個錢都沒有，
他在人世上也學不到技藝。

因此，寧願死掉，也不願受窮。常言道：

朋友呀！請你站起來吧！
擔一會兒我這貧窮的重擔！
我想嘗一下死亡給你的幸福，
我掙扎了很久，我有點疲倦。
一個走向墓地的窮人這樣說，
但是死去的人卻躺著不動；
因為他已經清清楚楚地看到；
死亡遠遠戰勝了貧窮。

因此人們必須努力賺錢。常言道：

只要手中有錢，
沒有什麼事辦不成；
聰明人必須加倍努力，

為金錢而拼命。

人們利用六種方式可以獲得金錢，這就是：行乞、給君王聽差、種地、讀書、擔任公職和做生意；但是在所有方式之中，只有做生意可以毫無限制地獲得金錢。常言道：

行乞會給老鴟吃掉，
君王的心思變幻不定，
種地異常艱難困苦，
念書對老師畢恭畢敬，
這一股窮勁也不好受。
別人的錢要自己管理；
哎呀，我說一句實話吧，
什麼生活也趕不上做生意。

於是他們下定決心，到遠方去做。他們離開了自己的家和朋友，四個人一起出發了。人們說得實在好：

丟掉了親眷，
離開了母親，
拋棄了家園，
走到了這地方，
處在生人中間；
除非財迷了心竅，
誰會這樣做？

就這樣，他們慢慢地來到阿般提地區。他們在河水裡洗過澡，向大神濕婆致過敬，又向前走去。正走著，迎面遇著瑜伽行者之王，名字叫做俾羅婆難陀。他們都用婆羅門常用的禮節向他致敬，然後跟著一起到他的廟裡去。瑜伽行者問他們道：「你們想到哪裡去？你們想幹什麼呢？」他們說：「我們想找一個謀生的方法。想到一個地方去，在那裡，要麼就是發財，要麼就是死。我們已經下定決心了。常言道：

水有時候會從天上落到溝裡，
有時候也會從地面上升起；

命運變幻不定，力大無窮，
人們的作為不也具有大威力？

同樣：

人們能達到自己的目的，
完全是靠自己的努力。

因此，請告訴我們一個賺錢的方法；進入地獄、壓服舍吉尼（註1）、住在墓地上、出賣人肉等等。人們都說：你有大神通，我們呢？我們有大勇氣。常言道：

只有偉大的東西，
才能把偉大的事來做；
除了大海以外，
誰還能馱起地中烈火？」

瑜伽行者覺得這四個人配得上當他的學生，就做了四條魔術燈蕊，給每個人掛上一條，說道：「你們到喜馬拉雅山北邊去吧！只要你們在哪裡落下一條燈蕊，在那裡就一定會有財寶。」

四個人就這樣走去了。走著走著，最前面的第一個人把燈蕊丟落在地上，他就在這個地方挖下去，果然地裡面全是紫銅。他對其他人說道：「你們就隨便拿些我挖到的銅吧！」其中一個人說：「喂，你這個傻瓜！拿這個有什麼用呢？有一大堆，也趕不掉窮氣。站起來吧！我們還是往前走吧！」

「你們請走吧！我不再往前走了。」第一個人這樣說。拿了銅，首先回頭走了。

剩下的三個人又向前走了。只走了很短的一段路，第二個人的燈蕊掉下去了；他在這地方挖下去，地裡面全是銀子。他高興地喊道：「喂！你們隨便拿些銀子吧！我們用不著再往前走了。」另外兩個人說道：「傻瓜！在我們後面，地裡面全是紫銅；在這裡，地裡面全是銀子。在我們前面，地裡面一定全是金子！你雖然有了這些銀子，還是趕不了窮氣，我們還是往前走吧！」

那人說：「你們倆請走吧！我不再往前走了。」說完，他拿了銀子，頭也不回地走了。

兩個人又向前走去。第三個人的燈蕊掉下地；他就在這地方挖下去，地裡面全是金子。看到這些金子，他高興地對另一個人說：「隨便拿些金子吧，沒有再比它更好的東西了！」

「傻子呀！」第四個人說道，「最初是紫銅，接著是銀子，現在又找到了金子，這你難道不知道嗎？以後一定會找到寶石。因此，站起來吧！我們倆再往前走！要這個金子幹嘛呀？有了一大堆，也是累贅。」

第三個人說：「你請走吧！我們在家鄉再會！」

現在這第四個婆羅門向前走去了；他的身體給太陽光曬焦了，他的心思渴得混亂了，他在走向魔地的路上來回徘徊。正在此時，他在高坡上看到一個人，頭頂著一個輪子滾來滾去，身上塗滿了血。他趕快跑過去，問那人：「喂！你爲什麼頭上頂個滾來滾去的輪子站在那裡呢？請你告訴我，什麼地方能夠找到水，我實在渴壞了。」

就在他說話的一刹那間，那一個輪子就從那個人的頭上滾到這個婆羅門的頭上來了。他驚慌地大叫：「喂，喂！這是怎麼一回事呀？」

「它也是這樣就滾到我頭上來的。」那個人回答道。

「那麼快告訴我，它什時候才再滾下去呢？我痛得要命。」婆羅門問。

「什麼時候有人像你一樣，手裡拿著魔術燈蕊，走了過來，也這樣對你說話，在這個時候，輪子就會滾到他頭上去。」

「天呀！那要等候多久？」婆羅門很害怕。

「我不曉得。」那人說，「不過當國王羅摩在位的時候，我也像你一樣，爲窮所迫，手裡拿著一條魔術燈蕊，走到這裡。正當我像你一樣問著他的時候，那輪子就從他頭上滾到我頭上了。至於時間多久，我就沒法計算了。」

「那你待了這麼久，吃的喝的怎樣弄來呢？」婆羅門憂心忡忡地問。

「朋友啊！財神俱比羅害怕有人奪走他的財寶，就製造了這樣一幅可怕的景象，好讓以後沒有人敢再到這裡來。如果碰巧有什麼人來到這裡的話，他就不飢不渴，不老不死；他所感到的只是這一點痛苦。現在讓我走吧！你倒大楣，因此救了我。我現在終於可以回家去了！」說完就走了。

◎註1：舍吉尼是服侍杜爾迦女神的一種女妖。

（十）夢幻大麥罐（第五卷第七個故事）

有一個婆羅門，名叫俱利缽那。他用行乞得來的、吃剩下的大麥片塡滿了一罐子，把罐子掛在木栓上，在那下面放了一張床，然後目不轉睛地看著罐子，在夜裡幻想起來：

「這個罐子現在是塡滿了大麥片，倘若遇上荒年，就可以賣到一百塊錢，可以買兩頭山羊。山羊每六個月生產一次，就可以變成一群山羊。山羊又換成牛。我把牛賣掉，牛換成水牛，水牛再換成牝馬，牝馬又生產，我就可以有更多的馬。把這些馬賣掉，就可以得到很多金子。我要用這些金子買一棟有四個大廳的房子。有一個人走進我的房子裡來，就把他那最美最好的女兒嫁給了我。她生了一個小孩，我給他取了一個名字，叫做蘇摩舍摩。因爲他總喜歡要我抱在膝上左右擺動著玩，我就拿了書躲到馬棚後面唸了起來。但是蘇摩舍摩立即發現了我，因爲他最喜歡讓人抱在膝上左右擺動著玩，於是從母親懷裡掙扎出來，走到馬群旁邊來找我。我在大怒之餘，喊我的老婆：『來照顧孩子吧！』但是她因爲忙著做家務，沒有聽到；我於是立刻站起來，用腳踢她。」

由於他幻想得太投入了，眞的用腳去踢。罐子一下子破了，盛在裡面的大麥片也成了一場空。因此：

誰要是空想將來，
想一些不可知的事情，
他就像蘇摩舍摩的父親，
臨了落了一場空。

第三章 故事海

《故事海》是印度故事敘述文學的代表作，在世界文學上佔有一席之地。一般認爲，它是出自於十一世紀喀什米爾詩人月天（Somadeva音譯蘇摩提婆）之手，月天把原來已經存在的民間故事集合加以改編而成。

《故事海》全書分爲十八卷，以印度古代優塡王父子的故事爲主幹，插入大大小小的故事。這些故事類型繁多，包括神怪故事、寓言故事、幻想故事、歷險故事、愛情故事、傻子故事、騙子故事和動物故事等等，共三百五十種引人入勝的故事，堪稱印度古代故事大全。這些故事節奏明快，高潮迭起，充分表現出印度人驚人的文學敘述與想像力。

（一）幸福城

布拉普爾城的王公生性凶殘冷酷，但他卻有個年輕貌美的女兒，名叫麗拉瓦琪。

他的女兒剛滿十二歲時，就因美貌而聞名全國，到了十五歲時，就有好多王公貴族來求婚。她的美貌天下無人能比，凡是見過她一面的人，一輩子也無法忘懷。在麗拉瓦琪的左眉上方有一小塊胎記，像朵小小的薔薇花瓣，更加增添了她的魅力。

一天接著一天，求婚的人絡繹不絕，可是不管對方是誰，麗拉瓦琪看都不看他們一眼。

有一天，王公對女兒說：

「今天又有三個尊貴的客人來向妳求婚。第一個家有良田萬頃，田裡常年長著棉花和稻米，果園裡結滿了各種果實。第二個是英武的將軍，他手下的士兵比大海的貝殼還要多。第三個是個島主，他儲藏室裡的珍珠比天上的星星還多。明天早上，妳親自去跟他們說，要選哪個做妳的丈夫。」

第二天早上，三位求婚者來見麗拉瓦琪時，她對他們說：

「小時候，我的老奶媽曾對我說過，在世上有一座幸福城，那裡的人全都過得很幸福。你們當中要是有誰到過幸福城，還記得去那裡的路，我就嫁給他。」

三位求婚者全都哈哈大笑起來，他們說：「這是老奶媽哄妳的吧，世上哪有什麼幸福城，只有那些手握大權的王公貴族才是幸福的，我們可不知道去幸福城的路！」

「既然如此，你們誰也不適合做我的丈夫，再見吧！」麗拉瓦琪說。

三位貴賓見麗拉瓦琪都不選自己，覺得很沒面子，悻悻然地轉身回國。王公聽說後，非常惱火，一氣之下把十個無辜的奴隸從懸崖上推扔進了大海。

「妳要知道，一個人不聽父親的話，會遭到神明懲罰的。這麼尊貴的人向妳求婚，妳居然看不上眼，而且還自作主張地回絕了！」王公叫罵埋怨著。

但麗拉瓦琪仍堅持著，她說：「父親，誰要是到過幸福城，還記得去那兒的路，我就嫁給他。」

於是，王公只好派出許多侍從到全國各地探訪，看看是否有人到過幸福城。

侍從們走遍國內大小城市，每到一處，他們都擂著鼓，沿著大街小巷大聲叫喊：「誰到過幸福城，就可以向美麗的公主求婚。」

三天之後，王宮裡來了三位勇士，他們來向公主求婚。

麗拉瓦琪問他們：「請你們告訴我，那座城爲什麼叫幸福城？」

第一位回答說：「住在那座城裡的人永遠不用幹活兒，所以叫幸福城。」

「你並沒有到過幸福城，你這是在騙我，你走吧！」麗拉瓦琪說。

第二位求婚者回答說：「因爲城裡的房子全是金子蓋的，大街上都是珍珠。」

麗拉瓦琪苦笑著說：「你沒有到過那裡，我可不願嫁給撒謊的人，你也走開！」

兩位求婚者都難爲情地離開了王宮。

這時只剩下最後一個求婚者，麗拉瓦琪站到他的面前問道：「你是誰，我從來沒有見過你？」

「我叫拉曼南達，是一個刹帝利。一年前，就在王宮見過公主一面。唉！美麗的公主，自從那以後，我再也無法忘記妳的容顏。」

「那你說說看，武士，那座城爲什麼叫幸福城？」

拉曼南達癡癡地看著公主，回答說：「對不起！尊敬的公主，我不能說謊，以免玷污了我對妳的愛情。我沒有到過幸福城，也不知道爲什麼叫幸福城。明天一早，我就離開這座城市去尋找幸福城。要是找到了，就回來娶妳。要是找不到，妳就永遠不會再見著我。」

拉曼南達說完後，頭也不回地出宮去了。

第二天一大早，他就騎著馬去尋找幸福城。他騎了好久好久，直到天黑才在一個路口碰到一個游方僧。

「大師，請問你是否知道去幸福城怎麼走?」拉曼南達問他。

「不知道，」游方僧說，「在這座高山上住著一個隱士，他活了五百歲，你去問問他，他可能知道。」

拉曼南達謝過游方僧後，就來到了他所說的那座山。他下馬，徒步上山，山路崎嶇陡峭，極爲難走。腳上的草鞋都磨破了，他只好赤著雙腳繼續往前走，沿途的山石上留下點點的血跡。

這個堅強的武士走了好久，終於看見隱士的淨修林，他又餓又累，兩腳又酸又痛，都無法站立了，只好爬著來到隱士居住的山洞。

「大師，你知道去幸福城的路嗎?」他問。

「幸福城?孩子，我也沒聽過這座城。我的大哥已經活了七百歲，他知道的比我多，也許他能幫你。他就住在前面叢林中的草棚，你可以去找他。」

於是拉曼南達就沿著隱士指點的方向尋找老隱士的草棚，路上，他殺了死一隻老虎，斬了一條蟒蛇，歷盡艱辛，找到老隱士的草棚。

「老師父，」拉曼南達對老人說：「你在世上活了七百歲，可曾聽過幸福城，是否知道去那兒的路？」

「我年輕的時候曾聽說過，在大海之中一座島上有個幸福城。正確的地點我也不知道。你去海邊問那些漁民，或許他們會知道。」

拉曼南達馬上轉身去海邊。他日夜兼程地趕路，經過長途跋涉，好不容易來到海邊。他逢人就問，走遍漁村的每一個角落，可是仍然沒有一個人能回答他的問題。

失望又疲憊的武士只好繼續找，他又走了十多里路，突然聽到路邊傳來呻吟聲。他連忙沿著聲音走去，見到樹叢裡躺著一個垂死的老人，空中幾隻禿鷲在盤旋，等待老人死去。

「請你扶我到村子裡去，」老人央求說，「我渾身一點兒力氣也沒有，馬上就要歸西了。」

好心的拉曼南達扶著老人回到他的茅屋裡，安頓好後，他順便問老人有沒有聽過幸福城。

「我沒到過那裡，可是我聽我爺爺說過，有一回颳起大風暴，把漁船颳到了烏什塔拉島，也就是幸福城的海岸邊。」

武士發愁地說：「我怎麼去那個島呢？要是我有一艘小船就好了。」

老人說：「小船我倒是有一艘，可是，小船又怎麼經得起海裡的狂風巨浪。一旦颳起颶風，就會船翻人亡。」

「我向我心中的愛情發誓，一定要找到幸福城。再大的風險我也要試一試，請把你的小船借給我，我永世不忘你的恩德。」

老人把自己的小船借給了拉曼南達，讓他前去尋找幸福城。

他划著小船向烏什塔拉島進發。他在海上不停地行駛了幾天幾夜，手掌都起了血泡，嘴唇也乾裂了，但他卻不肯休息，一個勁兒地往前划著槳。

就在接近海島，甚至島上的茅屋都依稀可見的時候，突然從海底竄出一條大魚，魚尾一甩，把小船打翻了，拉曼南達也落入水中。

他奮力往前游，游到岸上時，已累得筋疲力盡。但這位武士掙扎地站起來，爬到樹頂，他往下一看，但見四周是一片汪洋。

黃昏時，無數隻老鷹從四面八方飛來，紛紛停落在樹上。拉曼南達趕緊躲進茂密的樹葉中，看有什麼動靜。

突然，他聽見這些老鷹口吐人言，牠們互相詢問：「咱們的國王在哪裡？怎麼還沒有回來？」

後來，他又聽到一陣震耳欲聾的聒噪聲，原來是鷹王回來了。老鷹們一看見鷹王，就你一言我一語地問鷹王為什麼回來得這麼遲？

鷹王回答說：「今天我去了一趟幸福城，明天一早，我還得去那裡。」

過了一會兒，所有的鷹都沒聲音了，原來牠們睡著了。拉曼南達見機不可失，就躡手躡腳地爬上鷹王的背上，用腰帶把自己綁牢，然後靜靜地等待天亮。

第二天天一亮鷹王就撲動翅膀，飛上天空。鷹王的身體大極了，牠的背上綁了個人都沒感覺。

鷹王很快地飛到一個風景秀麗的小島，拉曼南達解開腰帶悄悄地往下一跳，跳進了高高的草叢中，趁鷹王不注意時急忙往城裡走。

拉曼南達終於來到了幸福城！撲耳入鼻的是人民歡樂的歌聲、無憂無慮的笑聲以及美妙的花香。與想像中不同的是，城裡既沒有金子造的房子，街上也沒有珍珠。每個人都靜靜地工作著，人人都在忙著自己的事，一片平和的景象。

他在街上碰到一個市民，那個人熱情地和他打招呼，帶著他沿著大街一直往前走，越往前走，他越感到驚訝！他又怎能不驚訝呢！因爲這裡的一切與他的國家是那麼的不同。一路上，他看不見一個乞丐，聽不見一聲鞭打奴隸的聲音，聽不到奴隸的哭喊，街上也沒有一個餓死的人，甚至連病懨懨的人也沒有。

「在你們城裡，怎麼看不到一個奴隸？那麼誰替富人種田，誰又替有錢人放牧呢？」拉曼南達忍不住提了一連串的問題。

那人一聽，滿臉的詫異，他回答說：「我們這裡沒有奴隸，在我們幸福城裡人人自由平等。一個人能耕多少地就耕多少地，當然都是爲自己耕地。」

「對不起，我還想問一句。咱們走了這麼久，怎麼沒看見一個要飯的？難道你們不允許人們上街乞討嗎？」

「要飯？乞討？我們地裡長著這麼多的大米和小麥，牧場上這麼多牲口，人人都有飯吃，幹嘛要去乞討。我們幸福城的人從不知什麼叫挨餓。」

他更加驚奇了，又問道：「難道這些田地、牧場都不是王公貴族們的家產嗎？」

市民回答說：「對不起！外鄉人，你問的話我有些不懂；也許我們的女王能回答你的問題。她就住在前面的宮殿裡。唉！我們的女王一直都是愁容滿面，你別見怪，十五年前，惡魔把她剛出生的女兒偷走了。從那以後，我們再也沒有聽過她的笑聲。」

拉曼南達一進宮殿，就看見他們的女王，她臉上遮著一塊面紗，直遮到兩眼。女王問：「你來我們這裡有什麼事？年輕人？」

「是愛情的力量使我來的！」武士回答說，然後娓娓道出自己的冒險經歷。

「這個公主真的如你形容的那麼美麗嗎？」女王有些不相信。

「高貴的夫人！妳知道嗎？花兒因比不上麗拉瓦琪美麗，氣得馬上枯萎；猛虎見到她，乖乖地匍伏在她腳下；太陽老是瞧著她眉毛上薔薇般的胎記，怎麼也瞧不夠！」

「胎記？什麼樣的胎記？你再說一遍！」女王激動地問。

「美麗的公主的左眉上有個天藍色的胎記，像朵小小的薔薇花瓣。」

女王一言不發拉下面紗。這時他才看見，在女王的眉毛上也有一小塊胎記，跟他心目中的女神的一模一樣。

女王淚如泉湧，過了許久許久，才抬起頭來說：「勇敢的幸福人，麗拉瓦琪就是我的女兒。她一生下來，就被惡魔搶走。從那以後，我無時無刻不在想念著她。」

「爲什麼妳不把她要回來呢？」勇敢的武士大聲問。

「那個惡魔抱走麗拉瓦琪的時候，曾要求我以幸福城的人民贖回，你想想我能這麼做嗎？」傷心的女王低聲說道，「把我的女兒救回，把我的麗拉瓦琪還給我，我願意一輩子當你的奴隸！」

英勇的武士大聲說道：「高貴的夫人，請妳給我一千名勇士和一條船，我替妳救出女兒！」

一切準備就緒後，拉曼南達駕船直駛布拉普爾城。上了岸後，他奔向王宮，興奮地對麗拉瓦琪說：「我的公主！我找到了幸福城。在那裡人人平等，沒有奴隸，也沒有要飯的，因爲沒人挨餓。城裡沒有監獄，也沒有拷打，更沒有死刑。那裡人人過著幸福的生活，所以叫幸福城。」

「說得對極了！我們現在就去找我的父親，請他爲我們舉行婚禮。」麗拉瓦琪高興地說。

「不，他不是妳的父親……」拉曼南達趕忙將麗拉瓦琪的身世告訴她。

正在此時王公聽說女兒要和一個普普通通的武士結婚，大爲惱火，馬上下令把他們拿下，明早押上山崖拋入海中。

第二天一早，一百多個士兵押著拉曼南達和麗拉瓦琪前往海邊，狠心的王公準備親手把他倆推下懸崖。突然，拉曼南達發出一聲長嘯，頃刻間幸福城的一千名勇士已衝上來，把王公的衛兵全部殲滅。

拉曼南達一鬆綁，就跑到王公身邊，把他推入海裡。這個凶殘的王公本來想害人，到頭來卻是自己賠上老命。

女王為拉曼南達和女兒舉行了一場盛大的婚禮，幸福城的人民接連為他們慶賀了十天，大家衷心地祝賀這一對年輕人永遠幸福恩愛，長命百歲。

(二) 大臣和傻瓜

有一個傻瓜，坐在路上，把路面挖了五、六個洞。大臣經過那裡看到了，覺得很奇怪，就走近前去，問道：「你為什麼在路上挖了這些洞呢？行人不小心踏進去，跌倒了怎麼辦？」

誰知道這傻瓜卻理直氣壯地說：「那怎麼會跌倒呢？我又不是在路的當中挖洞，只有那不走正路、專門靠邊兒走的人，才會把腳踩進去！」

大臣又問傻瓜，每天在做什麼工作？傻瓜回答道：

「我整天逍遙自在，待在神庇護的國家，什麼事也沒做。」

大臣認為這傻瓜，倒是個虔誠的人，想特別照顧他，就更進一步問他父母還在嗎？兄弟有幾個呀？

「他們不和我在一起難道不行嗎？」

大臣這才明白這傻瓜已經傻到無可救藥了。不過，還是問他要不要到他家。傻瓜不知道大臣叫他去做什麼，有點退卻。大臣就告訴他：「只是叫你去幫忙打掃庭院、澆澆花，我就供你吃、供你住。」

傻瓜聽了，很高興地跟著大臣走了。

大臣家的庭院，養了一對鳥兒。有一天，那隻母鳥看到公鳥另結新歡，非常生氣。就告訴公鳥，再也不陪伴牠了。公鳥也負氣地說：「從今天起無論妳或她，都是我的妻子。」

可是原來那隻母鳥，說什麼也不肯答應，三隻鳥兒就吵個沒完，最後，牠們打算去請國王裁判。於是一連十天都飛到王宮去。到了第十一天，國王終於發現了，就問大臣，這三隻鳥每天都飛到王宮做什麼？大臣回答說不知道。國王很生氣地說：「我命你馬上查清楚這事！」

大臣接到這個命令，心裡悶悶不樂。傻瓜看到主人和平常不太一樣，就走上前去問他。起初大臣連回答都不回答，禁不住他再三盤問，實在煩透了，才把國王的話告訴他。

傻瓜就說：「原來是爲了這件事在煩惱啊，那三隻鳥所爭吵的事，我早就聽懂了。」

傻瓜就把那三隻鳥所說的話，告訴了大臣，然後又向大臣出主意說：「如果國王的裁判是讓公鳥和兩隻母鳥在一起生活，你就伸出兩個手指頭。假如國王只准公鳥和原來那隻母鳥在一起時，你就伸出一個手指好了。」

大臣聽了傻瓜的話，滿心歡喜。第二天一早，就趕進宮裡。三隻鳥兒已經等在那裡了。國王就問他說：「關於這三隻鳥兒的事，你都調查清楚了嗎？」

大臣就把傻瓜昨天所說的話稟告了國王，國王十分驚訝，當場就判公鳥只能和原來的母鳥在一起。大臣伸出一個手指頭來給牠們看時，其中一隻母鳥立刻飛走；另外一對鳥兒，隨後也一起飛走了。

國王非常高興，對這大臣讚不絕口。大臣心想：「這個傻瓜和一般的傻瓜可不相同，我若是一直把他留在這裡。萬一這件事傳到國王的耳朵裡，說不定國王會比我更重用他，那怎麼行！還是趁早除掉他吧！」

於是就寫了一封信，交給傻瓜，叫他送到執行死刑的人那裡去。

傻瓜拿了信走在半路上，遇到大臣的兒子，大臣的兒子也不管信裡寫了什麼，就要替傻瓜把信送去，叫他回去幫他摘花。那執行死刑的人看到大臣的兒子送來的信，不分青紅皀白地就把他給殺了。

大臣看見傻瓜還在庭園裡摘花，就問他信送到了沒有？傻瓜說：「少爺叫我回來摘花，由他替我送去了。」

大臣聽了這話搥胸頓足地大哭起來，隨後就瘋了。

傻瓜知道了這件事，就向瘋掉的大臣說道：「你還記得我第一次遇到你的時候所說的話嗎？唯有不走正路的人，才會跌倒的呀！」

從此，他就離開了那個國家，再也沒有人看見過他。

(三) 鸚鵡救火

從前，有一隻鸚鵡飛到了別的山林中。居住在這山林裡的飛禽走獸，對這位新來的客人毫不見外，不僅不欺負牠，反而對牠非常熱情，大家相處得非常融洽。

鸚鵡住了一陣子，想道：「儘管我在這裡生活得很好，鳥獸們待我很眞誠，但我也不能久住在此地，還是得回家。」於是，鸚鵡告別了眾禽獸，回家去了。

過了好幾個月，這座山林突然失火。熊熊烈火包圍了整個山林，困住鳥獸。正巧鸚鵡飛過這裡，看到這種情形，萬分著急。牠迅速地飛到有水的地方，用自己的翅膀蘸透了水，然後飛到山林上空，把翅膀上的水抖落下去，想澆滅大火。這樣飛來飛去，來往了很多趟。

天神看見了，叫住牠：「喂，鸚鵡！你怎麼這樣傻里傻氣，山林大火蔓延數千里，你想想，就你翅膀上蘸的那點水，難道就能把大火澆滅嗎？」

鸚鵡答道：「我豈不知道這是白費力氣？可是當初我在這兒客居時，山林裡的禽獸待我非常仁義，簡直像親兄弟一樣。如今，牠們遭難，我不忍坐視不管啊！」

天神聽完鸚鵡這番話，非常感動。於是就運用神力，化大雨把火熄滅了。

（四）財富女神的恩寵

從前有一個聲名遠播的國王，名叫耶夏哈克多，都城稱爲修巴婆地。都城內有一座祭祀財富女神拉克希米的堂皇廟宇，南邊是一個名叫「女神之池」的池塘。每年阿夏達月（六至七月）的十四天祭典日中，來自各地方的眾多信徒都在此沐浴。

有一天，一個年輕的洗衣工達婆拉，從很遠的鄉間來到這個池塘沐浴，遇見了洗衣工舒達的女兒馬娜達麗，她也是爲了沐浴聖水而來。達婆拉對這個比月光還美的少女一見傾心，在請教了她的名字、家世之後，就悵然若失地回家了。回家後，他對她念念不忘，茶不思、飯不想，整天恍恍惚惚。母親見他如此模樣，就問他這究竟是怎麼回事，於是他就老老實實地把自己的心意向母親全盤托出。作母親的聽了，便告訴丈夫維拉馬。維拉馬安慰兒子：

「你何必爲這點小事悶悶不樂呢？只要我親自去提親，那父親一定會把女兒嫁給你。我們家和他們家無論家世、財產、職業都相當，彼此也有交情，要談這件婚事有什麼難的呢？」

說著，他便教兒子吃點東西，恢復精神，第二天便和兒子一起到舒達家。到了他家，維拉馬向舒達提起兩人的婚事，舒達一口就答應了。

有一天，馬娜達麗的哥哥從故鄉來到過著幸福日子的兩人家中，他們熱情地歡迎他，其他鄉人也熱情地招待他。哥哥在略微休息後，對大家說：

「我今天到這裡來，是奉父親的囑咐，要招待馬娜達麗和她的新婚夫婿一起到修巴婆地都城，參加財富女神的祭典。」

家人聽了都高興地答應，當天便以豐盛的酒食招待這位大舅子。

第二天一早，達婆拉便偕同妻子和大舅子三人一起回娘家。不久，三人來到修巴婆地都城，一見到那座富麗堂皇的財富女神廟，達婆拉突然虔誠之心泉湧，就對妻子和大舅子說：「我們去參拜那無上崇敬的女神吧！」

但大舅子認爲不妥，說：「我們沒有準備豐盛的供品，空手是不參拜神明的呀！」

達婆拉見大舅子不贊成，就對他說：「那我一個人去參拜女神，你們在外面等我。」說著便進入廟裡。

進到這莊嚴的廟裡，他便朝著女神禮拜。當他參拜這位把幸福給予信徒的崇高女神時，心中不禁湧出感激的念頭，他想：「世上的人都用各種生物在女神面前供奉，我要是想得到救贖，非得奉獻供品不可。對了，我可以拿自己的身體供奉給女神呀！」

想著想著，便在無人的大殿中，找到一把寶劍，將自己的頭髮繫在鐘鏈上，用劍砍向自己的脖子，霎時仆倒在地。

大舅子在外面等了很久，總不見達婆拉出來，就進入廟裡查看，卻發現妹婿身首異處地躺在地上，一時驚慌失措，竟也拿起劍來自刎。

馬娜達麗在外面等待多時，不但不見丈夫出來，連哥哥也不見蹤影，大爲擔心，也進入廟堂一探究竟。她赫然發現丈夫和哥哥俱死的慘狀，不禁哀叫著倒在地上。

「啊！這究竟是怎麼一回事啊！」她因兩人出乎意料的死而悲慟欲絕，但又想到：「事已至此，我單獨活在世上也沒意思了。」於是也決定捨棄自己的生命，便向女神說：

「女神呀，妳是掌管幸福、善行及神聖法則的最高神明，妳佔有濕婆大神的半身，更是庇護世間女子，爲人們摒除悲傷的女神。既然這樣，妳又爲什麼奪走我兄、我夫的性命呢？妳這樣對待平日對妳深信不疑的我，不是太過份了嗎？我要在妳面前痛陳我的悲傷，希望能獲得妳的庇佑，請妳垂聽我的祈禱吧！現在我要離棄我這飽受苦難的肉身，期望在妳的庇佑之下，來世再讓他們當我的夫、我的兄！」

她向女神傾訴她的景仰、怨恨及心願之後，再向女神行禮膜拜，然後用蔓草做成草環，把這環繫在無憂樹上。正當她要把草環套在自己脖子上時，空中突然傳來女神的聲音：

「女人呀，別尋短見。妳這麼年輕，不該尋死。妳這勇氣十足的行為眞叫人感動。把那繩索丟掉，將妳丈夫和哥哥的頭分別裝到身上去，我將格外施恩，讓他們兩人復活。」

馬娜達麗聽了這話，急忙丟掉繩子，跑到兩具屍體旁。但她一時心慌意亂，竟招致了嚴重的錯誤。原來她將丈夫的頭裝在哥哥身上，又把哥哥的頭裝在丈夫身上。就這樣，兩人連傷痕都沒有留下地復活之後，站了起來，只是頭和身體卻彼此配錯了。不過兩人對此一無所知，只顧談著女神的恩賜，然後三人高高興興地禮拜女神，才相偕離去。

半途，馬娜達麗發現了這錯誤，急得不知如何是好；這兩個彼此裝錯頭的人之中，哪一個才是自己的丈夫呢？

當賢明的優塡王被問到這個問題時，他的回答是這樣的：

「兩人之中，裝有丈夫頭顱的，是她的丈夫。因爲，頭是人體最重要的部份，人就是憑此識別的。」

（五）菩提樹的傳說

佛陀在菩提樹下成等正覺，因此在佛陀在世的時候，菩提樹已是廣大信眾崇拜的對象。佛陀本人帶頭，朝拜那棵助他成佛的聖樹。

阿育王對菩提樹的敬仰與珍愛，人所共知。由於他對菩提樹的寵愛，更甚於對王后的寵愛。因此，菩提樹受到王后的忌妒，她曾幾次妄圖把菩提樹毀掉；但因守護嚴，而未能得逞。

阿育王的兒子瑪亨德長老赴楞伽島傳佈佛教，很快建起僧團。楞伽國王天愛帝須的妹妹阿奴拉公主等人，也想效法佛之姨母大愛道的榜樣，出家爲尼。阿育王便派他的女兒，僧伽密陀長老尼到楞伽國創建比丘尼僧團。僧伽密陀赴楞伽時，想特意帶一株菩提樹苗。於是阿育王打算從菩提樹的南側截取一枝，由於慈心願力的感應，那根枝條未經砍截，便自行脫落下來，並自行飄落到已經準備好的一個金盆之中，隨即又生出樹根，穩定、矗立在金盆之中。

接著，這株樹苗又帶了金盆騰空而起，放射出霞光萬丈，瑞氣千條，逕直飛落在南海中的船上。見此神奇的情景，人們無不嘖嘖稱道佛法的威力，眾神也齊聲歡呼，大地亦爲之震動祝賀。阿育王恭敬地步行到海邊，跳下大海，涉過沒頸的深水到使船上送行。

使船載著僧伽密陀、菩提樹苗及隨從往楞伽島行駛時，海面上浮現出盛開的百花，空氣中飄蕩著濃郁的花香。他們一帆風順，不多久便抵達楞伽島。楞伽國王天愛帝須遠道來迎，已在海岸恭候多時，他把菩提樹苗緊緊抱在懷中帶回王都，舉行隆重的儀式，把樹苗栽種在大云林園的大寺之中，成千上萬的信眾前來瞻拜。

天愛帝須之後，歷代國王都把保護、供養菩提樹視爲一項重要職責。到帕蒂格阿巴亞國王時期（西元前二十二～七年），開始舉行一年一度的朝拜大典。典禮開始，四眾弟子沐浴更衣，來到菩提樹旁，以清水洗浴，以奶飯供養。人們還把各色彩旗幟掛在樹上，以求聖樹保佑。

爲了供奉、護理菩提聖樹，當初阿育王還派了大批技師、工匠隨僧團抵達楞伽。楞伽國王對他們格外禮遇，賜予他們種種特權，並把都城郊外的村莊賜給他們，作爲世襲的封地。他們世代相傳，均以保護菩提聖樹爲唯一的志業。在兵荒馬亂的年代裡，有多少寺廟、殿堂毀於兵燹，惟有這棵菩提樹安全無恙。直到現在，據說助佛得道的那棵老菩提樹已經凋亡，而移入楞伽的這一棵已有二千三百歲，卻還是枝葉繁茂，蔥蘢旺盛，國內外朝聖、參觀者絡繹不絕，香花供果琳瑯滿目。

（六）花之都

很古的時候，在恒河上游，有一個巡禮者的聖地，名叫卡那卡拉。城中住著一個生在南方德干高原婆羅門，他和妻子及三個兒子在此定居。不久，這對夫妻都過世了，三個兒子便到王舍城去求學。這三個兄弟雖然都很用功，但由於舉目無親，又家無恆產，因此商量著要回到父母的故鄉——德干，並決定去參拜委韋馱天神廟。

後來三個人來到一個叫清丘的海邊城鎮，暫時住在一個婆羅門的家中，這個婆羅門名叫波吉卡，波吉卡預見這三個年輕人前途可觀，就將自己的三個女兒嫁給他們，並把財產完全平分給三人。辦完這些事情之後，自己就了無牽掛地前往恒河邊的靜修林苦修。

三個年輕人在妻子的娘家生活，後來天候乾旱，到處鬧饑荒，這三個婆羅門各自拋棄賢慧的妻子，逃出城去。

這時，三個女兒當中，有一個已經身懷六甲，只好去投靠她們父親的老友——耶朱尼亞達，在那兒住下來。這三個姊妹出身良好，因此不論怎樣吃苦，都不忘本份。她們謹言慎行，守身如玉，並且一刻也不忘卻自己的丈夫，含辛茹苦地過日子。在這期間懷有身孕的女兒生下一個兒子，三個姊妹對這個孩子都疼愛有加。

一天，全能的濕婆大神將妻子雪山神女載於自己的胸前，在天空飛翔。他的妻子看到那三名女子愛憐地逗弄著一個男孩，不禁興起憐惜之心，就求濕婆大神：

「大神請看看，這三名女子之所以這樣疼愛這個孩子，還不是希望孩子長大之後，能夠好好奉養自己嗎？但這孩子現在還不過是個嬰兒，請你讓這三人現在就獲得奉養吧！」

「讓我先看看這孩子，」滿懷慈悲的濕婆大神說道：「這孩子的前世和妻子非常虔誠地侍奉我。現在出生於這世，將可以享受前世的果報。另外，這孩子前世的妻子已轉世為摩恆德拉曼王的公主名叫巴達麗，以後仍會成為他的妻子。」

當晚，這大神出現在三名貞女的夢中，告訴她們：「這個孩子最好叫作普特拉卡。每天早上當他醒來時，枕頭底下會有十萬個黃金，以後這孩子也會當國王。」

於是，這三位寄人籬下的苦命女子，從此每當孩子早晨醒來時就獲得一筆黃金。她們認為這是平日的堅定信心所結的甜蜜果實而異常欣喜。有了這些黃金，普特拉卡立刻變成大富翁，不久便榮登王位。這些幸福完全是拜前世所積功德之賜。

有一天，耶朱尼亞達對國王說：「陛下！令尊及伯父們曾經在一次大飢荒時離家出走，不知去向。你應該把你的成功告訴他們，並厚贈他們，把他們請回來才好。」

普特拉卡王聽從耶朱尼亞達的勸言，立刻下詔將此事宣告全國。

三兄弟聽到這個消息，立即相偕投奔普特拉卡王，然後從國王那兒獲贈了大批財寶，也會見了自己的妻子。可悲的是，這三個薄倖人居然本性難移，至此仍不分善惡是非，無法根除其劣根性。過了一陣子，三個人眼紅國王的大權在握，暗中籌劃殺死普特拉卡，打算由自己取而代之。於是，他們藉口參拜雪山神女廟，將普特拉卡王邀請出來，但事先已叫了一群刺客藏匿在廟堂大殿中。當他們來到廟前時，三個人對國王說：

「恭請國王單獨入內參拜女神。」

國王不疑有他，一個人進入廟裡，早已埋伏在那兒的刺客見國王入內，就一擁而上。國王責問他們為什麼要殺他，刺客們答道：「我們是令尊和令伯父們用黃金僱來的。」

「我把我這珍貴無比、嵌有寶石的項圈給你們，請你們饒我一命。我絕不會提起你們的事，我打算逃到遠方去。」普特拉卡王向刺客懇求道。

刺客們見有利可圖，就答應了他的要求，接受了他的寶物，然後向普特拉卡的父親及伯父僞稱已經殺了國王。這三個心腸狠毒的兄弟喜不自勝，正想篡奪王位，卻被耶朱尼亞達識破奸計，三名惡徒終於被處死刑。

被自己的親人謀害的普特拉卡王遵守諾言，自我流放到森林深處。當他在密林徘徊的時候，赫然發現兩個巨人正在你死我活的決鬥。國王趨前問他們：「你們是什麼人？爲什麼如此凶猛地鬥毆？」

兩人答道：「我們是阿修羅摩耶的兒子，父親留給我們寶皿、棒、鞋等三樣寶物，我們要由最強的人佔有這三樣寶物，因此才奮力爭奪。」

普特拉卡聽了，就笑著說：「那一定是很了不起的遺產。」

兩人得意地答道：「這鞋子可以在空中飛行。用這棒子書寫，所寫的事均會成眞。另外，不論我們想吃什麼，就會立刻出現在這個寶皿中。」

普特拉卡聽了，就說：「你們這樣打得你死我活也不是辦法，不如兩人來一場賽跑，跑贏的人取得這三樣寶物，你們認爲怎麼樣？」

這兩個阿修羅聽了竟說：「好，來吧！」

說著就風馳電掣地跑了出去。這時，普特拉卡拿起魔棒、寶皿，穿上魔鞋，忽地飛向空中，轉瞬間已飛得很遠很遠。普特拉卡不經意地往下一望，正好瞧見阿卡西卡這座美麗的城市，就降落下來。他心裡害怕又遇上見錢眼開的人，不敢貿然去借住婆羅門的家。

他一邊走一邊小心地觀望，前面正好有一個荒蕪的房子，只住著一個老婆婆。於是，他小心地侍奉老婆婆，在那兒住了下來而沒有被發現。

有一天，老婆婆說：「年輕人，你這樣孤孤單單一個人，不是很寂寞嗎？我們國王有一個女兒，芳名叫巴達麗，被當作寶貝一樣養在深宮呢！」

普特拉卡聽了，突然很想見這位公主。他等到入夜時分，穿上了魔鞋，向王宮飛去。他穿過像山一樣高的窗櫺，潛入公主的房內，這時公主全身正沐浴在月華之中，睡得香甜。見到這位美麗的公主，普特拉卡不禁心生愛意，他癡癡地凝望著她的容顏，眞希望她能夠醒過來；公主驀地從睡夢驚醒，看到一個俊美的青年在自己身邊，不禁羞紅了臉，嘴角泛著甜甜地微笑。他倆相視無語，過了許久，才被愛情的和風攪動，熱情地交談起來。

普特拉卡就這樣每晚潛進王宮和公主私會，終於有一天，他的行蹤被王宮裡的侍衛發現了，衛士立刻報告國王。國王悄悄地命令一位女侍好好看守。這名看守的女侍趁普特拉卡在公主房內睡覺時，偷偷用紅色顏料在他的衣服上作了一個記號。第二天，她向國王報告了這件事，國王立刻派人四處搜查。普特拉卡因爲不知道衣服被作了記號，沒有多久就被衛士們搜到，帶到國王跟前。

於是普特拉卡藉著魔鞋之力一躍飛向空中，從國王眼前逃了出來，來到巴達麗公主的寢宮。

「親愛的公主，妳願意追隨我到天涯海角嗎？」普特拉卡深情地問。

「我願意！」公主義無反顧地投入情人的懷裡。穿著魔鞋的一對佳偶就這樣飛出王宮。

他們一路飛翔到恒河岸邊，降落地面後，普特拉卡爲又餓又累的公主從寶皿中取出點心。公主接著要普特拉卡取出那根魔棒畫出一個城池，這城池不但配備有騎兵、車兵、步兵、象兵四軍種，還開滿了豔麗的花朵，四季如春，巴達麗公主給它取名「花之都」。果然，令人難以置信地出現了如圖所畫的城池。

普特拉卡在這個城市登上王位，封巴達麗爲后，權勢越來越大，終於兼併了王后父親的王國，而成爲大王國的統治者。

這個城市同住在其中的百姓，都是由魔法變出來的，並根據國王及王后的名字被稱爲巴達麗普特拉，成爲經濟與文化中心，繁榮不絕。

（七）獅子國的故事

很多年以前，梵伽國的國王娶羯陵伽國的公主後，生下一女，名叫蘇悉瑪。小公主聰明伶俐，父母視她爲掌上明珠。國王關心女兒的前程，請祭司爲她求神諭。他們得到的答覆是：「這個女孩命中注定與一頭雄獅結緣。」

國王和王后十分不安，爲防止這樣的厄運，國王在王宮內爲女兒修建了一座七層的高樓。待女兒稍大，就把她幽禁在這高樓的頂層，使她與外界隔絕。莫說雄獅，連她的親友也難得和她相見。

蘇悉瑪在這樣的環境中成長。當她花樣年華時，已無法再忍受這樣的寂寞。她不想這樣虛度年華，浪費生命，終於在一天夜裡逃出了王宮。她像隻剛剛衝破牢籠的小鳥，感到從來沒有過的自由舒暢。她連跑帶跳地向前飛奔，沒有預定的目的，只想遠遠地離開那令人窒息的王宮。

走出幾個時辰後，來到了拉扎地區。這時天已大亮，她停下來在一片野花飄香的林中休息。這時，一支商隊從摩羯陀國方向走來。她見到這麼多人，心中十分高興，便走上前去與他們結伴而行。他們大家正有說有笑，高興地向前進發時，從密林中突然竄出一頭雄獅。牠張牙舞爪，吼叫著向商隊撲來。商人們嚇得魂不附體，扔下行李貨物四散逃命。蘇悉瑪從來沒有見過野獸，也不知牠是隻凶猛的雄獅，所以並無懼色，反而迎上前去，輕柔地撫摸著牠的鬃毛。雄獅見這美女如此溫柔可親，和那些普通的人類迥然不同，頓生愛慕之心。牠興沖沖地把她馱在背上，慢慢地將她帶回自己的洞穴，當天晚上便結為夫妻。

雄獅對妻子蘇悉瑪關心備至，體貼入微；蘇悉瑪沉醉在丈夫的愛情裡，也未感到人獸的差異，覺得生活十分美滿幸福。而且，這大自然的美景使她心曠神怡，和過去的宮廷生活相比，眞有天壤之別。

不久，她生下一對雙胞胎，一男一女，都是人形。兒子取名「僧伽巴忽」，意爲「獅之臂膀」；女兒取名「僧伽悉沃」，意爲「獅之美女」。活潑可愛的孩子爲生活增添了無窮的歡樂。兩個孩子吃著獅子父親打來的野味和母親採摘的野果，呼吸著山林中的新鮮空氣，茁壯地成長。

僧伽巴忽長大之後，對母親是人而父親爲獅感到迷惑不解，一再向母親追問其中緣故，蘇悉瑪只好把自己的經歷告訴了兒子。僧伽巴忽得知母親本是梵伽國公主後，爲母親感到驕傲，卻爲身爲野獸的父親感到羞恥。他年齡越長，越感到忐忑不安。

雄獅很愛牠的妻兒，決心把自己的一生都貢獻給他們。爲使他們免遭野獸的傷害，牠每天外出打獵之前，都要把洞口用一塊巨石緊緊地堵住，自以爲這樣外邊的進不來，裡邊的出不去，就可確保妻小安人無恙。殊不知牠兒子僧伽巴忽身材魁梧，力大無窮，想把他關在洞內是不可能的。

一天，他趁父親外出打獵之機，推開巨石跑出洞外，到附近的村莊裡兜了一圈，大大地開了眼界。他想：「既爲人，就應該像村民們那樣自由自在地生活，而不能整天憋在山洞裡當一頭野獸的奴隸。」於是，他回到洞中勸說母親離開山洞回到繁華的梵伽國去。

蘇悉瑪難捨獅夫，不忍離去。僧伽巴忽見母親猶豫不決，不顧一切地扛起母親，挾著妹妹，一腳踢開堵住山洞的巨石，馬不停蹄地跑到一個很遠的村鎮。原來這村鎮是蘇悉瑪的表兄阿奴拉王子的屬地，兄妹相認之後，阿奴拉向蘇悉瑪求婚。蘇悉瑪見事已如此，便答應了他的要求。

再說那雄獅。那天牠帶著獵獲的獸肉回到山洞時，本想與妻兒們共進晚餐，一起享用美味的野味。牠萬萬沒想到，洞門已經敞開，妻子兒女已經遠走高飛。牠悲憤焦急，怒不可遏，立即跑到附近的城鎮去尋找牠的親人。牠踏壞了農民的莊稼，撞倒老百姓的住宅，攪得雞犬不寧，人人驚恐。

人們爲了保護身家財產，紛紛到王都請願，請求梵伽國王除掉這頭蠻獅。國王貼出告示，懸賞捉拿這頭蠻獅，爲民除害。但是，人們都聽說那獅子凶猛殘暴，動輒傷人食肉，縱使那些英雄好漢，也不敢冒死前往。

就在這百姓遭殃、國王無計的情況下，僧伽巴忽挺身而出，要求應詔出征。他母親蘇悉瑪聞知後，勸阻兒子不要殺害親生之父，但僧伽巴忽決意大義滅親，背著母親到王宮去向國王請求。國王一見大喜，說：「你若能除掉這頭蠻獅，我情願把梵伽國交你治理。你既是我的外孫，也有繼承王位的權利。」僧伽巴忽叩頭謝恩，立即披掛整齊，帶著弓箭奔赴山崗。

僧伽巴忽回到他們原來居住的山林，在那裡果然發現了那頭雄獅。只見牠在石洞附近尋覓徘徊，悲切哭泣，正在思念自己的妻兒。當牠發現僧伽巴忽走來時，立刻顯出喜出望外的樣子，以爲兒子已回心轉意，又回到自己身邊來了。牠興沖沖地迎上去，想親吻、擁抱自己的兒子。僧伽巴忽趁著此時，彎弓拉箭，一箭射中牠的咽喉。獅子倒在地上一命嗚呼。

僧伽巴忽回到都城，受到君臣百姓的熱烈歡迎；人們紛紛送上贈品感謝這位爲民除害的英雄。這時老國王駕崩，朝臣百姓一致擁戴僧伽巴忽繼承王位。僧伽巴忽心想：「我已經殺死了我的父親，背上一個不孝的惡名。雖然此刻人們擁我爲王，但總有一天會遭到世人的唾罵，還是急流勇退爲好。」於是他謝絕了臣民的好意，把王位讓給他的繼父阿奴拉王子，自己帶了妹妹回到他們原來居住的地方。

僧伽巴忽在拉扎地區建立起一個獨立的國家，定都僧伽城，將妹妹僧伽悉沃立爲王后，開創了一代帝業。僧伽巴忽和僧伽悉沃生下三十二個子女，長子維杰耶立爲太子。維杰耶桀驁不馴，爲非作歹，激起國人的反對，國王下令逮捕了維杰耶和他的七百同夥，將他們裝到一條大船上放逐海外；把他們的妻子裝到第二條船上，他們的孩子裝到第三條船上，也同時放逐出去。

維杰耶和他的七百隨從隨波飄流，歷盡艱辛，最終飄到了楞伽島。他們的妻子所乘的第二條船飄到摩喜羅島（註1）。第三條船飄到了那伽島（註2）。

維杰耶等在楞伽島靠岸登陸，他們爲沒有葬身魚腹而欣喜若狂，一個個激動地抓起地上的泥土，手掌被黃土染成了褐紅色，近似古銅色，於是他們便稱這個島爲「銅掌國」（註3）。他們稍事休息後，維杰耶便派他的同伴去尋找居民的村落，以便求得飲食和棲身之所。派出的伙伴皆去而不返，維杰耶恐有不測，便掄起兵器四處尋找。

當他向內地走出一段之後，發現一座美麗的蓮塘，塘邊的一棵榕樹下有一位妙齡少女正在紡紗。原來這裡是夜叉國的地盤，這個少女就是夜叉國的公主顧維妮。

維杰耶斷定伙伴們已經落入魔鬼手中，必須及時搭救。他一把揪住顧維妮的頭髮，命令她立刻把人交出。顧維妮見這位遠方來的訪客相貌不凡，知道他一定不是等閒之輩，便打開地窟，把維杰耶的七百個伙伴放出。維杰耶在這人地生疏的異域遇上顧維妮這樣一位美麗慷慨的少女，不禁爲之動情，於是便娶她爲妻。顧維妮一片癡情，決心全力輔佐維杰耶在本島開發創立國大業，她把本族的機密毫無保留地告訴了維杰耶。維杰耶根據她提供的情報巧計殺入魔宮，魔族將士措手不及，一敗塗地。

維杰耶從此佔領了魔族的地盤建立了楞伽國，自任國王，王都定在檀巴潘尼。

幾年以後，維杰耶對他現在的權勢已感不足，他要按印度的傳統正式灌頂加冕，登基稱帝。他認爲自己出身於高貴的刹帝利種姓，只有刹帝利種姓的公主才配當他的王后。於是他派遣使臣帶了厚禮到南印度去拜見摩度羅國的國王，請求把他的女兒嫁到楞伽國作國王的王后。摩度羅國王欣然同意，還派七百個宮女陪同公主到楞伽國，以作爲維杰耶那七百隨從的妻子。維杰耶舉行登基大典，當上楞伽國的正式國王，且感到志得意滿。他那七百伙伴也都有了妻室，皆大歡喜。（註4）

這時，出身魔族的顧維妮已經爲王室所不容，維杰耶把他的這位元配妻子攆出王宮，保持了他王族的高貴與純潔。顧維妮走投無路之下，只好帶著她和維杰耶生的一男一女逃回自己的魔族王國。但族人早已把她視爲叛逆，對她恨之入骨。她一回魔地，便被亂拳打死。她的子女倖免於難，潛逃到薩巴拉卡姆沃一帶，長大後，兩人結爲夫妻，繁衍無數的後代。

◎註1：摩喜羅島意為「女人島」，就是現代的馬爾地夫群島。
◎註2：那伽島意為「裸人島」，就是現代的尼科巴群島。
◎註3：古希臘人和古羅馬人都稱古斯里蘭卡為「銅掌國」。
◎註4：因為維杰耶是雄獅之孫，他繁衍的後代便是現在斯里蘭卡的主體民族——僧伽羅族。「僧伽羅」梵語即是「獅子」的意思。直到現在，斯里蘭卡的國旗上還繪有一頭威武的雄獅。

（八）神奇的紅鞋子

辛杜是個急性子的人，他走起路來像風一樣快，因此他最看不慣那些走路慢的人，每次他看見人們悠悠地閒逛，或是看見老人家拄著拐杖慢吞吞地走路時，就忍不住要生氣。他從來不願和自己年邁的父親一起走路。

辛杜的母親在他年紀很小的時候就去世了，一直由嬸嬸照顧他，他的嬸嬸是一個心地善良的女人，經常勸他：「你不應該討厭那些年老走不動的人，要知道，總有一天你也會老的，也會變成這樣的。」只是，風華正茂的辛杜根本聽不進去。

有一天，辛杜來到大街上買東西，他看到街上熙熙攘攘，摩肩接踵，令他無法走快，他慪了一肚子氣。正巧，前面有一位老太太拄著拐杖，一步一步地往前挪，辛杜一看，更加火了。他走上前狠狠地朝老太婆的背推了一把，老人撲地一聲就摔倒在地，她生氣地罵道：「小伙子，你爲什麼推我？」

辛杜怒氣沖沖地說：「誰叫你們這些老頭、老太婆擋住我的路！」說完頭也不回地走了。

老奶奶掙扎地站起來說：「你會遭到懲罰的！」說完，還是慢吞吞地往前走。

辛杜買完東西後覺得很累，就在旁邊的草地上休息，這裡的草長得綠茸茸的，茂密極了，像一塊地毯，躺在草地上的辛杜一會兒就睡著了。

起先被推倒的老太婆一直慢吞吞地跟在辛杜的後面，這時她也來到這塊草地上。她看見辛杜睡得很香，就從自己口袋裡掏出一雙紅鞋子，偷偷地把辛杜腳上的舊鞋脫了下來，給他穿上紅鞋子。

辛杜醒來後，看見自己腳上穿著一雙大小合適的新鞋子，高興極了。心想：人們見到這雙鞋子，一定會說好看。可是，當他站起來準備回家時，還沒走幾步，就覺得這雙鞋子突然變得非常重，每走一步都覺得吃力，他想把鞋子脫下來，可是那雙鞋卻像生了根似的，牢牢黏在他的腳上。無奈的辛杜只好拖著沉重的腳步一步一步地往家裡走。走了一會兒，他又覺得鞋子很夾腳，痛得實在不好受。他見前方有一根棍子，忙移上前去撿起來，拄著棍子慢慢走。

人們見到這情景，都大爲驚訝：辛杜今天怎麼也學起老頭子走路了。他們紛紛走上前去，像看見怪物似的。這時，剛才被辛杜撞倒的老太婆突然出現在他面前，她笑嘻嘻地問辛杜：「你什麼時候也變成了一個老頭？」辛杜不好意思地低下頭。

接下來的七天裡，這雙鞋子一直折磨著辛杜，幾乎讓他寸步難行。辛杜靜下心來認眞反省自己以前的所作所爲，又想起這些天來自己的街坊鄰居、親戚朋友不斷地來安慰自己，幫助自己。他越想越慚愧，心想自己應該像他們那樣做一個善良的人，對那些老人和走路遲緩的人，不但不應該埋怨他們，相反的應該幫助他們。

經過反思的辛杜把自己這些天來的想法告訴了嬸嬸，果然，他話音剛落，腳下那雙神奇的紅鞋子就突然不見了。他驚喜地跳起來。從此，辛杜成了一個樂於助人的小夥子。

（九）禪思的價值

當摩羯陀國王室萊尼迦從世尊大雄（註1）的口中聽到：「你將要到地獄去。」這句話時，一心虔誠的國王突然渾身顫抖起來。他痛苦地伏在大雄的腳邊，驚恐地問道：「爲什麼？我是你虔誠的信仰者，你卻讓我去地獄？難道我的膜拜一錢不值？難道它不眞誠？」

大雄解釋說：「室萊尼迦，虔誠的信仰和膜拜不但解救人於地獄的苦難，還能使他獲得天堂裡的寶座。但你在成爲信仰者之前做過的那些罪孽，卻還是要得到報應。你在地獄裡將忍受那些罪惡所帶來的痛苦。」

室萊尼迦的心裡很害怕，一想起陰森的地獄，他就不寒而慄。爲了擺脫地獄之苦，他寧願付出自己的一切。他想：「我有這樣大的一個帝國，無數財寶，難道還不能擺脫地獄？」於是他懇求大雄：「尊敬的大神，把我從地獄裡拯救出來吧，請你指引我一條路。可憐我，憐憫我吧！我可以用我整個帝國和全部的財富來換取。告訴我，我怎樣才能脫離地獄？」

世尊大雄洞察一切的目光早已看出，這個帝王的內心還以自己擁有無上的權力和無盡的財富而傲視一切。而這種傲慢本身就是束縛，他因爲這種傲慢就不可能得到解脫。大雄用嚴肅深沉的語氣說：「室萊尼迦，如果你想得到解脫，那辦法只有一個。如果你能從沙門布尼耶那裡得到他一次禪思的果，那你就可以逃脫地獄的折磨了。」

聽了大雄的話，國王心花怒放：「一次禪思的果能有多少價值？一千不行，就十萬，十萬不行，就給他一千萬金幣！不過如此。這是多麼簡單的事啊！」

於是國王親自來找布尼耶，小心翼翼地說：「尊敬的沙門，我有事相求。請你千萬答應我，不要讓我絕望。不管你要什麼樣的價錢，我都給。」

「陛下，請說吧，像我這樣的普通人，有什麼珍奇的東西，值得您親自來請求我？」布尼耶一頭霧水。

「尊敬的沙門，我要的不是一件東西，我只要你一次禪思的果，只要一次。請你說吧，你願意什麼樣的價錢？」

「陛下，對我來說，這可是從未有過的事。我不知道禪思的價錢。您去問世尊吧，他會知道的。」布尼耶嚴肅地說。

第二天一早，室萊尼迦就焦急不安地來到大雄面前，懇求道：「世尊！布尼耶答應給我禪思的果。尊敬的大神，請你告訴我，我該付他多少金幣？我甚至可以給他寶庫裡所有的財寶！我一定要買這一次禪思的果。」

大雄看出，這個帝王的傲慢不但沒有減少，反而更加囂張，就說：「室萊尼迦，你以爲物質的財富可以和禪思相提並論，可以交換嗎？即使是從地上堆到天界那樣多的財寶也不可能換取禪思的果。」大雄繼續說：「國王，一個生命在最後的時刻來臨時，他在死神的門前，可以用金幣去換取生命嗎？」

「這是不可能的。」國王回答。

「那麼，我的國王，你能夠用金錢去換取偉大聖潔的禪思嗎？它是無價的！」

國王室萊尼迦聽了就呆住了。他以為可以用物質的金錢買到禪思而產生的傲慢，一下子被粉碎了。他馬上明白了，要獲得解脫就必須反省、禪思。

◎註1：耆那教的創始人。

（十）怕老婆的閻王

閻王在陰間待煩了。因為陰間永遠黑暗，充滿了悲傷。雖說他的僕人不少，卻沒有一個朋友，所以他整天總是孑然一身，十分寂寞。閻王雖然是個死亡之神，但他也有享受一下人生樂趣的願望，他想變換一下生活環境。

一天，閻王來到人間，他看到人間充滿光明，陽光普照大地，微風拂面，百花盛開，到處是鳥語花香。大地上的每個人都十分幸福。忽然，他看到一個長得健壯漂亮的女子同一個男人打架，還把那男人打得落荒而逃。

閻王一下子就喜歡上了這個女子。他想：這個女子做我的夫人非常合適，我應該同她結婚。可是，我如何才能得到她呢？如果派我的使者的話，他們只能帶回她的屍體。看來得到她的唯一辦法，就是自己變成人，到人間去與她結婚。

閻王打定主意後來到人間，他這時已不是恐怖的死神，而是一位英俊瀟灑的小伙子。他一到人間，就找到了那位女子，並同她結婚。這位女子名叫拉達。他們相親相愛，在一起幸福地生活了幾年。

幾年後，拉達生了一個男孩，把全部的時間都花在照顧孩子上，對閻王的關心變得很少。而且，她開始為孩子和自己不斷地向閻王提出各種要求。閻王總是盡最大的努力去滿足她的要求。但長期下來，總會有不順心的時候。每當此時，拉達便和閻王爭吵不休，抱怨個沒完沒了，說閻王什麼事也不會做。

隨著時間的推移，拉達越來越無理取鬧，鬧得家裡雞犬不寧。另外，拉達一天天在變老，而閻王卻青春永駐，如同結婚時一樣年輕。

閻王沒有什麼經濟收入，不能滿足日常開支的需要，所以他們家裡常常缺錢。拉達希望丈夫多掙些錢，使他們的生活更寬裕一些。為了家庭，閻王不得已去行醫。他製作各種藥丸，出售給病人。他的藥很見效，所以不久生意就興隆起來。可是，拉達對他的態度一點也沒有好轉，甚至變本加厲。這使閻王煩惱得不得了，最後，只要一聽到拉達的聲音，他就躲藏起來。

現在，閻王感到陰間的黑暗與寂寞悲傷的生活也比人間的生活好。一天，他受夠了妻子的嘮叨，一氣之下回到了陰間。

閻王離去後，拉達並不難過。她只管一心一意地照看孩子，根本不把丈夫的事放在心上。由於過份溺愛，孩子長大後變得馬馬虎虎，而且非常懶惰。

有一天，拉達去世了，只留下兒子孤單一人。他沒有上過學，也沒有學過什麼本領，根本不懂得掙錢維持生活。這時，他想起了父親的職業，便也像父親一樣製作和出售藥丸來勉強度日。

一天夜裡，閻王的兒子在睡夢中見到了自己的父親。「兒子啊，」父親對他說，「你繼續行醫吧，你會活得很好的。但我要告訴你一個秘訣，在你給人看病之前，要看一下病人的床頭，如果你看我在那裡坐著，你千萬不要給他治病，因爲那個人死期已到，絕對治不好的。在病人的床頭，除你之外任何人都看不到我。如果你在病人的床頭沒看見我，你就給那人治病。你一治療，病人的病就會好的。」

閻王的兒子一覺醒來，感到非常驚奇。可是他相信夢是靈驗的，決定按照父親的秘訣去做。

閻王的兒子繼續行醫。他用各種藥物製成不同的藥丸，再用這些藥丸給病人吃。每當他去治病時，他總是先看一下病人的床頭。若是他父親沒有坐在那裡，他就治病，否則他就不治。不久，人們便發現閻王的兒子治病靈驗，簡直藥到病除，而他不治的病人就一定會死。

一天，國王的獨生女兒患了重病，御醫久治無效，全國所有有名的醫生都束手無策。這時，有人向國王推薦了閻王的兒子，國王便派人把他請來。

當閻王的兒子到來時，他先看了一下公主的床頭，發現他父親正坐在那裡。閻王的兒子叫閒雜人等全部出去，對父親說：「父親，這是我一生中最難得的機會，如果我治好了公主，我會得到很獎賞，也會很有名的。所以，我懇求你，請你放了她，你趕緊走吧！」

「不行，孩子，這不可能的，」閻王說，「其他條件我都可以答應你，但公主我是一定要帶走的。這一切都是命中注定，你不能改變，我也不能改變。」

閻王的兒子抓著父親的手再次懇求，請父親饒過公主一命，但是閻王說什麼也不同意。閻王的兒子沒有灰心，他再三懇求，閻王讓他逼得沒有辦法，只好說：「好吧。我讓公主再活三天，三天後我一定得帶她走。」說完，閻王就消失了。

閻王的兒子一直坐在屋內，守護著生病的公主。她的病情越來越嚴重了，整天躺在床上，面色蠟黃，雙眼緊閉，什麼東西也吃不下。閻王的兒子知道公主的病情已經無能爲力了。他悲傷地坐在那裡等待閻王的到來。三天期限一到，閻王來了。他很可憐自己的兒子，但又沒有任何辦法來幫助他。

閻王的兒子一看到父親顯影，突然福至心靈，他轉身朝門口喊道：「媽，妳幹嘛這麼晚才來？快到屋裡坐吧，父親在這裡。」

聽到拉達來了，閻王嚇得面如土色，他顧不得要公主的命，一刻也不停地離開人間跑掉了。這時，公主睜開雙眼，閻王的兒子給了她三、四個藥丸，公主立即就痊癒了。閻王的兒子想：命運是可以戰勝的。國王和王后非常高興，他們非常感激閻王的兒子，就讓公主嫁給他。此後他們一直過著幸福的生活。

第二篇 英雄史詩

～～關於《羅摩衍那》（Ramayana）～～

「羅摩衍那」的梵文意思是《羅摩傳》。這是一部史詩，在印度文學史上被稱作「最初的詩」。

羅摩故事的起源很早，印度最古老的文學如吠陀、梵書、奧義書、森林書等都記載著羅摩的故事。《羅摩衍那》和《摩訶婆羅多》兩大印度史詩的成書年代都有不同的說法，後書曾提及前書，因此可斷定《羅摩衍那》一書的年代較早。

有學者提出，《羅摩衍那》中並未提到佛教或佛陀名字，因此應該在佛教產生以前就流行了；有人以為原書創作年代在西元前一千兩百年到一千一百年間；亦有人主張是西元前六百年到西元前三百年。雖然說法不同，可以肯定的是，《羅摩衍那》成書的時間相當早，因此影響也非常大。這部史詩共有兩千多種手寫本，五十多種梵文註釋，而在中國、義大利、德、法、英、美、俄、孟加拉、日本等國家也都有全譯本或節譯本。

《羅摩衍那》意譯是羅摩王子的漫遊，寫他一生的英雄事蹟。全書共分七篇：〈童年篇〉、〈阿逾陀篇〉、〈森林篇〉、〈猴國篇〉、〈美妙篇〉、〈戰鬥篇〉、〈後篇〉。但德國學者亞戈比和溫特尼卻認為《羅摩衍那》只有五篇，因為被公認是後加的〈童年篇〉、〈後篇〉中把羅摩說成是大神毗濕奴的化身，而在第二篇到第六篇爲止，羅摩都是一個凡人的形象，他除了有人的美德外，也有一些人的弱點。〈童年篇〉和〈後篇〉的風格和描寫手法與全詩不同，被認爲是原詩完成後很久才創作的。另外〈戰鬥篇〉的最後已有結尾說明，可見〈後篇〉是後來才補的，而且〈後篇〉中敘述的一些故事，在前幾篇中也沒有任何提示。總之，《羅摩衍那》原來只有五篇幾乎是被公認的。

然而《羅摩衍那》的影響卻是相當大。泰國的《拉瑪堅》和雲南傣族《蘭嘎西賀》兩大史詩都以它爲藍本，模仿其中的情節，甚至連一些人名的音譯都雷同。而《西遊記》中的孫悟空也有學者認爲來自《羅摩衍那》中的哈奴曼。

《羅摩衍那》的作者傳說是Valmiki，譯成「蟻垤」，他的傳說很多，有的說他是古代仙人或金翅鳥的兒子，也有的說他是語法學家；又有人說他打坐修行，幾年下來不動，因此身上蟻垤滿佈，於是以此爲名。當然《羅摩衍那》不可能是蟻垤一人所創，他必定是像古希臘時的荷馬一樣，只是將大家口耳相傳的羅摩故事加以整理、記錄，就成了有系統的史詩《羅摩衍那》了。

雖然《羅摩衍那》很晚才被譯成中文，卻早已流傳在中國讀者間，因爲在漢譯佛經和許多佛教著述、敦煌寫本都有這部史詩的片斷情節和故事梗概。這部史詩不僅與中國的關係很密切，在亞洲爪哇、泰國等地，人們並將這故事製作成各種戲劇、舞蹈、皮影戲等，現在仍不斷上演。

第一章 羅摩歷險記

在印度的遠古時期，有一個甘蔗族。甘蔗族的祖先是太陽神，因而又稱爲太陽族。太陽族中有一個名叫十車的國王，他統治著喜馬拉雅山以南的一片美麗富饒的國土，這個國家叫拘薩羅，首都是阿逾陀城。

十車王的文治武功遠近聞名。他有八大臣，也都很賢能，他們輔佐十車王把國家治理得井井有條，百姓們安居樂業。十車王有三個美麗的王妃，但她們誰都沒有爲國王生下一兒半女。十車王眼看就要老了，他面對自己創下的豐功偉業，深深爲沒有繼承人而憂慮。有一天，他召集滿朝文武，宣佈要舉行一次盛大的祭典，他認爲，舉行這祭神大典也許會贏得天神的喜歡，賜給他一個兒子。

祭壇上的聖火熊熊地燃燒著，祭司們三天三夜不停地唸誦著頌神的經文。由於祭儀非常盛大隆重，十車王又非常虔誠，天上的諸神眞的被感動了。諸神來到大梵天跟前，請求他賜子給十車王。

當時，羅刹王羅婆那正在人間作怪，他統治著楞伽島，搞得三界不得安寧，需要天神下凡去殲滅他。於是，梵天請求大神毗濕奴下凡，投身到十車王家。毗濕奴以保護世界爲己任，他欣然同意下凡救世。他拿著一個金質的器皿在祭壇的聖火中出現，把它交給十車王，說：「國王啊！你的虔誠打動了天神。你把這器皿中的奶粥拿去分給王妃們喝，她們喝下去之後，你就會有兒子了。」大神說完就消失無影。

十車王非常高興，他把大神賜的奶粥給后妃們分食。後來，三個王妃果然懷孕分娩，一共生下四個兒子。王后喬薩麗雅生的兒子取名羅摩，二王妃吉迦伊生的兒子取名婆羅多，三王妃蘿蜜多羅生下雙胞胎，取名羅什曼那和沙多盧那。

（二）羅摩招親

光陰飛逝。四個王子成長很順利，個個結實英武，而其中羅摩尤爲突出。王子們從小受到優良的教育，學過經典，學會了治理國家和領兵打仗，而且個個武藝超群。

有一天，婆羅門修行者眾友仙人來到阿逾陀城，走近王宮。十車王聽說大仙親自來訪，連忙率領眾臣出迎。十車王說：「大仙的光臨使我們喜出望外，大仙有什麼要求就請講，我一定滿足修行者的願望。」

眾友仙人說：「近來有兩個羅剎奉羅剎王羅婆那的命令來到我的淨修林，他們胡作非爲，破壞我的修行。你的兒子羅摩已經長大，我想帶他到淨修林去保護我的修行。」

十車王萬萬沒有想到，眾友仙人會提出這樣的要求。他非常愛長子羅摩，怕他對付不了那兩個羅剎，但他是個重然諾的人，已說出去的諾言不能輕易反悔，只得不捨地讓羅摩隨眾友仙人而去。三王子羅什曼那非常喜愛和崇敬兄長羅摩，終日不離其左右，這次，他也執意要與羅摩同行，十車王只好同意。

羅摩和羅什曼那跟著眾友仙人來到了淨修林，兄弟倆聯手，很快地殲滅了那兩個羅剎。眾友仙人對他們的勇敢感到欽佩，森林中居住的修行隱士們也都非常感激羅摩兄弟為他們除了害。一天，眾友仙人對兩位王子說：「我聽說彌提羅城的國王遮那加要舉行一次祭神大典，許多人都趕到那裡，我想帶你們去。聽說遮那加王有一張大神濕婆的神弓，多少年來一直沒有人能拉開，許多英雄都試過，可是誰也沒有成功。」

羅摩聽說有這樣一張弓，十分興奮，很想去試試。於是，眾友仙人帶著兩位王子坐上車子向彌提羅城前進。當他們抵達彌提羅城的時候，遮那加王已經接到消息，得知舉世聞名的大仙前來，並且帶了兩個英俊的武士，便立即帶領群臣到城門恭候。國王將眾友仙人一行迎進王宮，熱情款待。

眾友仙人祝福過國王之後，便說明了來意：「聽說大王要在這裡舉行盛大的祭神大典，我便帶著十車王之子羅摩和羅什曼那前來。我們想參加大典，同時也想見識見識濕婆神弓。」眾友仙人還介紹了羅摩的品德才能及他們誅殺羅剎的英勇事蹟，這使遮那加王和大臣們驚奇不已。

遮那加王介紹了濕婆神弓的來歷。原來這是濕婆大神當年的武器，因眾神曾經得罪過濕婆，濕婆在盛怒之下用神弓射殺眾神，眾神知道神弓的威力，紛紛賠罪，請求濕婆把弓放到人間，免得眾神看見它就膽戰心驚。濕婆就把神弓放在了彌提羅，成為彌提羅的鎮國之寶。

「我在這裡當國王已經許多年了，可是天神沒有賜給我子嗣。」遮那加王接著說，「於是，我選擇了一塊地方要舉行祭祀請神祇賜子，當我翻耕那塊土地時，犁溝中突然出現了一個女孩，她就是大地女神地母賜給我的女兒，名叫悉多。我非常高興，並且對天神發誓說，只有能把濕婆神弓拉開的人才能成爲悉多的丈夫。後來，許多有名望的國王和王子都慕名來求婚，因爲他們都知道悉多的美貌和賢慧。但他們誰都拉不開這把神弓，所以他們雄心勃勃地來了，又都灰心喪氣地走了。不久，這些國王和王子以爲我愚弄了他們，便糾集在一起前來圍攻彌提羅城，幸虧有天神的幫助，我國才免遭劫難。現在，既然英雄的十車王之子來到這裡，我當然樂於展示神弓。」說罷後，遮那加王命人去取神弓。五千名壯士拉著沉重的大車，車上裝著一個巨大的鐵箱，鐵箱裡裝著濕婆神弓。

當壯士們將大鐵箱搬下來時，遮那加王說：「看吧！這就是大神濕婆的神弓，如果英勇的羅摩王子能拉開神弓，那麼美麗的悉多公主就將成爲他的妻子。」

眾友仙人說：「好！一言爲定。」他向羅摩示意，羅摩打開鐵箱，隻手便把神弓舉起。只見他從容地把弦裝好，抬起臂用力一拉，一聲山崩地裂般的巨響，神弓被折爲兩段。在場的人們被驚得目瞪口呆，有的甚至匍伏在地顫抖。

四周一片沉寂，過了許久，遮那加王才說出話：「偉大的聖者啊！你帶來的羅摩王子使這裡出現奇蹟。羅摩的神力簡直不可思議。現在，我總算找到了一個稱心如意的女婿，我的女兒悉多也總算可以出嫁了。請讓我派使者飛報十車王，把這裡的一切都告訴他，並請他儘快到彌提羅來。」

彌提羅國的使者駕著馬車飛馳了三天三夜。使者在阿逾陀城把消息全部報告給了十車王。十車王非常高興，立即命人打點禮品和準備車輛。第二天，十車王便帶著后妃及另外兩個王子，由眾大臣陪伴著，坐著華麗的車子，浩浩蕩蕩向彌提羅城出發了。

十車王到了彌提羅城，受到遮那加王的熱情款待。雙方都為這次的結親而感到高興。當年，遮那加王在得到悉多以後又添了一個女兒，另外他弟弟也有兩個女兒，這三個女孩都生得貌若天仙，人品非凡。在眾友仙人的建議下，遮那加王將這三個女孩分別許配給十車王的三個王子。這樣，四對新人的婚禮就在彌提羅城隆重地舉行了。婚禮後的第二天，眾友仙人獨自返回自己的淨修林，十車王也啓程回國。

當十車王一行返回阿逾陀城的時候，城中百姓全部出動，他們熱烈歡呼，高聲讚美國王和他的家族，祝福王子們新婚。阿逾陀城被打掃得乾乾淨淨，到處都裝飾著彩旗和鮮花，人們唱歌跳舞，熱熱鬧鬧地慶祝了一番。

拉開神弓的羅摩

（二）晴天霹靂

許多年以後，十車王已經感到年邁體弱，需要盡早立下太子。他召集大臣商量，大臣們一致認為長子羅摩是一個十全十美的人，應當立為太子。於是，十車王決定由羅摩接掌王位，又因為此時正值春暖花開的好季節，十車王更立刻宣佈第二天就冊封立位。

消息傳出，眾人歡欣鼓舞，但二王妃的駝背老奶媽曼多羅卻怒氣沖沖地直奔吉迦伊王妃寢宮。

「大禍臨頭了，妳還睡！陛下這個老糊塗，明天就要立羅摩為太子，妳不知道嗎？」

吉迦伊王妃一聽，開心地把珠寶項鍊取下來說：「這是值得慶幸的事呀！羅摩是個好孩子，智勇雙全，又是長子，理當繼位呀！來！奶奶別生氣，這項鍊送給您。」

「妳這個傻瓜，聰明的不是羅摩，而是他媽媽。」老奶媽將項鍊摔在地上，憤怒地說：「妳忘了，陛下寵愛妳，一直住在這裡，已經許久不去其他二個王妃那裡了。等羅摩正式立位，他母親一定會藉機報復。羅摩這孩子孝順出了名，要是他母親要他報復妳，甚至殺婆羅多，他敢不從嗎？到時候，他登上王位，愛怎麼做就怎麼做，誰管得了他？妳這個糊塗蛋，就算不為自己想，也要想想婆羅多呀！」

吉迦伊聽她這麼一說，心就慌了：「那麼怎麼辦呢？」

「怎麼辦？妳怎麼忘了，上次檀陀迦森林之戰，陛下受傷，是妳把他護送到安全的地方，照顧他，使他恢復健康。當時，他說要賜給妳兩件禮物，妳不肯，他堅持要給，所以妳最後說，等將來有機會再說。現在就是妳向陛下要求兩件禮物的大好時機了呀，妳要陛下把羅摩放逐到森林中十四年，而且要求他立妳的兒子婆羅多為王。婆羅多一繼位，羅摩又不在，那我們就什麼都不怕了。現在把妳的珠寶首飾，漂亮衣服全脫掉，去換上髒的粗布沙麗，向陛下哭訴。陛下來了，就繼續哭，一直到他答應、發誓做到妳的要求，妳才說出妳的要求。妳一定要記住，而且一定要做到，陛下很愛妳，這招苦肉計一定有效。多想想婆羅多的安危！」

吉迦伊聽信了駝背奶媽的蠱惑，照著她的話，先要十車王發誓，再說出兩個要求。十車王一聽，當即暈了過去，他又氣憤又悲痛，萬萬沒有想到自己心愛的王妃會提出這樣邪惡的要求。當他清醒過來以後，憤怒地譴責吉迦伊，但是誓言已出，已無法後悔，而且再怎麼求吉迦伊改變，她也不依。衰老的國王又氣又急，再次昏倒在地。

另一邊，羅摩和妻子悉多正在屋子裡準備登基王位的一切事宜。王宮內外擠滿了人，大家讚美他、恭喜他。雖然身為長子，理當繼位，但是父親這麼早就決定傳位給他，他自己也覺得十分光榮。

這時，大臣蘇曼多奉旨傳羅摩進宮。跟著蘇曼多去到吉迦伊的寢宮，羅摩才覺得事情有點不對。父王坐在椅子上，一動也不動，愁容滿面，似乎很悲痛；一旁的吉迦伊王妃冷冷的，和她平日和善親切的樣子完全不同。

「羅摩，」父王只低低地叫了名字，眼淚就潸潸落下來。羅摩一驚，連忙跪下來問吉迦伊王妃：「王妃，是不是我做錯了什麼事？父王怎麼了？什麼事把他折磨成這樣呢？」

「你父王發誓要辦成一件事，可是因為怕你不答應，怕辦不成。」

「可是王妃……」他惶恐地一邊看父王，一邊說：「您知道，父王的話就是法令，我一定會遵從的。」

吉迦伊這才冷冷地說：「你父王答應我做到兩件事：一件就是把你的王位讓給我的兒子婆羅多，另一件就是，要你離開王城，到森林裡苦修十四年。離開的時候，你要放棄一切，包括你的權力、財富、僕役，連你身上的衣服都要脫掉，換上樹皮衣服。你父王因爲昨天才宣佈要立你爲王，今天又發誓做到這些，他心裡很痛苦，不知道怎麼開口。你身爲長子，應該幫助他實踐誓言，是不是？」

這突如其來的消息，宛如晴天霹靂。羅摩錯愕地不知所措。看著父王痛哭失聲，他不忍追問下去，強壓著心中的澎湃，平靜地回答：「是的，這是爲人子應做的。父王、王妃，您們放心，請立刻派人去接皇弟婆羅多回來。我準備好就走。」

「太好了！」吉迦伊高興地說：「我立刻派人去召回婆羅多。你看你父王爲了捨不得你，難過得連飯都吃不下，我看你還是儘早啓程，免得他觸景傷情，傷了身體。」

十車王一聽，又放聲大哭起來，羅摩連忙起身扶住父親，吉迦伊卻絕情地叫他快走。羅摩爲了免除父親的苦痛，決定立即動身到森林中去。

(三) 渡恒河

羅摩王子要離開王城的消息，很快就傳開了。原來熱熱鬧鬧、打算風風光光舉辦慶典的阿逾陀城，突然氣氛全變了。空氣中流動的是不滿、氣憤、驚慌和不知所措。有人向他控訴：「國王陛下一定是被鬼迷了心竅，不然，怎麼會做得出這種事情來？」

也有人爲他擔心：「森林裡妖魔那麼多，羅摩就算武藝高強，猛虎也難抵猴群，多危險呀！何況森林裡那種荒蕪、沒有人服侍的日子怎麼過？」

有些激動的百姓甚至把家當都準備好，打算跟隨他到森林，「這裡就讓給吉迦伊王妃和婆羅多好了，一個國家沒有了百姓，看他們怎麼統治。」

經過一晚的思索，羅摩的心情倒平靜多了。第二天，他把自己的產業分送給家人和僕役，安排妥當後，就帶著堅持要和他同行的妻子悉多，以及弟弟羅什曼那向父母拜別。

憔悴的十車王悲慟至極，說：「孩子，你乾脆推翻我，自立爲王罷。」

他強忍淚水安慰父親道：「父王，王位只是這一生的名位和責任；修行得道才能有眞正的智慧和永恆的生命。這樣的安排對我未嘗不好。希望您多多保重，王城還需要您統治。」

就這樣，羅摩告別悲痛欲絕的父母，換上了隱居者穿的樹皮衣，由蘇曼多駕車，與悉多、羅什曼那一起上路了。許多百姓們不放棄地一直跟在馬車旁邊跑，他們依依不捨，聲聲呼喚，讓羅摩心如刀割。

馬車不停地向前奔馳。

「嘿──停！」蘇曼多小心地穩住馬車，說：「殿下！天色已暗，是不是先歇一晚再趕路？」

羅摩點點頭，看看四周。

濃密的林子早被拋在後頭，眼前大河蜿蜒，空空曠曠。除了馬兒的喘息，四下靜悄悄的。河面平靜無波，天邊圓紅的太陽逐漸黯淡，緩緩西沉；遠處林間小屋的炊煙無力地飄著，這一切顯得那麼無奈，孤獨。

「這是哪裡？」悉多問。

「達什林迦毗羅城附近。前面是恒河，這一帶是瞿訶迦王的轄地。」蘇曼多回答。

「我們就在那棵大樹下休息，好不好？」悉多體貼地問羅摩。

羅摩點點頭，微笑地望著她，沒說一句話。娶悉多爲妻，是他這輩子最大的福氣。她眞的是大地母神給他的恩賜。從認識她開始，和她在一起就是快樂；即使是這幾天，生命變得這麼混亂，支撐他也是來自悉多的那股力量。羅摩想著想著，深情地將妻子摟進懷裡。

這一夜，恒河水低聲泣著，大樹下偶爾傳來幾聲嘆息。

第二天一早，遠處塵土飛揚，蘇曼多連忙穩住馬匹，羅什曼那則提起刀，一個箭步站在眾人之前，等待這些不速之客。

前來的人馬顯然沒有惡意。領隊的首領一身皇族的打扮，高坐在白象背上的黃金頂座裡；白象後面一些僕役抬著一口口箱子，腳步輕快。

離大樹約莫十多公尺處，這位王者跨下坐乘，很謙恭地領著隨從走過來。隔著羅什曼那，他對著羅摩行禮。

「是瞿訶迦王！」蘇曼多小聲地說。

「歡迎！歡迎！久聞十車王的王子們英雄出少年，有幸路經敝地，特別帶領侍臣前來拜望；簡單備了些粗茶淡飯、寢具和馬料，行旅辛苦，粗陋補充，請見諒。」瞿訶迦王說完，隨從們就把一口口箱子抬到羅摩跟前。

羅摩連忙趨前敬禮：「謝謝你！瞿訶迦王。你我素昧平生，如此深情厚意，眞是感激不盡。出外自然不比在家，只是，羅摩奉父命修行學智，這一點點不方便，實在不算什麼。」

「拘薩羅國發生的事，我略有所聞，深感遺憾。羅摩王子智勇雙全，事親至孝，仁心仁德，眾所知悉。我獵鳥國要是能有這樣一位明君治理，必是全民之福。既然十車王已另立婆羅多王子爲王，羅摩王子，若不嫌棄，請留在獵鳥國，我願隨侍在側，與您共同爲獵鳥國謀萬年之福。」聽了瞿訶迦王這一席話，羅摩感動地向前擁抱他。

「羅摩少不更事，怎擔待得起這樣的誇讚。宇宙浩瀚，自然哲理深不可測，羅摩所有恐懼不及千萬之一。此趟修行正可讓羅摩遠離雜務，潛心鍛鍊，向森林中的智者請益，向大自然擷取智慧。」羅摩接著說：「謝謝你的熱情接待，餵馬的新鮮草料我收下，其他的好意我心領了。行旅匆忙，待修行回來，再登門致謝。」

瞿訶迦王聽到羅摩歷經這麼大的變異，竟然沒有絲毫恨意，深覺羅摩比傳聞所說的更叫人敬佩。他知道羅摩心意已定，就不再勉強。於是問道：「你們打算去哪裡？」

羅什曼那回答說：「渡過恒河，往更深的森林去。」

「有船嗎？」瞿訶迦王巡視河面。蘇曼多搖搖頭。

「我幫你們備條船，找人載你們過河。羅摩王子，您總不能再推辭了吧？」

羅摩笑笑地搖頭說：「恭敬不如從命。」

就在瞿訶迦王和羅摩等人話家常的時候，瞿訶迦王安排的船已在河畔等候。羅摩一行人於是起身道別，準備上船。

「蘇曼多。」羅摩回頭說。

「是，殿下。」蘇曼多正背起行囊。

「你回去吧！」羅摩說。

「殿下，這……」蘇曼多驚慌地望著羅摩。

「你帶著馬車回到阿逾陀王城去。我們離家已經好幾天，你回去向父王母后稟報，我們一路平安，並且依計劃渡過恒河，前往森林，請他們放心。」羅摩說。

「可是，殿下……」蘇曼多急著說，卻被羅摩打斷。

「你跟隨父王多年，父王十分倚重你，加上婆羅多新掌政，在在需要你的輔佐。森林生活對我來說，一點都不陌生。你是知道的，從小我隨師父學武功，就是在森林中鍛鍊。森林裡雖不平靜，我還應付得來，不必擔心。」

「殿下，」蘇曼多雙腿一跪，懇求道：「我求您讓我留下，您一向有人侍候，現在身無分文，再也沒有人照顧起居，我眞的很不放心。而且，如今，皇上受制於吉迦伊王妃，是非顚倒，已非往日的阿逾陀王城。我寧願隨您在森林中苦修，也不願意回去。」

「就是這樣，」羅摩的淚水湧了出來，弄得蘇曼多慌亂失措：「才需要請你回王城。這麼多年你輔佐父王，因爲你的忠心，你的智慧，拘薩羅國才能屹立不搖。是羅摩不孝，才讓王國陷入危機。蘇曼多，你無論如何要答應我，要繼續效忠父王，協助父王和婆羅多穩固國政，讓老百姓和過去一樣安居樂業。唯有這樣，才能減輕我的罪業，讓我安心修行。」

蘇曼多忍不住擁抱著羅摩痛哭失聲，四周人見了無不鼻酸。羅摩於是向瞿訶迦王深深敬禮，轉身牽著悉多和羅什曼那的手，走上船。船夫慢慢地把船划開，兩邊的人默默地揮手道別，沒有人說話，只有河水低泣著。

船愈划愈遠，人愈變愈小，突然，船上傳來羅什曼那的喊聲：「蘇曼多回去吧！別忘了向我的母后和王妃問好，告訴她們我很好，不用擔心。」

宏亮的聲音，摻雜著哽咽；魁梧英挺的身軀，抽搐著。

渡過恒河，拜別了船夫，羅摩仰望著眼前這片矗立在恒河畔的樹林。這些林木是那麼碩大，茂密的枝葉，糾纏攀附，使得陽光無法透射。遠遠地，只聽得到鳥叫聲，卻看不見鳥雀的行蹤。整座林子黝黑、神秘，彷彿是藍天碧日下的黑色城堡。

這神秘城堡安全嗎？裏面有什麼東西呢？往後十四年將以此爲家，日子會是什麼樣子呢？羅摩深深吸了一口氣。

「羅摩！你看好多小白花！」悉多發現寶藏似的，一邊往前跑，一邊開心地回頭對羅摩說。

看著悉多，羅摩不禁莞爾。悉多總是開朗快樂的迎接命運，當自己還在爲過去的事傷感，爲未來的事躊躇時，她已經開朗地擁抱現在。

而這種樂觀歡愉的態度，確實很有感染力。羅摩發現，刹那間，城堡不再那麼陰沉，它有色彩，展現新姿態。

「咦？那是什麼跑過去？」悉多瞥見林子裡有動靜，「鹿！好像是一頭鹿！」

「鹿？」羅什曼那一聽精神都來了，「哪裡？那邊嗎？我去看看，都中午了，肚子還眞有點餓！」

苦修的路並沒有想像中的艱難，黑色森林雖然人煙稀少，卻充滿生意。青翠的草地上，只要陽光曬得到，總是開遍小花，小花旁蟲蝶飛舞；幽暗的林木間，則見樹藤攀爬，枝葉肥碩，不斷地向上擷取陽光；偶爾總會看到猴子、松鼠在枝頭跳竄，啃食漿果；美麗的孔雀更是三五成群悠閒漫步，不時地展開羽扇，歡迎他們三位加入這個大家庭。

進入森林不久，他們就遇到在這裡設壇修行的婆羅伐遮尼隱者。羅摩早就聽聞，在森林修行的隱者多半道行高深，與宇宙同體。羅摩一行在這裡受到親切的款待，和隱者的對談中也得到深刻的啓示，更堅定修行的智慧。

隱者請他們留下，但是羅摩深知自己道行尚淺，離城鎮太近無法定心修煉，決定再往森林深僻處尋找靜修處所。

「那就到質多庫羅山去吧！」隱者建議：「那裡十分幽靜，而且有野果、禽獸，又近溪流，十分適合靜修。一些得道的隱士也在那兒獨居修行，他們都是很老的導師。只是……」

「請說。」羅摩問。

「只是從這裡過去路途遙遠，而且白山惡水，十分危險。」隱者說。

「我們會小心，我們去試試看好了。」

大森林果然氣象萬千，有令人神清氣爽的風景，有驚魂攝魄的絕崖飛瀑。還好，羅摩和羅什曼那都是練武之人，一身功夫。遇到荊棘峭壁，就由羅什曼那開路，羅摩護著悉多前行；遇到湍流大河，三人就砍樹劈竹，製作竹筏安渡惡水。或許心裡有了目標，這一切困難都顯得微不足道。

「就是這裡了！」他們終於來到了質多庫羅山。

質多庫羅山稱不上美麗，卻相當淳樸婉約。清澈的溪水潺潺流著，河裡魚蝦跳躍；坡地上有鮮花、野果；林間小鳥啁啾，偶爾麋鹿會走出來，遠遠地望著他們。

三個人立刻找來木材，動手搭起小屋。小木屋雖不比皇宮華廈，那一夜他們卻睡得很甜美，夢裡充滿了鮮花、魚鳥，阿逾陀王城已經變得好遙遠、好遙遠……。

（四）十車王病逝

阿逾陀城則籠罩在一片陰沉淒涼當中。

自從羅摩離城以後，十車王就無心於王政，他搬離吉迦伊王妃的寢宮，和羅摩的母親喬薩麗雅相依爲命；不吃不喝，成天就生活在悔恨悲哀中。不久就病倒了。

後來聽說蘇曼多回來，「快，快傳蘇曼多！他怎麼能夠回來呢？羅摩他們沒人照顧怎麼行？」

當蘇曼多告訴他，羅摩一點都不怨恨他，反而要蘇曼多繼續效忠，輔佐國政並照顧父母時，十車王心痛如絞，幾度昏厥過去。沒多久就去世了。

當婆羅多和弟弟沙多盧那回到王城時，被眼前的景象嚇住了。他才離家兩三個月。十天前信差到舅父的藩地找他時，只說父王有要事相商，他和沙多盧那就專程趕回來。怎麼才幾個月的工夫，熱鬧歡樂的阿逾陀城全變了樣，街上蕭條、空蕩，行人臉上掛的是絕望、悲戚的表情。一種不祥的氣氛壓迫著婆羅多。他等不及找了個人問，那人見了他，既不行禮，也不說話，只是鄙夷地搖搖頭！

「我做錯了什麼事嗎？」婆羅多焦急地趕回宮中，直奔母親的寢宮。

等不及向母親請安，婆羅多焦急地問：「母親，城裡發生了什麼事了？怎麼氣氛如此詭譎？父王呢？快告訴我，我不在的這段時間發生什麼事？」

吉迦伊王妃又哀傷，又懊悔地告訴他一切事情。最後有點欣慰地告訴婆羅多，「今後拘薩羅國就要依賴你，由你來掌理。」婆羅多宛如晴天霹靂，腦中一片空白。

他望著母親，半晌說不出話來，眼前的母親是如此陌生。

「婆羅多？」吉迦伊王妃有些不忍。

「怎麼會呢？妳怎麼會相信喬薩麗雅母后會傷害妳呢？妳怎麼會聽信一個老糊塗的胡言亂語呢？大哥羅摩一向對妳那麼孝順，悉多也這麼尊敬妳，妳怎麼捨得傷害他們呢？妳生我、養我，又怎麼那麼不了解我呢？我怎麼會繼承這種不仁不義得來的王位呢？父王，不就是被妳……逼死的嗎？」

婆羅多掩著臉，踉蹌地哭著奔出去，任吉迦伊王妃怎麼叫他，他頭也不回。婆羅多的這一番話，狠狠地刺痛吉迦伊王妃的心。跌坐在椅子上的她知道她將永遠失去心愛的兒子。「造孽呀！」吉迦伊王妃悔恨地捶打胸口！

狂亂的婆羅多先是到喬薩麗雅皇后的寢宮，向她請罪，一面求她原諒母親的無知，一面向她發誓找回羅摩接掌國政。來到十車王的靈前，婆羅多再也忍不住了，他伏俯在靈前放聲大哭，哭自己的不孝，未能爲父親送終：「這一切都是因我而起，要不是我，母親也不會鬼迷心竅，施展毒計，害得大家受苦。」

經過大家的勸說和要求，婆羅多才逐漸平靜，並且答應暫代羅摩爲父親舉行葬禮，讓十車王早日安息歸西。

熊熊烈火呑噬著檀香木上的十車王，婆羅多望著火燄，對十車王發誓：「父王，您放心，我一定會找回羅摩，讓拘薩羅國回復往昔的榮光。」

服完喪，並以十車王名義布施大眾之後，婆羅多立刻整裝出發尋找羅摩。阿逾陀城裡的百姓知道後都很興奮，他們高興的不只是羅摩王子可以回來執政，他們更爲婆羅多的忠義所感動。所有的人都表示要跟隨婆羅多到森林迎回羅摩王子，婆羅多拗不過他們，只好領著數十萬人馬，浩浩蕩蕩地拾羅摩的足跡進前。

這一走，阿逾陀城幾乎成了空城，但是這種空曠和幾天前的蕭條不同，那是種充滿希望的氛圍。

在蘇曼多的引導下，大隊人馬首先拜訪了瞿訶迦王。婆羅多一方面向瞿訶迦王致意，送給他許多珍貴的禮物，感謝他對羅摩的照顧；一方面也希望瞿訶迦王能提供他羅摩進一步的消息。

瞿訶迦王見他們手足情深，深受感動，不但指點婆羅多，羅摩步入森林的方向，還下令籌組船隻，把婆羅多一行人送過河。

過了河，婆羅多小心地向森林深處邁入，因爲瞿訶迦王也只指點他，羅摩從哪裡進入森林，這之後羅摩行蹤就得靠自己摸索了。他要大家仔細留意，不放過任何線索。

「陛下，您看那邊！」不遠處有棵大樹，大樹下有東西映著陽光閃爍。婆羅多走近一看，是一根絲錦的斷線。

「這一定是悉多衣服上勾下來的，老百姓是不會穿這種衣服的。他們一定在這裡停留過，在這裡……睡過。唉！他們怎能睡在這麼硬，這麼粗陋的地方？」

婆羅多想到從來沒有吃過苦的兄嫂，過的是這樣的日子，難過地掉淚，「快！一定得趕快找到他們。」他心急如焚，一刻都不肯停留。

沒多久，他們也來到婆羅伐遮尼的淨修林。這位隱者早就算到婆羅多會來，也很清楚婆羅多的心意。

「回去吧！羅摩是不會跟你們回去的。」他勸婆羅多打消念頭，「你帶這樣大隊人馬，長途跋涉是很辛苦的，何況隊伍中還有老弱婦孺，操勞過度是會累出病來的。」

「我會叫他們回去的。但是，」婆羅多熱切地懇求智者，「請您無論如何要告訴我，羅摩他們往哪裡走。您一定知道他們的去處，求您無論如何要指點迷津。」

婆羅伐遮尼拗不過婆羅多，告訴他質多庫羅山的方向，也一再警告他，途中地險水惡。婆羅多於是要求大部份百姓回家。但是，所有的人都和他一樣意志堅定，沒找到羅摩都不肯回頭。

有了羅摩正確的行蹤，婆羅多精神爲之一振，帶著隨從，快樂啓程。

黝黑的森林一點都難不倒他們，反倒是，人聲、馱獸的雜沓聲，再加上林間鳥雀的啁啾聲，把沉睡的森林點綴得像趕集似的。

這樣的熱鬧聲，或者說吵雜聲，的確驚擾到林間離世獨修的隱者，終於，也吵到了在質多庫羅山靜修的羅摩。

機警的羅什曼那一聽到吵雜聲，連忙爬到一棵高大的樹上偵察。當他發現前來的人馬中，有拘薩羅國的旌旗時，一股無名怒火從心中燒起。他跳下來對羅摩說：「一定是婆羅多！這狠毒的小子，難道把我們流放到森林還不夠，還想趕盡殺絕，非置我們於死地不可？哼！他敢來，我就殺他個片甲不留！」

「羅什曼那，你瘋啦！」羅摩安撫道：「枉費我們兄弟一場，婆羅多的爲人你還不清楚？」

「有其母必有其子！」

「羅什曼那！」羅摩輕聲斥責，語氣中也有些不安。

這邊，婆羅多領著幾名侍從快步向他們走來。羅什曼那握緊刀，站在羅摩和悉多身邊。

婆羅多看著這座樹枝、樹葉蓋的簡陋小屋，心頭爲之一緊。再走近些，清楚地看到羅摩、悉多三人，穿著樹皮衣，梳著隱者的髮髻，他再也忍不住了，嬌貴的兄嫂怎麼會過這樣的日子呢？

他一個箭步向前跑去，噗地一聲跪在羅摩跟前。兄弟相會，悲喜交加，羅摩緊緊地摟住他，兩人放聲痛哭。

「都是我的錯，我的錯……」婆羅多嗚咽地說。

羅摩拍拍他的背安慰他，一邊牽起跪在一旁的蘇曼多。

「咦？你們怎麼這樣的打扮？」羅摩不安地望著婆羅多和隨從們的衣服，「是誰？快告訴我是誰去世了？」

「是父王！父王他傷心過度歸天了！」一邊向羅摩哭訴阿逾陀城發生的事，婆羅多一邊哀痛的懇求羅摩：「王兄，這一切都是我的錯，請您原諒我母親的無知，原諒她的自私自利。父親的王國還在等您治理呢！您看，所有的百姓都渴望您回去，祈求您能把悲慘的拘薩羅國帶回以往的榮盛！回去吧，大哥！拘薩羅國需要一個英明賢能的君主，我一定會效忠您，服從您的命令！」

「回去吧！孩子！」

「母后！您怎麼也來了？孩兒不孝，害您車船困頓！」這時其他人馬也已來到，羅摩一見久別的母親，慌張地和悉多兩人跪拜行禮。

喬薩麗雅噙著淚水，不捨地摸著羅摩蒼白削瘦的臉龐，一邊心疼地摟住悉多。

「回去吧！羅摩殿下！」大臣扎巴黎說，「人是要遵守承諾，但是這種承諾不合理在先，若再堅持，就會扭曲眞理，讓好人受苦。羅摩殿下，您是明智之人，請您原諒我的不敬，不過，愚忠愚孝，只能用在愚昧的老百姓呀！」

「你這就錯了，扎巴黎。」羅摩說，「所謂君無戲言，貴爲一國國王，一言九鼎，父王對吉迦伊王妃的誓言如此，我答應父王的心情也是如此。每個人都要謹言愼行，爲自己的話負責，這樣才能彼此尊重，國家也才能有秩序、有法度。」

「可是，」婆羅多說：「我的才學，我的能力是沒有辦法承擔這項大任務的。只有您，只有您才有這個能力保衛父親的王國，只有您，老百姓們才願意死心塌地效忠您。」

「婆羅多，別妄自菲薄，你有的是仁德、智識和意志，只要你願意，你一定能夠照顧阿逾陀城的百姓，維持拘薩羅國的光榮。我相信你一定能做到。我也懇求你努力去做一個好君王。一方面告慰父親在天之靈，一方面也成全爲兄的誓言。」

兄弟倆就這樣互相推讓了很久，最後，婆羅多看羅摩的意志十分堅定，於是只好說：「我也發誓，我絕不登上您的王位。爲了履行您們的誓言，也爲了贖罪，我願意在您修行期間，代您執政。請您脫下腳上的那雙草鞋，我將帶著它回去把它供在王位上，我要時時記得您，從它那裡得到鼓勵和力量；我也要所有的百姓放心，我將盡心治理國政，就像您在位一樣。」

「但是，我只願意代理十四年。這十四年中，我雖然身在宮裡，我也要和您一樣過著苦修隱士的生活，我將穿著樹皮衣，編髮髻，穿草鞋，吃野果，坐宿在粗鹿皮上。我會以等待、懺悔的心努工作。」

「十四年，我只代理十四年，過了之後，如果您不回來，我就投火自盡了結殘生。就像您說的，一言九鼎，我說到做到。」

羅摩泣不成聲，他眞的不能再說什麼，默默地，他脫下草鞋交給婆羅多。

回程路上，婆羅多小心地捧著草鞋，將它放在國王的御座上，自己則恭敬地坐在草鞋後面，爲草鞋撐傘。

爲了怕觸景傷情，回阿逾陀城後，他立刻決定遷都，另外在附近建城，執掌國政。他把歷代祖先坐的黃金寶座移入新王宮，把草鞋恭敬地放在上面，寶座上撐著雪白的華蓋，後面掛帳上鑲滿了珍寶奇物，金碧輝煌。寶座底下，擺了一張粗鹿皮，每天婆羅多就一身隱者打扮，以苦修的心情執政。

十四年如一日。

（五）流浪者之歌

婆羅多的造訪，擾亂了羅摩平靜的心湖，怕觸景傷情，也怕婆羅多再來，羅摩決定搬遷，往森林更深處尋找新家。

「到檀陀迦林吧！」鄰近的修行者捧著花環、衣物和香油來送行，「那裡環境優美，也有許多人在那兒修行。只是，檀陀迦森林常有羅刹出沒，要小心就是了。」

一行人辭謝了鄰居的餽贈，帶著簡單的行囊，向南走去。羅什曼那走在最前頭爲兄嫂開路。一路上他握緊長劍，絲毫不敢放鬆。

檀陀迦森林果然是個迷人的地方，雖然枝葉茂密，卻完全沒有雨林濕悶的感覺。林間花開處處，混著新鮮漿果，空氣顯得清香甜美；鹿獸跳躍叢林間，鳥雀和聲歌唱。「這哪像苦修，」連羅什曼那都這麼說：「這是人間仙境！」雖然刀仍不離手，但握起來卻輕鬆多了。

森林的清晨最是迷人，薄薄的晨霧，透著太陽嫩紅的柔光，大地逐漸清醒，特別教人覺得清淨有希望。羅摩和悉多喜歡黎明時浸泡在河水裡，閉上眼睛，雙手合十，向天神和先人默禱，頂著晨曦，向旭日吟誦經文。

塵世的煩囂已越來越遠，婆羅多探訪的驚擾也逐漸淡去，在他們的心海中蕩漾的，愈來愈多是來自大自然的感動，和得自經文的智慧。

相由心生，純淨和善的悉多，沉浮在晨曦的河中，宛如一朵無塵的白蓮。

檀陀迦森林住了許多隱修者，他們所信奉的教義或有不同，潛靜修行的心卻是一樣。其中有道行高深的隱者，也有初誓修行的新徒。羅摩一行人只要有機會，就會親臨拜訪，隨著他們在聖壇的聖火前吟禱，獻祭。他仔細觀察這些隱修者的生活，和他們促膝對談，辯證哲理。他堅持以苦修累積智慧，婉拒高僧傳授道行。

就這樣，一個接一個地拜訪，一次又一次地洗禮，修行的行旅充實而豐富，腳步無法停下來。於是，他們決定放棄尋找新家，定點修行；而在森林中漫遊，隨緣靈修。

森林的生活當然不可能只有平靜順遂，檀陀迦森林原本就羅刹橫行。隱士們常受這些妖魔侵擾。愈多的修行，羅摩和羅什曼那就愈珍惜生命，不願開戒殺生。但也因爲珍惜生命，對於冥頑不化的惡毒羅刹，他倆也毫不姑息的處罰。森林裡的隱修者都很感謝羅摩和羅什曼那的到來，檀陀迦的確因他們的造訪平靜多了。

檀陀迦的修行，日子愈過愈簡單，心靈卻愈堆愈豐盛。

足足十年，三個人就過著這種隨興修行的日子。

十年間，羅摩三人足跡踏遍檀陀迦森林，心囊滿載，羅摩覺得應該找個地方，安定下來，靜心思索反芻。於是他們來到哥陀伐利河畔，蓋了兩間竹屋，打算在此靈修，直到十四年期滿。

哥陀伐利河清幽寧靜，但寧靜中卻透著細微的不安。

這一天中午時分，羅摩和羅什曼那席地話家常，悉多躺在一旁休息。

「請問……」他倆一抬頭，才發現不知什麼時候，門口來了一位美麗的少女。這少女身穿絲質衣裳，穿金戴銀。

「妳是誰？」羅什曼那站了起來，手警覺地搭在腰間的劍鞘上。

「你們怎麼會在這裡？」少女沒理會羅什曼那，反而盯著蓆上的羅摩問。

「請坐！」羅摩一邊禮貌地招呼，一邊拉羅什曼那，以眼示意看了一下劍鞘。羅什曼那緩緩放開手，也坐了下來。

「看姑娘的穿戴，不像本地人，怎麼會出現在這裡？」羅摩和善地問。

「我來拜訪我的哥哥。你們是誰，怎麼會來這裡？」少女熱切地望著羅摩。「你們難道不知道，這森林裡有很多妖魔嗎？你們難道不怕嗎？」

羅摩看著少女說話的樣子，遲疑了一下，就把他們三人奉命修行的事簡單說出。少女彷彿很仔細在聽，但眼神卻又不住地上下打量羅摩，似乎心裡若有所思。

「拘薩羅國的王子，難怪……」她低頭喃喃自語，眼角浮現淺淺的笑意。

「姑娘，那妳……？」羅摩話沒說完。

「她是誰？」她不理會羅摩，手指一旁的悉多，急急地問。

「是我的妻子悉多。」羅摩回答。這時悉多已醒來，靠著羅摩坐下，並對少女點頭致意。少女只用眼角瞟了她一眼，輕哼一聲，有些不屑。

「姑娘，妳是？」羅摩敏感地覺得她有些敵意，只是不解。

「我？」少女霎時又恢復笑意，甜甜地說。

「我叫蘇波娜，家在遠方的楞伽島。我大哥是赫赫有名的羅刹王羅婆那。」

一聽到「羅婆那」，羅什曼那馬上把手放在劍鞘上。

「我平常和我另外兩個哥哥，就住在這座森林裡。我常四處漫遊。才說哪！從來沒有看過這裡有房舍，原來，你們從拘薩羅國來，才在這裡住下。」蘇波娜頓了一下又說：「這裡我很熟，好玩的地方很多。身爲羅刹女，我能千變萬化，還會魔力，可以要到任何我要的東西，可以到任何你想去的地方。」她把臉對著羅摩，完全無視其他兩人的存在。

羅什曼那一臉莫名，對著羅摩，不解地張著嘴，心裡在思忖著來者到底是敵是友？

「我哥哥的王國就是我的王國。羅刹國天下至尊，金銀財寶，應有盡有。凡人的王國平庸無奇，卑小鄙陋，就算苦修十四年，回去復位，你也只不過是個平凡的國王。跟著我，」羅刹女雖然極力維持風度，但話語已不掩張狂，「藉著我的魔法，我保證你榮華富貴享用不盡。我要你，做我，的，丈，夫。」她的話有力而且霸氣。悉多不覺地緊拉著羅摩的臂膀。

「至於，這個蒼白又卑下的女人，不配作你的妻子。她如果願意做我們的奴婢，我可以免她一死；如果不願意……」她冷冷地瞪著悉多，眼光冰冷得連一向樂觀開朗的悉多，都不覺地打了哆嗦。

倒是羅摩比較鎮定。

「像妳這麼漂亮的女人，」羅摩握緊悉多的手對蘇波娜說，「應該嫁給英雄少年。天底下英雄少年比比皆是，我羅摩才疏學淺，德義不全，又有妻子，公主若嫁給我實在委屈。眼前就有一位英雄少年，」羅摩促狹地對羅什曼那使了個眼色，「他身體健碩，武功高強，這十年還捐棄榮華富貴保護兄嫂，仁至義盡，這樣的人世間難尋，值得託付終生，就是他。」他手指羅什曼那，微笑著又說：「羅什曼那，我的弟弟，英俊勇敢，妻子又不在這兒，最適當不過了。」蘇波娜一聽，頗有道理，這才正眼打量羅什曼那。

「嗯！果然不錯。」蘇波娜立刻轉身，滿面笑意地望著羅什曼那。

「喔！不不不，」羅什曼那強忍著笑，和羅摩一搭一唱地唱起雙簧，「羅摩聲譽功名遠近皆知，世間無出其右者。我不過是羅摩的奴婢，高貴的羅刹公主怎麼可以嫁給卑賤的人呢？妳應該嫁給羅摩，待日後羅摩即位，妳不但是無敵的羅刹公主，還會成爲天下敬愛的拘薩羅國王后。妳是天仙美女，悉多怎比得上呢？」

蘇波娜想想，覺得有理，又轉向羅摩。一看悉多正在羅摩背後抿著嘴笑，不覺得妒火中燒，惱羞成怒。

「這個婆娘留著礙眼，乾脆把她收拾掉！」突然她大嘴一張，漂亮的臉蛋現出原形。銅鈴般的大眼，尖削的鷹鉤鼻，加上一張血盆大口。悉多不意有此，嚇得驚叫，一邊在羅摩的背後躲閃。

羅摩一見態勢不對，立刻起身護住妻子，大叫：「羅什曼那！」說時遲，那時快，只見羅什曼那長劍一揮，蘇波娜掩面尖叫，她雙手是血，不遠的地上散落一片耳朵和一截鼻尖。

她轉身就跑，空中餘留她發下的毒咒，聲音尖銳刺耳。

（六）森林裡的金鹿

這一天，羅摩和悉多坐在屋外閒聊，森林已恢復往日的安詳。蘇波娜雖曾領著她的兩個兄弟來報仇，但因爲武功不及羅摩兄弟，早被羅摩兄弟擊敗了。蘇波娜的詛咒就漸漸不成爲威脅，只是他們茶餘飯後閒聊的話題之一罷了！

「這麼藍的天，」悉多昂首望著澄藍的天空，「好甜的漿果味。」她嗅嗅甜甜的空氣，笑盈盈地說：「待會兒，我們去採漿果好不好？」

「嗯！往東靠溪地方有一片野漿果，又大又甜。妳好久沒去那兒了，我們一起去看看。」羅摩說。

「說走就走，今天很適合郊遊，我順便準備點吃的，找羅什曼那一道去野餐。」悉多說完，站起來正轉身往屋內走。

「羅摩，你看。」她拍拍羅摩肩頭，用手一指，小聲地說。

屋旁不知什麼時候來了一隻鹿，正優閒地低頭吃草。

「嘎！」羅摩暗暗驚歎。

這隻鹿很特別，牠的蹄子是雪白，背上的斑點紅黑相映，金黃色的脖子，銀白的胸腹，柔潤光細的皮毛，在陽光下閃閃發光，宛如一頭仙界下凡的金鹿。

「羅什曼那，你快來！」悉多又向屋裡呼喚。

金鹿抬起頭來看看他們，一邊嚼著青草，毫不怕生。牠彷彿對悉多特別有興趣，一對寶石般的眼睛不時地盯著悉多。

「好可愛喔！」悉多輕輕地走近牠。

「我覺得牠有些邪門！」羅什曼那脫口而出。

「不會啦！」悉多撫拍著金鹿，「我們把牠留下來養，好不好？」金鹿彷彿聽得懂話，用臉頰磨蹭著。

「我還是覺得邪門，」羅什曼那走向前，金鹿卻退了幾步，眼光有些敵意。「這鹿實在長得太美了，美得有點虛假。森林裡有這麼多妖魔，還是小心點好。」

「嗯！」羅摩猛地站起來，金鹿受到驚嚇，轉身就跑。羅什曼那直覺地拔出劍。

「你看，金鹿被你們嚇跑了！」悉多嬌嗔地說，透露著無限遺憾。

「好好好！我去幫妳追回來，待會兒帶牠去野餐。」

「我看事有蹊蹺，還是不要追的好！小心有詐。」羅什曼那反對。

「這樣好了，我去看看，」羅摩不捨看愛妻失望的眼神，「如果只是一隻長得特別的鹿，我就把牠帶回來，讓悉多有個伴。如果眞是妖魔鬼怪變的，我就把牠殺了，把皮帶回來當坐墊。」

「大哥！」羅什曼那仍覺不妥。

「就這樣！」羅摩揮揮手，「你說的對，森林裡妖魔很多，你留在這裡保護你嫂嫂，我去去就回來。」說完，拿起弓箭，就朝金鹿的方向追去。

羅摩一路沿著鹿的足跡追，不多久就在山谷池沼邊看到那頭金鹿。金鹿遠遠地站在那裡望著他，彷彿在等他。可是，羅摩一走近，牠又跳開。羅摩急步要追，牠就忽高忽低地在羅摩身邊跳竄；幾次羅摩伸手要去抓住牠的角，牠卻一轉眼就消失了，然後，冷不防地又出現在他身邊。牠彷彿在逗弄他，在戲耍他。

羅摩終於同意羅什曼那的看法，「這絕對不是鹿，牠有靈性，是有意逗我。」剎那間，他有不祥的預兆。恍惚間，他伸手抽出箭，搭弓，咻！接著是一聲淒厲的叫聲——但卻不是金鹿的叫聲。

羅摩連忙跑向前，金鹿不見了，地上躺著一個凶惡的妖魔，他正痛苦萬分地拔出箭。看到羅摩，他瞪大眼睛，眼神充滿駭人的怨恨和怒氣，突然，他大聲喊：「羅什曼那！羅什曼那！快來救我！」

那竟然是模仿羅摩的聲音，宏亮地響徹天地。他對羅摩哈哈大笑，臨死前，嘴角還掛著得意的笑。

「糟了！」羅摩憂心忡忡地趕回家。

在草屋中的羅什曼那和悉多聽到羅摩的求救聲，心中充滿恐怖。

「怎麼會這樣？羅什曼那，快，羅摩出事了，你趕快去救他！」悉多極度恐慌，雙手捶胸，充滿悔意地說：「都是我的錯，都是我沒聽從你的忠告。你快去看看，羅摩需要你。」

「大嫂，妳別急！」羅什曼那扶著悉多，語氣頗鎮定，「大哥武功蓋世，就算是妖魔也不見得敵得過他。我們再等一下看看，免得又上當！」

「羅什曼那，我知道我錯了，不應該要那隻鹿。但是羅摩現在有危險，雖然不知道是眞是假，去看看總無妨。如果是眞的，而我們卻沒有趕過去，那不是糟了嗎？我求你，快快去救他！」

「可是，妳……」羅什曼那也很爲難。

「我自己會小心，不會有事的，你快點去。」悉多心焦如焚。

「那妳待在家裡吧！一步也不要離開。無論什麼狀況都不要踏出這個屋子。我去看看！」羅什曼那急急地吩咐，轉身奔向山谷沼池，進森林前還不放心地回頭看。

悉多站在門裡，極力向外望，看著羅什曼那的身影逐漸消失在樹林中。想到剛才羅摩的慘叫，她坐立不安，不斷在門口徘徊，不停地向外面張望。但是林子那邊，除了鳥兒跳躍，什麼動靜也沒有。

最後，她哭累了，坐在門邊發呆。

「夫人，」門口來了一位托缽僧。「夫人，請行行好。」

悉多這才抬頭，眼前站著一位出家人，雪白的鬍子，滿面風霜，看來年紀很大了。

「好心的夫人，請施捨出家人一點菜飯。」出家人深深一鞠躬。

「喔！請等一下。」悉多用衣角拭拭淚水，站起來，轉身進房裡，端出一些果菜。走到門邊，她想起羅什曼那的交待，遲疑地停住腳步。

老人正伸手要端，卻發現悉多在門邊停下。他爲難地說：「夫人，謝謝您的功德。很抱歉，因爲我曾立誓做一個流浪的苦僧，所以不能走進任何房子。是不是麻煩您端出來？」出家人又是深深一鞠躬，接著說：「我從東邊的林子過來，好幾天沒遇到民家，除了摘點漿果裹腹，好久沒好好吃一頓。眞是餓壞了。眞高興看到您。」

悉多這才仔細看清出家人的面貌。他的樣子忠厚慈祥，袈裟有些舊，沾滿塵土，顯然經過長途跋涉。再看看他臉龐清瘦，雙唇白乾，應該餓了好久了。

她看看門檻，看看老人，挺一下腰，就跨出門，把鮮果捧上。

就這一霎，老人卻突然一個箭步抓住她的手臂，身手矯健得完全不像老人家的動作。悉多冷不防地，手上的鮮果撒了一地。

「你……？」悉多驚愣地望著老人，才發現，眼前這個佝僂的老人雙眼炯炯有神。

「悉多，」老人的雙眼又轉爲柔情，「我美麗的王后，妳的雙眼像閃爍的鑽石，妳的雙唇紅似珊瑚，妳的秀髮柔細如絲，妳是污泥中的白蓮，是黑夜中的明月。我請求妳做我的妻子，做羅剎國的王后。妳將住在鑲滿珍寶的黃金宮殿，有上萬的僕役供妳差遣，有享用不盡的榮華富貴……」

「你！你是誰？」悉多對這突如其來的恭維，有些無所適從。

「我是羅刹國的國王羅婆那，就是至高無上的十頭羅刹王。我之所以化身爲苦行僧到這裡，全是爲了妳。我希望妳離開那愚昧的凡人羅摩，做我的妻子，我羅婆那天下無敵，而且長生不死。」羅婆那得意地說。

「原來你就是羅婆那，那個妖女蘇波娜的哥哥。是不是她想要獲取我丈夫的歡心不成，惱羞成怒，才指使你來挑撥離間？我是羅摩的妻子，一輩子都是羅摩的妻子，我不可能背叛我的丈夫，更不用說嫁給你這個十惡不赦的大魔頭。原來，」悉多憤憤地說：「原來，那隻金鹿是你搞的鬼，是你爲了抓我，用來引開羅摩和羅什曼那的。你到底把他們兄弟怎麼了？你要是爲了你那兩個妖魔弟弟報仇，你就把我殺了好了，要我嫁給你，休想！任你再大的本事，你終究是個羅刹，是萬人詛咒的魔頭，我希望你永不復生，毀滅不盡。」

悉多這番激動的羞辱激怒了羅婆那，他氣得咬牙切齒，握緊雙拳，狂暴地搖盪，整個大地宛如天崩地裂。悉多強忍著驚慌，卻只見眼前佝僂的老人開始變形，先是冒出十個凶惡的頭首，接著又伸出二十隻手臂——羅婆那現出原形，一個可怖的十頭妖怪。

「羅摩！救我！羅什曼那！你在哪裡？羅摩……」悉多再也無法鎮定。

發怒的羅婆那一把抓住悉多的頭髮，向空中馬車飛去。悉多痛得大叫，不斷掙扎：「羅摩！羅摩……」

羅婆那實在太勇猛，悉多用盡力氣，只好放棄掙扎，她開始脫下首飾一件件往下丟，希望留下蛛絲馬跡，讓羅摩能看到。

沿路羅婆那還不斷說好話哄她，爲抓她頭髮道歉，悉多只當他是耳邊風，雙眼急急地掃視山谷沼地，想看看有無羅摩兄弟的蹤影，但是，繁茂的樹葉像床綠被子，把大地密密實實地裹住，什麼也看不見。

飛離森林區，他們越過光禿禿的山石區，悉多漸漸鎮定下來，她從來沒到過這麼高的地方，從天上往下看，世界變得很不一樣。她不知道這妖魔要帶她去哪裡？她也不知道羅剎的王國會是什麼樣？她只知道沒有羅摩的日子一定不一樣，會是什麼樣呢？她心中一片空白。

突然，她瞥見光禿禿的山頭上，彷彿有幾個人影。是五個，好像是猴子。於是她解下頭上的圍巾，包上髮簪，用力往下丟。

「幫我交給拘薩羅國的羅摩，我是悉多——」

牠們聽得見嗎？我還有機會見到羅摩嗎？

他在哪裡呢？

（七）尋找悉多

羅摩往回狂奔，一路上不停地祈禱悉多他們不會被羅剎的叫喊聲所欺騙。「羅什曼那是個警覺性很高的人，應該不會上當才對！」他雖然這麼想著，卻一點把握也沒有，於是拼命加快腳步。

「大哥！」

他定眼一看，眼前喊他的，不正是羅什曼那！他怎麼一個人，悉多呢？頓時，羅摩臉色慘白。

「你怎麼一個人？悉多在哪？」他急急地問，一邊四下探索。

羅什曼那一看羅摩毫髮無傷，暗叫：「遭了！」忙把一切告訴羅摩。

「這根本是個圈套！悉多這會兒恐怕……」他根本說不下去，「快！」兩個人二話不說，快步奔回小屋。

「悉多！悉多！」

沒人回應，屋子裡靜悄悄地。

「怎麼辦？怎麼辦？」羅摩急得快哭出來，「她不會武功，這會兒會在哪裡呢？」

「我到河邊去看看！」羅什曼那懊悔沒有堅持，又不知如何安慰羅摩。

「對！也許她自個兒去採野漿果了！」羅摩勉強擠出一點希望。「快去！」

望著羅什曼那快速消逝在林間的身影，羅摩終於忍不住跌坐在門邊，整個臉埋在兩手中哭泣！他悔恨自己沒聽羅什曼那的勸阻，也喃喃地說：「悉多！妳到底去哪裡了？妳有沒有危險？」

「大哥，你看！」也不知過了多久，又聽到羅什曼那的叫聲。

「悉多！」羅摩滿懷希望地站起來，卻只見羅什曼那一人，茫然的心為之一沉，然後又慌亂起來。

「還是不見悉多？」他失望地問。羅什曼那搖搖頭。

「不過……」羅什曼那伸出手，羅摩眼睛爲之一亮。

「這不是悉多的戒指嗎？讓我看看。」羅摩仔細端詳。

「你在哪裡找到的？」他急急地問。

「南邊。我本來往東到溪邊看看悉多是不是去採果子，沒找著，回程就向南繞了一下，沒想到在南邊的草叢找到這枚發亮的戒子。撿起來才發現，這不正是嫂嫂的嗎？」羅什曼那喘著氣說。

「是悉多的！她一直戴在手上。她爲什麼把它拔下來呢？她爲什麼往南走呢？是不放心，去找我們？還是出事了呢？她……」羅摩不敢再想下去。

「走！我們往南試試看。」羅摩迫不及待。

稍作收拾，兄弟倆就向南走去。他們不敢走得太急，一面走，雙眼四處搜尋，希望能再找到一些蛛絲馬跡。

日落後，他們決定不再往下走，怕夜黑看不見，漏了悉多的痕跡。一整夜，他倆沒有闔眼，各種思慮紛擾上心頭；等待黎明，眞是一種煎熬。

第二天，天濛濛亮，兩個人就點燃火把出發。一直到太陽高照都無所獲。就這樣，兄弟倆在森林裡尋找了好幾天，沒有收穫。不過，他們已從陸續發現的線索認定了方向，往南走。越過千山萬水，終於走出森林，橫亙在眼前的是聳峙的石岩山區。羅摩兄弟這一生還沒到過這麼南邊，也沒爬過這麼光禿禿的山。但不知爲何，他們都覺得，這片奇怪的山後面，有一股希望。

於是，他們手腳並用，往禿滑的山頂爬去。

「你好！」兩人一抬頭，眼前竟然是個修行者。

「你好！」羅摩一邊回禮，一邊咕噥：「怎麼這種地方也碰得到修行人。」

「兩位看來是外地人。」修行人禮貌地說。

「嗯！我是羅什曼那，這是我哥哥羅摩，我們在找人。」羅什曼那只要遇到陌生人，總是一馬當先。

「羅摩？拘薩羅國的羅摩？悉多……」修行人問。

「悉多？你說悉多？你看見悉多？」羅摩急切地抓著修行人的臂膀，「我正是拘薩羅國的羅摩，因爲妻子悉多失蹤，正四處找尋她，心焦如焚，尊者如果有她的消息，請快快告訴我吧！」

「喔，太好了，請跟我來！」修行人示意地領著他倆。

不一會兒，三人來到山頂。頂上的大石頭上，正端坐四隻猴子。牠們穿著衣服，體型碩大威武，看起來像是猴國的貴族。

「我叫哈奴曼，」修行人一說完，就轉身變成一隻猴子，「是猴王蘇梨的臣子。這位就是我們的大王蘇梨。」

「大王，這位是拘薩羅國的羅摩，這位是拘薩羅國的另一位王子羅什曼那。」羅摩兄弟欠身致意，心想傳說中，猴國王將會法術，果然不假。

「久仰！久仰！你們兩位至仁至忠的事蹟，我早有所聞，眞是欽佩之至。」猴王起身歡迎。「請坐。」

「大王，羅摩王子他們是來找王妃悉多！」哈奴曼說。

「悉多？王妃？喔！對對對！」猴王連忙從口袋中掏出東西。

「是悉多的圍巾！還有髮簪！」羅摩興奮極了。

「前幾天，我和牠們幾個在石頭上閒聊。突然，空中一輛馬車呼嘯而過。車上傳來女子叫：『幫我交給拘薩羅國的羅摩，我是悉多——』我一抬頭，正好這包東西掉下來，原來是圍巾包裹著髮簪。等了好幾天，我們都在猜這是怎麼回事。羅摩被流放到森林的事，我們早就聽說了，也十多年了，而且聽說是在北方的森林裡。突然沒頭沒腦迸出這一幕，實在有些唐突，我們還以爲聽錯了。只是那位夫人叫得驚慌，好像受到很大的驚嚇，又很憤怒的樣子。還有，那輛馬車我記得，它是羅剎王羅婆那的馬車……」猴王說。

「羅剎王羅婆那！」羅摩痛苦的說。

「可惡！一定是羅剎女蘇波娜討救兵，找她哥哥來爲她報仇。我們倆不在家，就抓悉多抵罪！」羅什曼那憤憤地說。

「他敢！」羅摩咬牙說，但一想到悉多在他手中，口氣不覺又軟下來，「不知道悉多正受什麼苦？」

「至少不會殺她！」猴王安慰說，「要殺早殺了，也不必千里迢迢抓她。」羅摩兄弟點頭稱是，猴王又說，「我們應該快點想辦法救王妃悉多。」

「謝謝！」羅摩緊握猴王的手感謝他的安慰，「至少知道悉多的下落，有個目標。」

話雖是這麼說，猴王聽得出羅摩仍舊十分悲痛。「別悲傷了，我的朋友，悲傷只會教人更加痛苦，千萬不要被悲傷絆住了。我和你一樣，也失去了國家，失去了王位，失去了妻子，我倆應該相互扶持，攜手走出痛苦。我看不如這樣吧——」猴王說，「羅摩，我們結盟，你幫助我回國；我幫你救出悉多王妃。」

「一言爲定！」羅摩喜出望外，「但是我要如何幫助你呢？」

於是，猴王蘇梨娓娓說出自己的故事。

（八）金砣猴國

遠古時代，大梵天在創造天地三界時，總是把握不住天和地的重量，不是天太重要掉下來，就是地太輕要飄上去。爲了使天地間保持一定的距離，永遠不會塌下來、飄上去，大梵天就把秤桿撐在天地之間，後來這秤桿就變成了喜馬拉雅山。

然而，大梵天卻不知道這秤砣能派上什麼用場，於是隨意往口袋裡一塞，當大梵天在空中看著自己創造的天地三界時，他被那蔚藍的天空、碧綠的大海、鬱鬱蔥蔥的山林、原野沃土上盛開的鮮花，還有那飛翔的鳥兒、奔走的禽獸所感染，不由得高興萬分，在天地間跳起舞來，一不小心，這秤砣就從他的口袋裡跳了出來，掉進了茫茫的大海裡。頓時，大海翻騰起來，濃重的霧氣迅速籠罩海面，轟然一聲巨響，只見大海上矗立起一座大山，山連山，峰連峰，氣勢雄偉磅礴。由於整個山體狀似一只秤砣，故大梵天在大山的主峰寫下「金砣山」。

金砣山四季如春，水源豐沛，森林樹木枝葉茂盛，常年不敗。這樣的桃花源沒有動物實在可惜，於是大梵天又造了三公三母六隻猴子，經過幾千年，如今繁衍爲有億萬隻猴子的猴國。

猴國原來的國王叫婆梨，是蘇梨的哥哥。他英勇善戰，羅刹王婆羅那曾經是牠的手下敗將，以致到現在還對猴國忌憚三分。一次，兄弟倆一起追趕妖魔，婆梨追進了一個山洞，蘇梨在洞口足足守候了一年，仍無婆梨的消息。直到有一天，洞裡突然傳來驚天動地的叫聲，蘇梨以爲哥哥死了，就搬了大石堵住洞口，回到都城登基爲王。不料婆梨斬殺了妖魔後歸來，以爲蘇梨不但離棄他，還用巨石堵他，篡謀他的王位，就憤怒地驅逐了蘇梨，還奪走他的妻子。

「我眞的很想家，想念我的妻子。」蘇梨哀傷地嘆了口氣。

「那我去找婆梨談談，看看能不能化解你們兄弟的恩怨；另一方面，我也可以請教婆梨關於羅刹王的情形，也許打聽到一些制敵的方法，救出悉多。」羅摩說。

此時，天剛濛濛亮。蘇梨領著一行人往猴王城邁進。

猴王城雖然沒有金碧輝煌的宮宇，但看得出來國力雄厚。房舍整齊堅固，街道安靜清潔，亭角街邊戍衛的士兵個個抖擻有精神。

「很難想像一個猴子國家，能治理得這麼有條不紊。」羅摩暗自稱許。

「天堂有路你不去，地獄無門你偏來！納命來，你這無恥之徒！」前面赫然一陣咆哮，只見猴王婆梨怒目張瞋地衝了過來。

「大哥！請你聽我解釋……」蘇梨見勢雙腳一跪。

「別以爲裝成這個樣子，我就會心軟。不殺你這無情無義之徒，這公理何在？」婆梨一個巨拳打在蘇梨身上，蘇梨全身浸血；四個猴將見狀全撲了過來，但，狂暴的婆梨刀拳齊飛，還一邊用牠那巨大有力的尾巴，四處鞭掃，不准任何人接近。

「住手！住手！」羅摩高呼。

「哼！久聞拘薩羅國的羅摩王子正直勇敢，堅持眞理，怎麼會與這死有餘辜的敗類同流合污！讓開！」婆梨憤怒到極點，眼裡燃燒著復仇的火燄，狠狠地對著蘇梨的胸口給了一拳。

羅摩急得雙手護住蘇梨，一面後退一面說：「你誤會自己的親弟弟了。牠根本不知道你打敗妖魔，才會把山洞堵住，你爲什麼不聽牠解釋……」

話還沒說完，婆梨怒不可遏地凌空越過羅摩，直接對準蘇梨，又是一陣猛拳。孱弱的蘇梨完全沒有招架之力，一個踉蹌，後退幾步，口吐鮮血。

婆梨絲毫不放鬆，一把抓起蘇梨，用手狠狠地掐住牠的咽喉，眼看蘇梨命在旦夕。

「危險！」羅摩情急之下，趕忙躲藏在樹叢裡，讓婆梨看不見自己。他彎弓拉箭，瞄準婆梨，放出了他那百發百中的神箭。

一瞬間，婆梨心頭一驚，側過身子，只聽咻——的一聲，那無影無蹤的神箭不偏不倚，刺穿了婆梨的心窩。婆梨痛得鬆開雙手，只見兄弟倆同時應聲而倒。

羅摩現出了身影，來到垂死的婆梨跟前。「羅摩，」婆梨睜開眼，勉強擠出一點聲息，「我原以爲十車王之子光明磊落，誰知也會暗箭傷人！」說完就氣絕身亡。

羅摩淚流滿面。他不知道該說什麼，他做了當時該做的事，但是望著眼前哀慟欲絕的猴子、猴孫，他眞的做對了嗎？

蘇梨爲婆梨舉行了隆重的葬禮，又妥善安置了婆梨的妻兒。在羅摩的主持下，他登上了王位，開始掌管這龐大的猴國。

爲了慶祝蘇梨王的復位，家家戶戶張燈結綵。老老少少淨浴、塗香膏、穿上漂亮衣服，向新王獻花獻珍寶。

聖油、聖膏、乳酪、蜂蜜、花環、香料，各地的獻禮堆滿了庫房。歡樂淹沒了憂愁，也淹沒了眞誠的誓約。

蘇梨當上猴王後，縱情於聲色之間，早已忘記了答應幫助羅摩尋找悉多的諾言。漫長的等待讓羅摩心焦如焚。

（九）猴國總動員

這一天，睡夢中，羅摩被轟隆的地震聲震醒。他慌忙奔到外面看個究竟。一踏出大門，他簡直不敢相信自己的眼睛——眼前整片山石上，滿坑滿谷都是猴子，吱吱喳喳的聲音響徹在山谷。

「哈哈哈！你們來了！」他興奮地喜極而泣，三步併兩步地向前奔，「謝謝你，謝謝！蘇梨謝謝你來，謝謝你帶來這麼多幫手。」

「羅摩，」蘇梨王走向前，一個欠身，「請原諒我，歡樂的日子侵蝕我，差一點讓我變成背信忘義的人。還好哈奴曼及時提醒我，你看，」他指著大軍，「這些都是猴國子民，牠們都願意為你效命。聽你差遣，天涯海角，尋找悉多，讓你們早日團圓。」

依著蘇梨的手勢，所有猴子全安靜下來，欠身向羅摩和牠們的大王行禮。剎那間，羅摩覺得自己宛如閱兵台上的指揮官，正在巡閱壯大的軍容。

「現在，」蘇梨向羅摩點頭致意後，對著猴群高聲說，「我們兵分四路，全力搜尋羅摩王妃悉多的蹤跡，不論白山惡水，蛛絲馬跡都不要放過。能夠救出王妃就立刻動手，不能的話，就立刻回覆。我要大家謹慎小心，不要輕舉妄動，知道嗎？」

「是！」回答的聲音，響徹雲霄，氣壯山河。羅摩精神為之一振，充滿希望。

「現在，毗奴將軍聽令。你帶領一億猴軍，向東搜尋。蘇西那！」

「是，大王。」

「你領一億猴軍，搜尋西路。沙多婆利，你帶領你所有的部將往北搜尋。蘭婆，你領兵向南。因為羅刹國在南方，悉多最可能被帶到那裡，所以，哈奴曼你輔佐蘭婆，務必完成任務。」

「是，大王。」

「所有猴軍聽著，」蘇梨又提高聲音，對廣大猴眾說：「事情急迫，我要你們一個月內完成任務，回王城稟報，不得有誤。羅摩，你有沒有什麼要吩咐？」他轉身對羅摩說。

羅摩向蘇梨欠身行禮，然而，面對猴眾做了一個祈福的手勢，說：「我感激所有朋友對羅摩和悉多的恩德，從現在起，我將時時為你們祈福。羅刹狡惡，請務必小心，注意安危。」然後深深行了最高敬禮。

「好！現在所有猴眾聽令，除南路外，東西北三路立刻出發。」

千萬的猴眾就在一聲令下，有條不紊地朝各自的目標前進。沒多久的功夫，山谷間只剩南路軍等著聽命。

「你們知道，羅刹王國就在楞伽島上。楞伽島位在大海中央。哈奴曼，你是所有猴軍中跳得最遠的。如果悉多被藏在楞伽島，恐怕就要靠你先潛入楞伽島了，羅摩，」蘇梨問，「你能不能給哈奴曼一點信物，好讓他能取信於悉多？」

羅摩從手上取下一枚戒指交給哈奴曼。「哈奴曼，我的好兄弟，」他緊緊握住哈奴曼的手，「是你帶我們認識蘇梨，才有這麼多援助；現在，尋找悉多的事又要託付你，請務必保重，無論如何，你的恩情我永遠感念在心。」

「你放心。我一定帶回悉多！」哈奴曼信心十足。

「所有南路軍聽令。我希望這次南去，你們能精誠團結，發揮智慧，救出悉多王妃，展現我們猴國的情義與榮譽。記著，你們務必在一個月內完成任務，不得有誤，違者論斬。好，出發！」猴王慷慨激昂地誓師。

往後一個月，羅摩的心情極其複雜、矛盾。一個月的日期將屆，他的心緒紊亂，時而充滿希望，時而跌入深谷。除了早晚祈禱，在經文中尋找寄託，他幾乎寢食難安，有幾次，甚至連禱告都無法靜心。羅什曼那看在眼裡，卻也無法幫忙，他能做的，就是三天兩天往猴王城打探各路消息。但，消息是零。

終於，一個月到了，東西北三軍拖著疲憊的步伐回到王城，如預料的，牠們都無所獲，有的只是沿路探險奇遇的故事。南路軍呢？

一個月過去了，仍然沒有南路軍的消息。牠們迷路了嗎？還是受困？是正順遂的進行救援呢？還是被殲滅了？牠們見到悉多了嗎？還是悉多已經……羅摩不敢再往下想。

不只羅摩不安，猴王城也充滿不安。王命說得清清楚楚，一個月沒回來是要受罰的。這整隊人馬為何敢抗命呢？

空氣彷彿凝結住了，凝結在南方，那個遙遠的，充滿希望，又充滿危險的南方。

（十）火燒楞伽島

正當羅摩和蘇梨在猴王城忐忑不安時，猴軍終於來到大陸的盡頭。牠們一方面歡呼來到南界，一方面也為橫在眼前的惡水發愁。

顯然，惡水中的楞伽島是牠們最後的希望。因為，一個多月來，牠們戒慎恐懼地用地毯式搜索，還是找尋不到悉多的行蹤。但是，眼前除了黑漆漆的海水，什麼也看不見。楞伽島有多遠？這大隊人馬怎麼渡海呢？

茫茫大海滾滾滔天，海面上竟然沒有飛鳥覓食。有的只是排浪奔騰咆哮，一股肅殺之氣，令人不寒而慄。

蘭婆連續派了幾次探子越海打聽羅刹國的位置，結果不是犧牲，就是無功而返。海實在太遼闊了！

「我去！」哈奴曼眼看事態膠著，遂自告奮勇。

「只好如此了！」蘭婆說，「本不該讓你隻身冒險，但是，哈奴曼，在所有人中，恐怕也只有你有這種神力可以一躍千里。現在唯一的希望就看你了。」

哈奴曼確實不凡，牠是風神伐由之子，小時候就能從地上一躍跳起，飛上三千由旬到達天庭。由於牠的頑皮，曾惹怒天帝因陀羅，被因陀羅的閃電擊落，摔壞了下巴，所以牠「哈奴曼」的名字，意思是摔壞下巴。

現在，哈奴曼拜別了猴群，準備獨闖惡魔島。只聽見牠大喊一聲「長」，哈奴曼馬上變成一隻頂天立地的巨猴。牠縱身一躍來到空中，一步便跨過了大海。這時，前方突然出現了一個大肚女羅剎，這女羅剎挺著奇大無比的肚子，咧著血盆大口，神祇曾賜給她吞吃一切東西的權利。她看見哈奴曼，便張開了巨口，哈奴曼的身體變大，她的口也變大；哈奴曼靈機一動，又突然把身體縮小，鑽進她的嘴裡，沒等她閉上口，哈奴曼又飛了出來。

「妖女，我可沒有違背天神的旨意，只是從妳的口中繞了出來，現在我要繼續前進了！」哈奴曼說完揚長而去。

猴神哈奴曼

哈奴曼飛著飛著，前方海浪中又出現一個女海妖，她曾得到過大梵天的恩典，能夠捕捉人的身影吞食。她撲向哈奴曼映在海水中的身影，哈奴曼立即將身體變得如飛螢似的小，一下子鑽進了女妖的嘴裡，又從嘴裡進入到肚裡，再用利刃在這女妖的肚上開了一個洞，從洞中跳出，然後把她的心撕得粉碎，讓她永世不得轉世現身。

乘著風，哈奴曼向南呼嘯而去。不久，大海中就出現一個黃澄澄的島嶼，遠遠望去好像一顆躺在黑絲絨上的珍珠。

楞伽島在十頭魔王羅婆那未建國之前，到處是一派和平繁榮和生機勃勃的景象，它是島上動物的王國和樂園。但自從羅剎王來到此地後，島上優美、寧靜、和平的氣氛已被破壞殆盡，一切生靈也被這些羅剎惡魔殺盡吃絕。整個島上死氣沉沉，到處瀰漫著陰森森的邪惡之氣，還有無孔不入、冷冰冰的陰氣。最爲可憎的是，楞伽島上籠罩著數百丈高的青、黃、紫三色毒霧，南來北往的飛鳥只要誤闖楞伽島，就會立即墜地身亡，連天神也不例外。爲此天神們對楞伽島上的三色毒霧聞之色變，早早繞道走開了。

現在哈奴曼舉起牠的虎頭金棍，對準三色毒霧噴出一道神火，這神火馬上就變成了沖天大火，把三色毒霧團團圍在中間。不一會兒，從血紅的火球裡傳出一陣陣鬼哭狼嚎聲，這聲音漸漸變弱，最後銷聲匿跡。最後毒霧盡散，三條青、黃、紫的九頭蛇的屍體墜入深海。楞伽島的天空仍然碧空萬里、清澈如洗。

「下！」哈奴曼落在一座高山上。牠從山頂向下俯視楞伽城，這城果然雄偉，高大的城牆是用黃金堆砌而成的，上面矗立著的一個個箭樓，是用白銀建造，黃金白銀組成了楞伽城攻不破、摧不垮的金銀防線。

爲了避人耳目，哈奴曼化身爲一隻貓，一溜煙地竄進王城。

王城外面是銅牆鐵壁，裡面用黃金鑄築，金碧輝煌，巍峨參天。「連天神要攻進來，恐怕都難！」哈奴曼暗暗折服。

他悄悄地摸進王宮，宮裡戒備森嚴，全是些凶惡的羅剎。

「悉多應該在羅婆那的內院才是。」

牠找到了魔王的寢宮，只見十頭大羅剎睡在床上，一旁躺著一位絕色美女，身軀玲瓏有致，身穿絲綢，披戴珍寶。「應該不是！依羅摩所說，悉多的身材纖細。而且，他們倆感情那麼好，悉多是不可能順從魔王才是。」

牠於是悄悄地退出寢宮，又一間一間探查。但是，毫無所獲。牠失望地爬上楞伽的城牆。

「唉！」牠長歎一聲，失望加重牠的疲累。

「在哪裡呢？」牠明明已經找遍了所有的亭臺樓閣，還是不見悉多的身影，「會不會是悉多已經不在人世了？」牠喃喃自語，幾乎快要絕望。

「咦？」前面不遠處有座林子，林間有房舍交錯，隱約可以看到屋宇聳立，「會是別宮？」一個念頭閃過，哈奴曼急忙跳下城牆，朝林子飛奔過去。

林子裡傳來叫罵聲：「妳簡直不知好歹。天底下妳能找到比我們羅剎王更好的丈夫嗎？他有全天下最多的財富，擁有最強盛的武力，武功蓋世，天下無敵。」

「是呀！」原來是一群青面獠牙的女羅剎，正圍著一個少婦：「妳呀，眞是敬酒不吃吃罰酒。我們陛下不僅對妳百依百順，還一再忍耐，低聲下氣。妳最好識相點，惹毛了他，有妳好受的！」

「別跟他囉唆，讓我好好教訓她。」其中一個女羅剎，滿臉凶殘惡毒。「也不知道我哥哥吃什麼迷藥，竟然對妳百般忍讓？我原來只是引誘他，要他把妳搶來殺了，好叫羅摩就範。誰知道，他竟被妳迷惑，整天對妳百般委屈諂媚。都是妳這賤女人害的，看我怎麼修理妳，看妳還堅持到什麼時候？」

「我是羅摩的妻子，我出身高貴，什麼財富也引誘不了我，什麼時候也不會失掉尊嚴。要我就範，別癡心妄想！」說完閉起眼睛，不理不睬。

「原來是悉多！嗯，威武不能屈，果眞是王妃典範。」化身爲貓的哈奴曼躲在林葉間，暗暗稱讚。

「妳這賤人！」蘇波娜暴跳如雷，揮舞著手中的彎刀，「妳以爲我皇兄下令不可以傷妳，我就不敢嗎？妳！」她果眞不敢，最後憤憤地摔下武器，轉身走了。

其他女羅剎見她們的魔頭公主走了，覺得再鬧也無趣，陸續離開。

哈奴曼這才躍下，變回猴子原形，對悉多行禮。「哈奴曼見過悉多王妃！」

悉多睜開眼：「你……你……」她不知道猴子還會講話，轉念一想，這一定是魔王的詭計，不覺怒從中來：「你走開！這種卑劣的伎倆騙不了我！」

「妳誤會了！我是猴王國的武將。半年多前和蘇梨王在岩石山，撿到妳的圍巾……」哈奴曼一五一十地把這幾個月的事情告訴悉多。悉多起初還半信半疑，後來終於相信，眼前這隻會說話的猴子是羅摩派來的。

「這個戒指，是羅摩王子要我帶在身上的信物。」哈奴曼拿出戒指。悉多連忙接過戒指，緊緊握在手心，熱淚盈眶，半晌說不話來。

「快！快帶我去見他！」她雙手抓住哈奴曼，緊盯著牠看，隨即又改口：「不！你還是快走。這，」她從髮髻上取下一塊寶石，「請你把這塊寶石交給羅摩王子。告訴他，我很想念他，請他快來救我。」

「我背妳回去！」哈奴曼信心十足地說：「我們一起走。」

「不！你還是快走！把我的情形告訴羅摩王子，請他帶人來救我。這裡是魔賊窟，帶著我，目標太明顯；而我又不會武功，萬一拖累你，豈不是前功盡棄。就算我們順利離開這裡，你帶著我也跨跳不過大海，你還是快走罷。」

「萬一他們為難妳……」哈奴曼面有難色。

「他們不敢怎麼樣！」悉多急急地說：「你放心，魔王說好一年時間給我考慮，現在才過了十個月，還有兩個月的時間，這段時間內，他不會動我的。你快走！」

「走？」就在這時，蘇波娜不知何時出現，冷冷地叫：「看你來得了，走不了！」她大刀一揮，朝哈奴曼砍過來，一邊還吶喊群魔過來助陣。

悉多嚇得縮在一旁，只見哈奴曼立起身，說：「抓我，憑妳們幾個小妖女！今天不給妳們一點教訓，不知道本將軍的厲害。」

蘇波娜凶暴無比，下手毫不留情，彷彿對悉多的恨一古腦地發洩在哈奴曼身上。哈奴曼左躲右閃，忽前忽後，變大變小，還沒有用到手中的兵器已把幾個魔女耍得團團轉。

「哈哈哈！就憑妳們的三腳貓功夫！」哈奴曼得意地說。

「大膽狂猴，看我的神索！」突然，空中飛來一個索套，哈奴曼不防有這圈套，來不及閃躲，就被綁住了。

「姑姑，我這招不錯吧！」

哈奴曼定神一看，面前是個年輕羅剎，兩眼突圓，滿臉凶惡，原來是羅婆那的兒子吉特。吉特又名「因陀羅吉特」，意思是戰勝因陀羅的，因爲他確曾戰敗過天帝因陀羅，所以得到了這個稱號。他有一件法寶，即能套住人何敵人的繩索，現在他用這神索套住哈奴曼。

「這種潑猴，不用白費力氣和他玩，把牠抓回去，讓父王處置就行了。」吉特命令羅剎們拖著哈奴曼去見羅婆那。

哈奴曼故意把身體變得十分沉重，數百個羅剎竟不能挪動牠半步。牠又把身體變得十分高大，迫使羅婆那不得不下令把宮門拆除。哈奴曼戲弄夠了羅剎們，終於進入宮殿。

「快說，是誰派你來的！」羅婆那大聲斥問，十個頭各有凶相，還不住地搖晃，實在駭人。

「說出來，只怕嚇破你的膽，是我們英勇的猴王！」哈奴曼不慌不忙地直視寶座上的魔王說。

「猴王？」羅婆那有些尷尬，有些坐立不安。他不自覺地摸摸腿上的鞭痕，想起當年被猴王婆梨打敗，吃虧的往事。這是他一生中的奇恥大辱，以致這些年他可以躲著猴群的話，就絕對不招惹牠們。

「對！」哈奴曼挑釁地把尾巴高高舉起，恨得羅婆那咬牙切齒，當年就是婆梨的尾巴，打得他無法招架。

「就是猴王。牠和羅摩是至交好友，羅摩王子對牠有救命之恩。牠爲了感恩圖報，也爲了主持正義，決定全力支持羅摩王子救出悉多王妃。幾個月前，你抓走悉多王妃的惡行，猴王都一清二楚，悉多王妃的行蹤就是牠告訴羅摩王子的。」哈奴曼抓住羅婆那心裡的弱點，把猴王說得跟神一般，只是牠一直沒點破，此猴王非彼猴王。

「我們猴王要我先來探路，牠隨後大軍就到。你還是快快把悉多王妃送回，向羅摩謝罪，免得大軍一到，你又吃不完兜著走。猴王武功蓋世，你很清楚的，不是嗎？」哈奴曼說著，又不懷好意地舉起猴尾巴，激得羅婆那的臉一陣青一陣紅，十個大頭忽前忽後，狂暴咆哮。

「抓下去，抓下去剁成肉醬！可惡！」

皇宮裡的妖魔早已嚇得噤若寒蟬，許久沒有人應聲。「抓下去！」羅婆那狂怒，吼聲震得宮中的樑柱都不住地震動。

「兩國交戰，不殺來使！」終於有人站出來開口。是羅婆那的弟弟，那個老愛和他唱反調的畢沙那。「何況，對方還是猴王國的使臣。羅摩是個凡人，不必在意，但這件事有猴王干預，輕忽不得。」

羅婆那知道畢沙那說的是實話，但是，他實在嚥不下這口氣，所以沒有答腔。

「按習慣，」畢沙那接著說，「來的使臣有罪，可以剃牠的頭，以示懲治。這隻猴子侵犯王宮，大鬧王城，當然可以處罰，是不是？……」

「用火燒牠的尾巴！燒它個焦爛！」羅婆那大聲下令。

只見一群羅刹衝向前，拿起沾滿油脂的布條，壓住哈奴曼，費力把牠的尾巴纏上布，然後點火。

「哈哈哈！這種把戲就想嚇唬猴王國的將軍！」哈奴曼看看著了火的尾巴大笑，然後，突然一變，先縮成小貓一樣，從索套裡跳出來；接著又一變，變回原形。

牠用手高高舉起大尾巴，「我就讓你們嚐嚐火鞭的滋味！」

話才說完，只見牠的尾巴突然變長。牠隨勢一掃，宮裡的幃帳全著了火，四邊的侍臣、羅刹來不及躲，衣服也都著火。

「抓住牠！抓住那隻潑猴！給我殺！殺！」混亂中，只聽得羅刹王狂怒的叫聲。

「哈哈哈！這叫咎由自取，你送我一根火鞭，我就用它造一場火景！怎麼樣？想抓我？」牠對著蜂擁而上而來的羅刹說，「這裡太熱了，我們到外面去玩吧！」

一轉身，牠跳到宮外，一棟房子跳到另一棟房子，舉著牠的火鞭四處掃打，楞伽城的大火由此蔓延開來。

王城裡一片混亂，雞飛狗跳，神哭鬼嚎，許多羅刹被大火燒死，許多房屋和宮殿變成廢墟。

「夠了，不能久留！」百戰沙場的哈奴曼知道，牠人在敵境，要是把對方逼急了，全體總動員，牠必死無疑：到時候，恐怕還會連累悉多王妃。

「王妃不知怎麼樣了?該去看看她，順便向她辭行!」

林子裡，哈奴曼見悉多平安無事，火勢也沒有向這裡蔓延。牠熄去尾巴的火，與悉多告別。

哈奴曼來到一座高山上，向著北方又是一躍，便順利回到南路軍紮營的海邊。

坐困愁城的猴軍，一見到牠，歡聲雷動，再聽牠說完事情始末，立刻開拔回王宮。憂愁一掃而空。有著悉多安全的消息，有著悉多的信物，原來的擔心全都不必在意了。

（十一）遠征羅剎國

「回來啦!回來啦!南路軍回來啦!」軍隊才走到猴王城外的密林，就有人回報。

「回來啦?」整天焦慮，幾乎絕望的羅摩聽了，有些不知所措地站起來。

「羅摩王子。」哈奴曼來到殿上，恭敬地呈上悉多交付的寶石。

「悉多髮髻上的寶石!」他急切地走下皇座，扶起哈奴曼，熱切地看著他，眼神裡充滿疑問。哈奴曼於是將自己在楞伽島的歷險和悉多的情形詳細做了說明。

「羅摩陛下，」蘇梨聽完，也走下皇座，拍拍兩人的肩頭，一方面稱許哈奴曼的英勇，一方面對羅摩說：「羅剎王生性殘暴，他雖然一再對王妃容忍，但經過哈奴曼的闖入，我怕他會惱羞成怒，反過來對王妃不利。我看耽誤不得，應該立即出發，救出王妃。」

羅摩感激不盡。他比誰都急。

蘇梨把全部大軍都交由羅摩指揮。羅摩立刻動員大軍，向南出發。大軍日夜趕路，很快就抵達了南海之濱。但是，如何渡大軍過海進攻羅剎國？

「楞伽島四周的海深不見底，即使在風平浪靜的日子，還是會有急流向上翻起，能夠把海面上的東西捲入海溝裡埋葬起來，所以，大軍以船隻運送絕對不可行！」蘭婆說道。

「那麼建造跨海大橋吧！只有架橋才能渡海。」羅什曼那建議。

「可是，如何對付這海洋裡的急流巨浪、駕起一座通往海中央的大橋？」羅摩憂心地說。

「殿下，在這海洋上架橋雖是困難重重，但是難不倒我們猴子軍團。你放心！」哈奴曼沉思了一會兒，繼續說道：「羅什曼那，請你快去準備巨木藤條，我這就去喜馬拉雅山借幾座山峰做橋墩。」

哈奴曼說完就躍到空中，化作一道金光，向喜馬拉雅山飛去。然而，當哈奴曼把扛在肩上的兩坐山峰往海裡一扔，卻只見海面上轟然冒出水花，絲毫不見山峰露出海面，兩座山峰就這樣被大海吞沒了。

哈奴曼和羅摩坐困海邊，海洋之王沙伽羅聽到了他們的歎息，從浪花中出現：「尊敬的羅摩王子、哈奴曼將軍，十頭魔王羅婆那作惡多端，猴軍進軍楞伽島，消滅羅剎鬼，殺死魔王，那是天意，我沙伽羅願鼎力相助。」海洋之王向羅摩、哈奴曼拱了拱手說，「我現在去和海龜王商議，請牠的龜子龜孫充當海上的橋墩，也許浮橋能架成。」

「用海龜作橋墩建浮橋，好主意！我得好好謝謝你，沙伽羅，望你速去請海龜王相助，請牠助我們一臂之力！」哈奴曼向海洋之王連聲道謝，「謝謝，謝謝了，海洋之王沙伽羅，也代我先謝謝海龜王，辛苦牠了。」

用海龜作橋墩，在楞伽海面上架一座浮橋，讓猴子大軍攻進羅刹國的消息，早已有探子報告給羅刹王。

羅刹王宮裡議論紛紛，這可是從來沒有的事，從來沒有人膽敢侵襲楞伽島，以往都是羅刹王帶兵東征西討，有人入侵，這還是頭一遭。

「安靜！這沒什麼好擔心的。這群猴子軍長途跋涉，還要架設跨海大橋，等到上岸，早就筋疲力盡，我們只要養精蓄銳，以逸待勞，牠們來一個殺一個，來兩個殺一雙，定教牠們後悔出兵，跪地求饒。」說完後，羅刹王哈哈大笑。

「可是，戰爭總有傷亡。我們羅刹國一向安和樂利，國富民安，何必為了一個凡人女子起戰端，破壞太平生活？」羅婆那一看，又是畢沙那在唱反調。

「憑羅刹國的國力對付那些跳樑小丑，哪須啓戰端？你也太小看自己了吧！畢沙那！」羅刹王憤憤地瞪著畢沙那，要不是他母親也在殿上，他一定叫人鞭打他，「就算死幾個人，又怎麼樣？身為羅刹國子民，能為國犧牲，光榮都還來不及，有什麼好遺憾的呢？」

「可是……」畢沙那還不放棄。

「可是什麼！你說有戰爭，就算有戰爭，有大敵當前，你不想想如何同仇敵愾，共商退敵之策，只知道在那裡長敵人志氣，滅自己的威風。你這算忠貞愛國嗎？還是你想把羅剎國拱手讓人，好在敵人面前立功呢？」羅剎王憤怒地拍著寶座。

「你眞是讓私慾和傲慢沖昏頭了。你把悉多帶進宮，等於是把毒蛇引進家裡。總有一天，你一定會爲她付出慘痛的代價的。要不了多久，羅剎國這些富貴繁榮都會付之一炬，甚至整個國家……」畢沙那話沒說完，只見十頭羅剎狂怒地跳下寶座，狠狠地朝畢沙那胸口踹去。畢沙那冷不防地跌坐在地。

他撫著胸，痛苦地昂著頭對婆羅那說：「我只能勸到這裡，忠言逆耳，聽不聽隨你了！顯然，我並不適合做羅剎國王的臣子。也許我該投奔羅摩，在那裡爲羅剎子民盡心力，維護他們的安危。」

「哼！狐狸尾巴露出來了吧！看我殺你這個叛徒！」羅剎王舉劍咆哮！

「不可以！他是你弟弟哪！」要不是母親即時阻止，畢沙那定成了刀下鬼。他母親又轉頭對畢沙那說：「你還不快走！」

「大哥，母親就託你照顧，保重！」畢沙那望著母親，倉皇逃走，留下怒極了的羅剎王。

當畢沙那出現在大海上空時，引起一陣騷動。正努力建橋的猴軍，全停下來，拿起石頭、枝幹，就地應戰。

「住手！哈奴曼，是我畢沙那，我是羅剎王的弟弟，是來投誠的。」畢沙那吼著。

「羅剎王！又一個羅剎！殺死他！」猴軍一聽是敵軍陣營來的人，哪饒得了他。

「畢沙那？好熟的名字！」哈奴曼若有所思。突然，牠恍然大悟。「停！停！住手！別傷了無辜！」

「羅摩王子！」牠忙向羅摩行禮，這時，猴軍已架著畢沙那到營帳前。「這畢沙那是羅刹王的弟弟，對我曾有救命之恩，上次在羅刹國，要不是他力主不可殺使臣，臣恐怕也是凶多吉少。是不是先看看他的來意，免得傷害無辜。」

「嗯！放開他！」羅摩向猴軍示意。「你請說！」

畢沙那於是一五一十地說明來意，看到四周猴軍不信任的眼神，他一再發誓，絕無禍心。最後，在羅摩和羅什曼那的評估，和哈奴曼的力保下，畢沙那終於獲得信任，成爲義軍的一份子。而他的加入，的確成爲羅摩大軍的大助力。

一個月的時間很快就過去，大橋在所有猴軍的全心投入，和海洋之王以及海龜王的協助下，終於完成。猴軍於是浩浩蕩蕩跨橋而上，朝楞伽島進攻。

「來了嗎？來得好！正好送死！」羅刹王聽探子來報，帶了要臣，登上城牆觀視。

「火眼！」

「是，陛下！」一個兩眼用布遮住的羅刹被帶到跟前。

「我看，這些小毛猴讓你解決就夠了！發揮你的火眼，把這些猴崽子烤焦。你們幾個留在這裡，等火眼辦好事，帶幾隻烤猴回來當晚餐。還有千萬別忘了羅摩和他弟弟，我從來沒吃過烤人，晚上正好可以嚐嚐。再找蘇波娜和悉多美人一道，一定很有趣！哈哈哈！」幾個羅刹哈腰應諾，滿臉陪笑地送羅刹王回宮。

火眼得意忘形地往橋上奔馳，打算大顯身手。

在羅摩的陣營裡，有人倉皇來報：「前方來了一個妖怪，他的兩眼有魔力，能將自己面前看到的一切燒得精光，我們的前鋒部隊已經被他摧毀了！」

「是火眼魔將！」畢沙那挺身說，「不必急，快拿出鏡子，或者任何可以反光的東西，對著他照。他的雙眼會放奇光，把人燒焦。只要我們躲在鏡子後面，把光反射回去，就能叫他自食惡果，嘗嘗引火焚身的滋味！」

很快地，猴軍拿出各種可以反光的東西，擺在前面。

正嘗到甜頭的火眼，不防有這一招，來不及閉上眼睛保護自己。眼中射出的光，已被上千上萬的鏡子反射回來，頃刻間，火眼已爲火光吞噬，燒成灰燼。

猴軍歡呼著，跳躍著，慶祝他們勝利地渡過大海，登上楞伽島。他們在楞伽城四周搭建了無數的營帳，燃起了難以計數的沖天大火。這火乘著風勢，在楞伽島上空飛舞，發出震天動地的聲響。

同一時間，在羅刹王宮僕役們正忙著準備晚上的慶功宴，羅婆那愉快地半躺在寶座上，想像著悉多因羅摩已死，不得不對他投懷送抱的逍遙景況，他樂不可支。

「大王！大王！不好了！」突然殿裡鴉雀無聲，只見幾個羅刹跌跌撞撞、驚魂未定地跑進來。

「什麼事？」羅刹王不耐煩，不悅地問。

「火眼將軍……被鏡子燒死了！」來報的人語無倫次。

「什麼？鏡子怎麼會燒人！你胡說什麼？」興頭被打斷，惹怒了羅刹王。

「是……是猴軍用鏡子反射，把火眼將軍的強光擋回來，火眼將軍因此被回射的光燒死，我們還好躲得快，才有命回來通報。」羅刹囁嚅地說。

「什麼！」羅刹王跳起來。「可惡！一定是畢沙那那個叛徒從中作梗！」

「來人！」羅刹王叫道，「就是你，虎臉將軍，你派兩個探子混入猴軍，打探軍情。要是看到畢沙那那個混球，給我殺，提他的人頭來領賞。」

「是！」虎臉將軍忙去安排。但還不到三個時辰，只見那兩個探子灰頭土臉地回來。

「這……」羅刹王心頭一驚。

「報告陛下，臣領軍不力，派去的兩個探子，變成猴子混入敵軍，卻被畢沙那王爺識破……」

「什麼王爺！他不是王爺，他是叛徒！」羅刹王頓時怒火攻心！

「是！是！」兩個探子驚慌不已：「我們被抓到羅摩王子面前，他不但沒處罰我，還送我許多禮物。說是兩國交戰不殺來使。他們已經跨過海，上了島，而且在東西南北四個城門，都派了猴軍駐防，準備隨時攻城……」

「可惡！」羅刹王那十個山洞似的大嘴突然一起吼叫，巨大的聲音震得宮殿的房頂吱吱作響，兩個士兵怕得直發抖。

「繼續說！」羅刹王瞪大眼睛。

「羅摩王子說，戰爭是不得已的。他只希望陛下能把悉多王妃送回去，他們立刻撤軍。」

「他是癡人說夢！打不過我，還逞英雄，說什麼戰爭不得已！要我送回悉多，休想！」他冷冷地說。

沉吟了一會兒，「虎臉！」羅刹王心裡盤算著。「你去找電舌來。」他狡猾地笑，喃喃說：「哼！你不想出兵，我也不想；你想要悉多，只要悉多不要你，看你還有什麼名目出兵。」

「電舌，」他一看電舌來到，「你精通魔法。我要你用魔法造一個羅摩的頭和他的弓。」

不一會兒功夫，電舌果然捧著一顆人頭，和一把弓呈上來。羅刹王看了很高興，便帶著這些東西往悉多住的林子走去。

坐在窗邊，身影消瘦的悉多正在發呆，這一天，她覺得氣氛不太對。軟禁她的女羅刹，彷彿有什麼事情瞞著她。總是竊竊私語，盯著她看。

哈奴曼已經回去一個多月了，她的心情愈來愈沉重，會不會哈奴曼半途出事呢？悉多越想越擔心。

突然，遠處傳來羅刹王張狂的笑聲，悉多沉下臉，一語不發。

「這下子，妳可以死心了吧！我的美人兒！」羅刹王左手捧著一個木箱，箱上蓋著一塊白布，右手拿著一張大弓。

「好眼熟的弓！」悉多心頭一驚。

「這把弓妳認得吧?」羅剎王奸詐地笑。

「不用懷疑!對,就是羅摩的弓。」他繼續說道,「有人哪,就是不自量力,哈奴曼那隻潑猴嘗了點甜頭,回去後,竟然慫恿羅摩來攻楞伽島。那個不要命的猴王還發動部隊跨海來助陣。這些自不量力的笨蛋,」羅剎王得意的看悉多的臉變白,「想攻我楞伽島?無疑是以卵擊石。哈哈哈!沒兩下,羅什曼那就成了我的刀下鬼,哈奴曼也被我剁了手腳,至於妳的羅摩……」

「妳的羅摩,喏,在這裡。」他得意地掀開白布,悉多一看,昏厥過去。

待她醒來,她正躺在羅剎王的臂彎中,羅剎王正和他的侍臣談天說笑。悉多掙開羅剎王,悲痛地哭泣。

「王妃醒了!」電舌說。

「羅摩王子既然死了,」虎臉假意地勸悉多,「妳應該再找一個終生伴侶,好有個照顧。我想羅摩王子一定也不忍心看到妳孤苦爲他守寡。我們羅剎王陛下英明武勇,羅剎國康富太平,有目共睹。妳若能嫁給陛下,夫妻一定恩愛一生;我們羅剎國若能有妳爲王后,也是我們所有子民的福氣。」

羅剎王滿意地點點頭,虎臉這一番話,應可感動悉多。但是,就在這時,遠處有群眾鼓譟:「殺死十頭妖魔!」「還我王妃!」「羅摩萬歲!」

「搞什麼?」羅剎王臉一沉,十頭狂怒,詭計終究還是無法得逞。「走!去看看是哪些該死的。」

「羅摩萬歲?還我王妃?……」悉多停止哭泣,她拿起羅剎王遺落的假弓,嘴角露出微笑。

（十二）大戰

羅婆那沉著臉，坐在羅刹宮殿中。他越想越氣，越想越惱，突然，他猛地抬起十個腦袋，飛快地轉動著二十隻眼睛，射出二十道紅中帶黑的火光，十張大嘴同時也發出震天動地的怒吼。

站在大殿上的羅刹將領們個個嚇得魂不附體，他們從未見過自己的魔王竟如此發怒。

「這些殺千刀的，竟然包圍楞伽城。吉特！」羅刹王咬牙切齒地喊道：「你帶領大軍把那些傢伙統統殺死！」

「父王，等待著孩兒勝利的消息吧，這次我一定要捉住羅摩兄弟，殺死哈奴曼，捉住叛徒畢沙那！」曾經打敗過因陀羅的吉特應道。

他來到自己的兵營，立刻整軍，帶領了二萬五千個士兵，八萬個弓箭手，一萬頭大象和二萬匹駿馬，這支隊伍怒吼著，準備出征滅敵。而主帥吉特則坐在自己最心愛的由八匹天馬拉的黃金戰車上。這輛戰車非同一般，作戰時任何天神、仙人、凡人都看不見它。

凶惡的羅刹軍在吉特的帶領下像旋風般衝出城門。猴軍早已枕戈待旦。哈奴曼命令三萬隻猴子巨龍軍用盾牌擋住了雨點般的箭雷，又令三萬隻猴軍繞到羅刹軍的背後，向這在對猴子軍營射箭雷的羅刹鬼打出了暴雨般的巨石和燃燒的大樹，頃刻間，刀箭閃爍，慘叫聲此起彼落，羅刹軍死的死，傷的傷，逐漸不敵。

這時，一個叫「雷電」的羅剎魔將見後，伸手向天空一招，口中唸唸有詞，不一會兒，天上烏雲滾滾，大雨傾盆而下。他自己又駕著戰車，躲在黑壓壓的雲層後面，向猴子扔出了無數寒光閃閃的利斧，只見那利斧鳴叫著向猴軍的腦袋砍去。猴軍死傷無數，整個戰場到處響起猴軍的慘叫聲。

正在這千鈞一髮之際，羅摩兄弟趕到。羅摩急忙舉起神弓，將神箭射向正在手舞足蹈的雷電，這魔將應聲倒地身亡。

吉特於是翻身一跳，跳上雲端，撒出一片烏雲，讓自己和戰車隱藏不見。同時，他又張起大弓，刷刷刷的，一箭又一箭往下射：「看你們一個也別想活命！」

地面上的猴軍抵擋不住如雨點般的毒箭，紛紛倒地，猴軍將領焦急了，在地上雲間跳來跳去，想找出吉特王子，但卻遍尋不著。

「哈哈哈！」吉特得意極了。但再一看，羅摩兄弟早已遍體鱗傷，卻依然勇猛地挺身戰鬥，心裡頗不是滋味。

「送你一把蛇索箭，看你還能不能動！」吉特舉起他最駭人的武器，往羅摩身上射去。這蛇索箭在地獄煉成，神鬼不能倖免，凡人更是它追逐的目標。蛇索箭一離弓，就發出驚雷似的巨響，它在半空中突然變成了數以萬計的地獄毒蛇，昂著頭，張著血紅的大嘴，吐出一股股烈燄，像一陣旋風一樣纏繞在羅摩兄弟身上，兩人終於被勒得昏厥倒地，周圍頓時響起猴子們的一片哭聲。

「哈——」顧不得地面上受難的羅剎兵，吉特得意地手舞足蹈，翻身就回到王城，向羅剎王邀功。

「太好了！不愧是我婆羅那的兒子，羅剎國的神將！」羅剎王高興地擁抱凱旋的兒子，賞賜他各種珍寶。

羅剎王接著命令他的貼身臣子，「快，特遮多，你帶悉多王妃駕馬車去看看。讓她死心，這一次，託我這好兒子的福，我可沒騙她。」羅剎王得意極了。

於是特遮多就強拖著悉多登上馬車，飛到高空。在高空中的悉多，眼看到處橫躺著猴軍和羅剎鬼的屍體，千萬條血河向山谷間淌流著，整個山谷一片血泊；而羅摩兄弟全身被毒蛇纏綁，千萬條毒蛇正撕咬著他們的身體，那恐怖的嘶嘶聲像一團陰冷的空氣升騰到空中……悉多不由得眼前一黑，昏厥過去。

楞伽城外，沒有人發現悉多曾來造訪。羅摩兄弟仰躺在地上，猴軍們圍繞在他們身邊，有的嚎啕大哭，有的用刀砍蛇，有的用劍刺，有的用棍棒打，但這些蛇索的千萬條蛇頭仍無動於衷，嘶嘶地叫著，牠們把長長的利牙扎進羅摩兄弟的身體，吸食他們的血。

眾人束手無策。羅摩微微睜開眼睛，勉強微笑，孱弱地說：「哈奴曼，我的好兄弟！」哈奴曼忙向前，眼中噙著淚水。

「回去吧！帶著這些好兄弟回去吧！羅摩感謝猴王國的好友這般捨命求義。羅摩福薄，沒能救出悉多，也無法答謝大家的情義。回去吧！羅剎國妖魔多，不宜久留，也別做不必要的犧牲。」

「哈奴曼……」羅摩叫喚，「麻煩你跑一趟阿逾陀城，把這一切告訴我弟弟婆羅多，請他繼位，好好治國，並代我和羅什曼那照顧母親……」羅摩悲傷地流著淚，四周的猴軍聽了，忍不住又痛哭失聲。

就在這時，毒蛇突然有些異樣，隻隻抬起頭張望，彷彿有大敵臨頭。畢沙那抬頭一望，遠遠地有隻大鳥正往這邊飛來。

「退後！退後！快讓開！」群猴不知所以，只聽畢沙那急促地喊聲，趕緊依令起身後退。

這時那隻大鳥在空中盤旋，牠巨大的翅膀拍動著，掀起狂風，毒蛇們彷彿有知，一條條鬆開，慌忙地往地洞、石縫逃竄！不一會兒功夫，全不見了。

「老天有眼！毒蛇怕大鳥！」猴子們連忙扶起羅摩兄弟，一起歡呼起來。牠們一起敲響勝利的戰鼓，跳起歡樂的舞蹈，羅摩兄弟分別與哈奴曼擁抱……這場景感動了百花仙子，她慷慨地從彩雲間撒下花雨，使整個戰場鋪滿了鮮花，充滿了百花的芳香。

風神把這一勝利的鼓聲和歡呼聲，吹進了楞伽王宮。正坐在金椅上飲酒作樂、慶祝勝利的十頭魔王狐疑地問吉特：「我無敵的兒子，猴子們爲何如此高興？莫非……」

「不可能！」吉特打斷魔王的話，自信滿滿地說：「這個蛇索是任何天神都解不開的！您再耐心等一會吧，八千四百萬隻毒蛇馬上就會把羅摩兄弟吃得只剩白骨……」

吉特話還沒說完，只見一個羅刹探子上氣不接下氣地跑進宮殿大廳，哭喪著臉大聲叫著：「陛下，不好了，蛇索被破解，羅摩兄弟得救了！」

「可惡！」羅刹王眼見勝利又再度破滅，氣得把牙齒咬得格格作響，「杜姆、雷齒，你們帶兵出城，這次一定要讓該死的猴軍全軍覆沒！」

杜姆常勝將軍和雷齒魔將領命，帶著大隊羅剎兵出城了。然而，天上已出現許多凶兆。烏鴉在他們頭上盤旋，禿鷲落在他們的戰旗上。他們感到不祥，心情陡地一顫，但作戰的威力並沒有減弱。

杜姆將軍率領著一百萬巨蟒軍開路，一路似一陣陣滾雷向猴軍殺過去。雷齒羅剎將軍率領的一百萬火軍隨後，他們舉著明晃晃的魔刀、標槍、弓箭，呼叫著也向猴子軍營衝過去。

如此眾多的羅剎大軍在楞伽島上掀起了一陣沖天的塵埃，幾乎把楞伽島的天空遮住了。巨大的喊殺聲、鑼鼓聲，似要把天幕震裂，讓海水翻騰……

哈奴曼見氣勢洶洶衝殺過來的羅剎軍，便對羅摩說：「尊敬的羅摩王子，看來今天十首魔王要與我們決一死戰了。這一百萬巨蟒羅剎可是楞伽島最凶惡的羅剎鬼，他們能在瞬間吞掉一頭大象，大嘴裡的兩顆長牙能射出一枝枝帶火的毒箭，使對手頃刻間喪命。他兩腿間的尾巴，能無限地伸長縮短，並有著巨大的能量，能拔掉整座山峰。要對付這樣的巨蟒羅剎，只能智取，不能蠻幹。」

於是羅摩命羅什曼那佯裝敗退，向楞伽島的縱深處退去。常勝將軍不知是計，率領巨蟒軍乘勝追擊，一路上不少猴軍丟盔棄甲，落荒而逃。杜姆則是緊追不捨，數以萬計的猴子抵擋不了攻擊，紛紛倒地身亡了。巨蟒軍你爭我奪地把這些猴子吞入口中。當他們追趕猴軍越過一座高山之後，猴軍消失得無影無蹤。出現在他們面前的是刀削一般的山崖，山上連一根雜草也沒有。更詭譎的是，這山崖突然發出一片片耀眼的銀光，把巨蟒羅剎的眼睛刺得疼痛難忍。

常勝羅剎杜姆方知是計，連忙下令後撤，可是已經來不及了。當巨蟒羅剎們捂著眼睛爬上刀削似的山崖時，山崖突然變成冰崖，氣溫驟降。天上紛紛揚揚下起鵝毛大雪，凍得巨蟒羅剎全身僵硬，動彈不得。

杜姆將軍剛想張嘴噴出烈燄來融化冰崖，可是他的嘴巴竟也被凍住，再也張不開了。就在這個時候，冰崖又陡地發出震天動地的響聲，從四面八方飛來巨大的冰塊，把這一百萬巨蟒羅剎軍活活凍在山谷裡，全軍覆沒。

消息傳到雷齒將軍耳朵中，他的心一陣劇烈疼痛，隨即命令所有的羅剎軍發動攻擊。頃刻間，烈燄捲著濃煙，洪水載著毒蛇猛獸，在猴軍陣營裡橫衝直撞。雷齒率領他的一百萬火軍，此刻變成了一個巨大的火球，在猴子軍營裡滾來滾去，所到之處，猴軍不是死，就是傷，連大將蘭婆也被這大火包圍，脫不了身。

最後，羅摩兄弟聯手殺死毒蛇猛獸，毗奴將軍施法退走洪水，再由哈奴曼分身變爲四個哈奴曼，由這四個假哈奴曼率領猴眾分別從東西南北四個方向分散，待轉移了羅剎軍的注意力後，再反攻回來，逼得羅剎軍連連敗退，四下潰散。

「什麼？杜姆、雷齒、神威、波訶全被猴子軍殲滅，這怎麼可能？」羅剎王簡直不敢相信這些消息。「我就不相信，這些潑猴這麼厲害。」他決定親征，「所有羅剎，只要能張弓射箭的，都跟我來！」

領著羅剎軍，羅婆那滿腔怒火，一心只想射殺羅摩。

城外的羅摩感覺到了，這次的羅剎主帥有些不同。「那個珠光寶氣的人是誰？」他問。

「是我哥哥羅婆那。」一旁的畢沙那回答。

「羅剎王！這個大妖魔，待我去收拾他！我們這一趟千辛萬苦，全拜他所賜！」羅什曼那憤憤地說著。

「這檔小事，我哈奴曼就夠啦！上回只和他小玩，這回他自動送上門，讓我再和他好好玩玩，看看這個號稱威震天下的大魔頭，到底有多少斤兩！」說完，哈奴曼就一馬當先地往前衝。

「啊哈！」羅剎王大叫，「天堂有路你不去，地下無門你偏闖。想死，我就送你一程！」

「喂，羅婆那！你的記性很差喔！」哈奴曼故意逗他，「忘了上回火燒楞伽宮的狼狽？喏！補你一拳，幫你醒醒腦！」說著，托起一座山峰向羅剎王砸去，魔王迴避不及，一個踉蹌倒下去。

但羅剎王也不是好惹的，他立刻反擊，拿起標槍，閃電般地向哈奴曼投來，哈奴曼沒有躲開這迅猛無比的武器，受了傷痛得滿地打滾。

「可惡！老魔頭，我來了！」原來是尼羅，眼見哈奴曼要吃虧，忙把自己縮小，跳上羅剎王的頭頂上，一下子扯扯他的皇冠，一下子搓搓他的眼睛，跳上跳下。羅剎王捉不到牠，又急又氣，恨得直跺腳。

「還有我！」羅什曼那搬起小山一樣的巨石丟向魔王，魔王卻連發七箭將巨石射得粉碎。

「輪番上陣？來吧！一起上，免得麻煩，你們這些小毛頭，不知天高地厚，當我轉戰三界時，恐怕你們都還在吃奶呢！」羅婆那射出烏雲般的一束利箭，像在散播著死亡，各猴將逐漸不敵，連羅什曼那也身負重傷。

「你們都退下！」羅摩也射出箭雨。他那百發百中的神箭將羅婆那的戰車、馬匹射得粉碎，羅婆那的身上也中箭，已無力舉起武器，只好急忙撤退；倉皇中，羅摩又射出一枝迴旋標槍，把羅刹王頭上的十頂王冠削了下來，羅刹王狼狽逃走；身後，猴子軍拍手叫好。

(十三) 吉特王子之死

受傷又惱怒的羅刹王，實在忍不下這口氣，一代梟雄的威名豈能毀在羅摩這個凡人的箭下？他立刻下令，再派兵出征，一刻也不能等。

他先是叫醒了他武功高強的弟弟孔婆加那。孔婆加那威力驚人，曾與羅婆那一道修行，一同得到過梵天的恩典。當時，當梵天答應給這個龐然大物恩典時，眾天神怕他給世界帶來災難，便讓女神辯才天鑽進他的喉嚨，代替他提出請求：長眠不醒。梵天答應給他這個恩典，讓他每睡六年醒來一次，醒來後一天再睡上六年。現在，六年的期限就要到了，所以羅婆那派人去叫醒他。

現在，巨魔孔婆加那站起身來，立即進城援助兄長羅婆那。他巨大的身軀高出了楞伽城城牆，他的腳步使大地都在抖動。猴子們見到這個龐然大物，都嚇得四處奔逃。

猴將沙多婆利趕忙喊話：「你們不要怕，這不過是個幻影，是羅刹的魔法變的！」猴軍們這才回過頭來，用樹幹和石塊去攻擊孔婆加那。但是，粗大的樹幹打在巨魔身上就像嫩枝一樣折斷，那些堅硬的石塊也像砸到鋼鐵一樣粉碎了。孔婆加那把猴子一個個活捉，放到嘴裡吞吃了。他一連吃掉了數百隻猴子，猴軍大亂。

這時，羅摩和羅什曼那連手發動攻擊，羅摩射斷了巨魔的左右手臂，羅什曼那以月牙形利劍，削斷了巨魔的雙腳。孔婆加那巨大的身軀倒在地上，發出了山崩一樣的響聲。他張開那巨大的血盆大口向羅摩撲了過來，羅摩隨即射出箭雨塡滿了巨魔的嘴。羅什曼那又拿起標槍，揮臂向巨魔擲去，這致命的武器將巨魔的頭顱折斷。那巨大的頭顱飛落在楞伽城頭，砸壞了城門和一段城牆。

在天空中觀戰的諸神看到這場激烈的戰鬥，都感到歡欣鼓舞。猴子們也開始慶祝羅摩的勝利。但楞伽宮裡的羅婆那卻沮喪極了，他嚎啕大哭，不捨自己的兄弟和七個兒子陣亡。

「吉特，吉特！」羅刹王有氣無力地叫著。

「父王，我在這裡。」眼見兄弟們一個個戰死，吉特王子的心情並不比羅刹王好過。

「吉特，你現在是我唯一的依靠了！再帶一些兵，」說到出兵，羅刹王血脈賁張，坐挺起來，「你再帶一些兵去，去把所有的猴崽子，還有那兩個可惡的凡人殺死。你用計謀也好，妖術也好，把他們碎屍萬段，好幫你的兄弟報仇，消去我心頭之恨，事實上也只有你，你才有能力打敗他們。」

「是，父王！」吉特一邊應諾，口氣已不如以前強悍，幾次征戰，坦白地說，他，不太有把握。但是，羅刹國正面臨存亡關頭，他也只好硬著頭皮應戰。

「父王，你放心。那些猴崽子都是我手下敗將。要不是他們運氣好，老早就魂歸西天了。你放心，我立刻調兵出發，殺他個片甲不留！你等我的好消息！」

「好兒子……」羅刹王激動地擁住兒子。一老一少，淚眼模糊。

猴國軍士好不容易除掉孔婆加那，正想好好喘一口氣，卻又聽說羅刹王再次派長子吉特出戰。

「呀！又是吉特那小子！」打過這麼多仗，每次碰到吉特領軍，猴國軍就吃敗仗，吉特動不動就用隱身術，藏在雲端，居高臨下，爲所欲爲地射殺猴軍，牠們眞是一點辦法都沒有，吃盡苦頭。

「怎麼辦呢？」猴軍營顯得心惶惶。

「在他出兵前先殺了他。」畢沙那提議，所有人都在等他把話說明白。「每次一打仗，他就隱身，根本逮不到。依我看潛入他的陣營，趁他不注意逮住他。否則一上戰場，就拿他一點辦法都沒有了。」

「這方法雖然冒險些，値得想想。你有沒有具體的計劃，畢沙那？」羅摩問。

「吉特一直有個習慣，出兵前，一定會在陰森可怖的森林裡進行祭祀，藉此增強妖法。我們可以趁他專心上祭時逮捕他。」畢沙那繼續說道。

「那麼，今晚就是個好時機！」哈奴曼請示羅摩：「如果你不反對，我想帶幾個將兵，請畢沙那領路，今晚就動手。否則晚了，怕又犧牲更大。」

「好吧，羅什曼那也一起去！」羅摩說：「大家請務必小心，吉特武功高強，是羅刹王的主力，如果能殺了他，羅刹王失去依靠，要打敗他就容易多了。只是這番要深入敵境殺敵，百般艱苦，務必謹慎。」

於是一行人拿了武器，畢沙那帶路，就往羅刹國前去。不花功夫，就找到吉特坐落在黑森林的營帳。果然吉特正在祭壇前，虔心祭拜聖火。

「上！」畢沙那一聲令下，十個人飛躍而上。

吉特到底是練武的人，立刻跳開，躲過來者的圍捕。

「畢沙那皇叔，果然是你這個叛徒帶的隊！你身爲羅刹，是我父王的兄弟，卻站在敵人那一邊，充當敵人的走狗，這是多麼可恥！」吉特咬牙切齒地說。

「年輕的羅刹王子啊，你不明白事理，又非常傲慢，所以才說出這些無知的話。」畢沙那苦口婆心地勸道：「羅婆那才是不講仁義的人，他搶奪別人的妻室，虐待百姓，反對天神，已經給羅刹人民帶來莫大的災難，這種十惡不赦的罪人遲早會滅亡啊！吉特，你現在回頭還來得及，不要再爲虎作倀了！」

「哼！別說大話，鹿死誰手還不一定！」吉特毫不在乎地說道：「不過，兩軍交戰是在沙場上，我不想在祭禱的時候和你們動手。請你們讓開，且讓我完成這聖潔的祭典，免得瀆觸了神靈，惹天神生氣。」

「讓你祭完，吸足妖力？省了你的如意算盤！」羅什曼那一刻也不肯耽誤，掄起彎刀就砍！其他人見狀也加入：「看你往哪兒跑？」

吉特一看情勢不對，「先躲開再說。」立刻跳上戰車，飛奔而去。

「小心他重施故技！」畢沙那急急說：「哈奴曼，你到空中把守，防止他從空中逃走；尼羅，你鑽到地下，守住下界；羅什曼那，你在地上守著，其他幾個跟我走，把通往羅剎王城的路封住。看他還能往哪裡走？」

吉特駕車想暫離這群頑敵，卻發現自己被團團圍住。衢道口全被畢沙那帶的猴軍守住，羅什曼那一看到他，就猛發箭；他想飛上天，卻被哈奴曼逮個正著。哈奴曼躍上戰車，扯下他的戰旗，打爛他的戰車。吉特想逃，卻被他一把拖住。兩個人扭打在一起，整個楞伽島的天空通紅一片，只看見兩個火球在天空中翻騰，發出巨大的聲響。最後，羅什曼那把一枝無法躲避的神箭裝上弓，這是一枝天帝因陀羅當年用過的箭。這枝箭帶著風聲飛了出去，在吉特尚未施展出任何手段時射落他的腦袋。十首王之子終於倒下。

黑夜的廝殺，因黎明而歸於寧靜。猴軍將士拖著疲倦而興奮的身心，頂著朝陽歸隊。牠們看到希望，呼吸到希望。這場仗不應該再膠著才是！

當吉特被殺的消息傳到羅剎國，彷彿晴天霹靂，羅婆那昏了過去，從王座上摔下來。待侍臣們把他救醒，只見他嚎啕大哭：「吉特！我的兒子，你回來啊！你怎會死呢？是我不好，我應該和你一起去的，我怎麼知道你這羅剎國的無敵將軍，會在猴軍和凡人手中喪命呢？全是畢沙那那個叛徒，那個忘恩負義的東西，連你也殺！啊……可惡！可惡！」羅婆那躺在地上，傷心地捶胸揪髮，眼淚像泉水般湧出來。

「給我殺，殺死羅摩！殺死羅什曼那！殺死哈奴曼！殺死畢沙那！殺死天下所有的猴崽子，殺！殺！給我殺……啊……兒啊！你放心，爲父的一定替你報仇！」他一會兒怒，一會兒悲，令人鼻酸。

整整好幾天，羅刹王城籠罩在一片悲戚中。羅婆那不吃不喝，失魂落魄。王后勸他：

「大王，你一定要保重。」想起死去的兒子們，王后不禁悲從中來，她噙著淚：「這樣値得嗎？好好一個家園，如今戰禍連連，骨肉離散。大王，把悉多送回去吧！留著只是禍害，我們已經禁不起更大的傷害了。送她回去罷。」

「送回去！那吉特和我們其他的兒子不是白白犧牲嗎？妳這個蠢女人！」頹喪的羅刹王勃然大怒，罵道：「我一定要爲他們報仇，殺光所有的猴崽子。等我報了仇，再回來殺悉多這個賤女人洩恨！」

「傳令下去！不論老少，只要拿得動弓的，都跟我來。備好戰車，待命！」羅婆那雄壯的聲音在悲慟的王城，特別顯得不協調。彷彿暮鼓晨鐘，撼動王城。宏亮的聲音充滿怨恨、肅殺之氣。

羅刹王的大軍直搗西門。

「先殺羅摩兄弟，那兩個罪魁禍首！他們在西城門外，走！」

狂怒的羅刹王，一馬當先，勢如破竹。沿路防禦的猴軍根本不是他的對手，被打得落花流水，死傷無數。

「要找我，不必濫殺無辜！」羅摩聞訊，提弓應戰。

「找死！」羅婆那像是天狗逼近月亮一樣，二話不說，萬箭齊發，但都被羅摩擊落了；十首王再向羅摩射出蛇般可怕的利箭，羅摩也以箭相還。這二人頃刻間便射出無數枝箭，但未分勝負。

一旁的羅什曼那、畢沙那連手攻擊羅剎王的坐騎，羅什曼那殺死車夫，畢沙那則用釘鍾殺死轡馬。十首王一看是畢沙那，瞪著血腥的眼，舉起長矛，恨恨砍下：「你這叛徒！去死吧！」

「羅什曼那！救我！」畢沙那眼看就要遭殃，羅什曼那一個箭步，把長矛架開。

「可惡！」羅剎王刺殺不成，於是遷怒羅什曼那，憤怒地把長矛對準他的胸口，用力一擲。羅什曼那來不及躲，鮮血噴射，不支倒地。

「哈哈哈——」羅剎王獰笑，笑聲震動大地。

羅摩發現弟弟受傷，急急揮動長劍，朝羅剎王砍殺：「你們都退下，讓我來收拾著十惡不赦的惡魔！」他大叫著。許多羅剎試著護主，全遭羅摩砍成數截，羅剎王沒料到狂暴中的羅摩威力如此嚇人，幾次走避不及，受了許多傷。他知道此刻不適合纏鬥，於是下令撤軍。

「別追了！窮寇莫追！」羅摩示意停止，「還是想辦法救羅什曼那要緊！」

（十四）哈奴曼千里尋藥

「羅什曼那！羅什曼那！你醒醒！我的好兄弟，你醒醒！」羅摩著急地叫著，但是，除了微弱的氣息、慘白的面龐和胸前滲出的血漬，羅什曼那毫無反應。

「這樣昏迷不省人事不是辦法，要趕快救人才行！」蘭婆等猴將心焦如焚，幾個月相處，羅什曼那和牠們情同手足。「快！快叫神醫壇般陀里來！」

壇般陀里被請來，他向前說：「羅刹王的長矛不是普通利器，而且又正中胸口。要醫救，只有快快找到毗沙迦藤草，在明天天亮前，給羅什曼那王子服用。」

「哪裡可以找到這種藥草？快快說。」羅摩問。

「干陀摩羅檀山！」壇般陀里說。

「啊！那麼遠，明早怎麼拿得到？」畢沙那說。

「讓哈努曼將軍去，以牠跨大海的功夫，或許還可以在天亮前採回來，要不然，只怕凶多吉少。」壇般陀里沉吟半晌說。

哈奴曼點點頭，問：「那藥草在哪裡？長什麼樣子？」

「在干陀摩羅檀山的第六峰。那裡有一條急湍，河邊有一種金黃色的藤蔓植物，開著藍色的花朵，花梗是鮮紅色的，那就是毗沙迦藤草。」

「好，我現在就走！」風神之子哈奴曼立刻乘風飛行，掠過大海，越過高山，經過平原和湖泊，牠一刻也不停，只希望能在黎明前歸來。

在此同時，在宮中休養的羅刹王，獲報哈奴曼連夜北飛，他馬上料到一定是爲了尋找解藥。

「要活命，沒那麼容易！」他立刻喚來他的叔叔迦羅尼，迦羅尼是個變幻無常的四頭八眼羅刹，他能在眨眼的功夫越過天地三界。

「我尊敬的叔叔，你是目前我唯一可以信賴的人。」羅婆那長嘆一口氣，垂下十個腦袋，二十隻眼睛裡流出渾濁的淚水。「我請求你，用你無邊的法力，到干陀羅檀山，阻止哈奴曼取藥。」十頭魔王停頓了一下，又說：「你的法術在楞伽島是無與倫比的，你如果能達成任務，順便再把哈奴曼給殺了，我就把楞伽島的一半國土送給你。」

迦羅尼於是利用妖法，算出哈奴曼已經到了干陀摩羅檀山第六峰，正在四下尋找湍流，便化成一個隱士端坐在廟中，等待哈奴曼。

迦羅尼看見哈奴曼降下雲頭，急忙雙手端著一碗聖水迎了上去說：「尊敬的風神之子，能在這兒迎接你，是我一生的榮耀。請將軍喝一碗聖水，先解解渴，消除消除疲勞。」

「一個深山老林中的隱士，怎麼會知道我是風神之子？」哈奴曼心中起疑，睜開兩隻太陽似的眼睛，想要看清楚對方身上有無妖氣散發。

但迦羅尼何等聰明，他立刻說：「不瞞你說，我也是十頭魔王的受害者，我是十頭魔王的叔叔迦羅尼，因爲不滿他的暴行，終年在三界外遊蕩。這是我在三界外的居所，在此苦身修行，滌盡我的魔根，請您不要懷疑我的眞誠……。」

哈奴曼被迦羅尼的坦誠所感動，他接過聖水，一飲而盡。當哈奴曼在喝水時，迦羅尼臉上露出一絲難以察覺的陰笑。

「遠方的客人，你千里迢迢來到這裡，辛苦了。這條河的河水有著神奇的力量，它能夠讓你精神百倍，請你無論如何去河裡沐浴，然後再品嘗廟裡的素菜瓜果，我能在這兒接待三界中的英雄，這也是我一生中最大的幸福。」迦羅尼一臉忠誠，無法使人懷疑他包藏著禍心。

現在的哈奴曼哪有時間去洗澡呢？他一定要趕在日出前找到藥草救羅什曼那的命。於是，哈奴曼推辭說：「謝謝，我有要事在身，不敢久留。十車王的兒子羅什曼那受了重傷，天亮前就要死去，我是前來尋找解藥的，還望請你指點。」

「哦，將軍，你原來是到此尋找藥草的，」迦羅尼假裝恍然大悟說，「那藥草就在前面水中，你下去就可覓得。」

哈奴曼大喜，連聲道謝，隨即跳入水中。突然，平靜的河水掀起了沖天巨浪，發出震天的巨響，一隻萬頭怪獸踏著波浪向哈奴曼撲來。

哈奴曼不由得大吃一驚，急忙掄起虎頭金棍直劈怪物，那怪獸慘叫起來，被撞成粉碎。接著從怪獸的肚中走出一個美貌絕頂的仙女，她雙手合十對哈奴曼說：

「尊敬的哈奴曼，謝謝你的救命之恩，我原是天界仙女，一次我在眾神面前跳舞，不小心碰著了正在祈禱的大仙。於是，他詛咒我，將我變爲一個怪獸，棲身於天地三界之外千陀羅檀山的河水裡。只有遇見哈奴曼才能解除詛咒，重返天庭。爲了感謝你的救命之恩，我要告訴你，那個迦羅尼心懷鬼胎，是他叫我躲在河裡伺機吞吃你，你千萬不要上當，耽誤了時辰，這裡根本不是藥草的所在。」

仙女說完就化爲一道白光，向天界飛去。

這個時候，迦羅尼正靠在椅子上做著羅剎國王的春秋大夢。

「大膽妖魔，竟敢捉弄我哈奴曼！」突然，哈奴曼衝了進來。迦羅尼自知眞相暴露，嚇得急忙跳窗欲逃，哪知哈奴曼的金棍已朝他的頭上打了下來。

迦羅尼大叫一聲不好，現出原形。他晃動著自己四個腦袋、八隻眼裡射出無數的毒鏢。時間緊迫，哈奴曼不得不伸出自己長長的尾巴，把妖魔緊緊纏住，使出全身的力量向外扔去，一直把他扔到楞伽島羅婆那的宮殿屋頂上。把宮殿的屋頂也震塌了。

當晚，羅剎王毫無睡意，時間一分一秒地過，他心情愈來愈好，只要沒有哈奴曼的消息，羅什曼那就愈沒希望，而他的勝算就愈大。

過了子夜，他開始幻想猴軍營裡，爲羅什曼那辦喪事，人人如喪考妣的美景。

突然，屋頂上一聲巨響，掉下一個飛物。羅婆那定眼一看，原來是叔叔迦羅尼。他的心頓時涼了半截，二十隻眼睛一動也不動，十個腦袋冷汗涔涔，嘴裡喃喃自語：「完了……完了……」

「去給我叫太陽神來！」忽然，羅婆那狂怒咆哮。

羅剎王曾轉戰天、地、陰三界，人、神都吃過他的苦頭，平日對他多敬而遠之；一旦受他徵召時，也沒有人敢不來。

「太陽神，我告訴你！」羅剎王一看見太陽神，就對他下令，「我已經等日出等得不耐煩了。今天，你提早日出，反正那可惡的羅什曼那，早死晚死都得死，你去幫他早點送終。」

「可是，」太陽神不同意：「這完全違反時序，違反自然法則。」

「我的話，就是法律！」羅剎王睜大眼，逼視太陽神，「你，懂——嗎？」

「我……照辦就是了。」太陽神連忙坐上他的戰車，打算提早東昇。

東方的天空因此逐漸由黑轉亮，雲層透著微紅光。正焦急地尋找藥草的哈奴曼，大吃一驚。

「這怎麼可能？明明才剛過子夜！」

他立刻往東方天空飛躍，沒想到一骨碌與太陽神的戰車撞個滿懷。

「你是誰？這麼莽撞！」太陽神正一肚子火沒處發。

「你又是誰？」哈奴曼反問。

「我是太陽神！」太陽神沒好氣地回答。

「我正納悶，才過子夜，天怎麼就要亮了。你有沒有搞錯，現在才什麼時辰，就出來了。」哈奴曼正想找答案。

「要你多管閒事！」

「這哪是閒事！不按時序運作，亂了自然規律是要受罰的。而且，你什麼時候不弄錯，偏偏選在今天，這一錯，可是人命關天！」

「就是因爲人命關天，我才出來的。你以爲我甘冒不韙，活得不耐煩嗎？走開走開，再跟你扯下去，我的命也沒了。」太陽神開始不耐煩。

「什麼意思？」

「說出來嚇死你。是羅剎王羅婆那逼我這麼做的，他為了讓哈奴曼沒時間找解藥，讓羅什曼那早點死，就要我今天早點上工。走開！走開！再擋我，有了閃失，你的小命也逃不掉。」太陽神拉起轡索要走，並不知道眼前正是哈奴曼。

「等一下！那你不是助紂為虐嗎？」哈奴曼抓住韁繩。

「我是泥菩薩過江，也顧不了那麼多了！」太陽神臉上閃過一陣尷尬。

「來來來，我告訴你一個兩全其美的辦法。」哈奴曼邊說邊往前，伸手搭太陽神的肩膀。太陽神不疑有他，向前傾身，沒想到哈奴曼卻突然順勢一抱，緊緊地把太陽神夾在腋下。

「這個辦法最好，你躲在我這裡，由我保護最安全；更好的是，這下子換我來決定什時候日出啦！」哈奴曼哈哈大笑，心裡快活極了——雖然，火熱的太陽炙燒著他的腋下。

挾持太陽神後，心情雖然輕鬆多了，但是，哈奴曼一刻也不趕耽誤，立刻回到山上。找了許久，仍找不到金色的藥草。

「這樣找下去也不是辦法，不如帶回去請他們一起幫忙找。」

於是，他用力拔起整座山，大地隨之顫動，山上的林木應聲倒塌，飛禽走獸張狂逃逸，也只有蔓藤和草芥，這些卑微、韌強的植物，能夠緊緊抓住大山。

哈奴曼鼓足勁，把山頂在頭上，向南飛去。

乘著風，不多久，哈奴曼就到了楞伽猴軍陣營。他小心翼翼地把山放下，當著吃驚的眾人，向羅摩行禮。

「羅摩殿下，原諒我的愚昧！我怎麼都找不到藥草，只好把整座山帶回，請大家幫忙找，免得耽誤救治。」

「辛苦了，謝謝你！快快！大家快來幫忙找，別耽誤了。神醫，你快來，只有你認得那解藥，你來找更好。」羅摩邊催促，一邊自己也走上山幫忙找。

「在這兒！金色毗沙迦！」壇般陀里走出大山，趕緊將藥草放入臼中搗成糊。

「退後，讓壇般陀里醫治！」猴群鴉雀無聲，很有秩序地退後。而且一個接一個退下，對天默禱。壇般陀里把搗好的藥餵食給羅什曼那，幾個時辰過去，藥效擴散，傷口得以治療，他才逐漸恢復神智。

他睜開眼睛，看著淚流滿面的哥哥，不禁熱淚盈眶。

「謝謝你！謝謝！」羅摩緊握哈奴曼的手，對孱弱的羅什曼那說：「是牠，是哈奴曼千里尋藥救了你。」

「哈奴曼！」羅什曼那虛弱地叫，伸出手：「我的好兄弟，謝謝！」

「謝天謝地！謝天謝地！」哈奴曼欣慰地對天膜拜。

「哈奴曼！」羅什曼那微弱地問，「你腋下為什麼會發光？」

「喔！這——」哈奴曼大笑，忙把腋下張開，放出太陽神。「是太陽神。」天也該亮了。

（十五）來自地府的復仇

自從十頭魔王羅婆那的叔叔迦羅尼死後，羅婆那再也不敢出城與猴軍交戰，他幾乎喪失鬥志，陷入了極度的悲痛之中，連宮殿也不想再邁出一步。

他的母親看在眼裡，自是心疼。

「孩子，聽我的勸，不要再打了。把悉多還給他們，請他們退兵。我聽說羅摩王子寬厚、誠敬，你只要把他的妻子還給他，他不會刁難我們的。沒有了外患，你才有力量整頓國家。你看看，好好的一個國家，都成了什麼樣子了？這像是富甲天下的羅刹國嗎？」

「母親，我何嘗不想。」羅婆那慨嘆道：「但是如今騎虎難下，我如果臨陣投降，會遭人恥笑的。我一世英名必毀於一旦啊！」

「別爲了爭面子，跟自己過不去。」母親苦口婆心地勸道，「名是過往雲煙，這種虛名不要也罷，倒不如專心治理國政，恢復國力，讓百姓平安和樂過日子。那樣得到的名反倒踏實。我知道，現在百廢待興，你能依靠的將臣又多殉國，沒有幫手。只要你願意，你其實可以把摩西羅波那找來幫忙。他雖然從小不跟你住在一起，但總是你的兒子。我聽說，他在地府武功、權位都很高。雖說有些桀驁不馴，但那是缺乏管教。把他找來，你從旁輔佐，應該可以很快就可以把羅刹國重建起來，不是嗎？」

「摩西羅波那？我怎麼沒想到！」羅婆那陰霾一掃而空，他連忙走下王座，攙扶著母親笑道：「謝謝妳，母親，妳的建議眞好！」

「是嗎？」他母親開心極了，以爲羅婆那接受了她的勸說，卻怎麼也沒想到羅婆那盤算的可完全是另一套。

「快！快去找摩西羅波那來！」羅刹王興奮地叫道。

摩西羅波那聽到了父親的召喚，立刻口唸咒語，令大地裂開一個大洞，他變成一團黑霧，鑽出洞口，來到人間，走進楞伽城。

羅刹王見到摩西羅波那站在雲頭，他於是急忙騰身到空中，緊緊地擁抱住兒子，二十隻眼睛湧出悲喜交加的淚水。

「父王，不必傷心，孩兒一定爲你報仇雪恨。」摩西羅波那冷冷地說：「羅摩、羅什曼那和那個毛猴哈奴曼沒什可怕的，他們今日猖狂，明日便是他們的喪日，只要天不滅我，我一定能戰勝他們，把他們的人頭提來，祭死亡將士的亡靈，爲哥哥弟弟妹妹們報仇雪恨。」

有這樣的兒子，羅刹王得意極了。

正當他們在商討懲罰羅摩兄弟和哈奴曼的對策時，猴國將領毗奴剛好抬頭望向楞伽城上空，他驚訝地發現魔王的宮殿上方竟放射出一圈圈的黑光，升騰起一團團濃濃的黑氣，這光和氣是那樣地邪惡和陰森，直刺得毗奴將軍心裡發寒。

毗奴爲了探究其中的奧祕，他馬上變成一隻小小的蚊蟲，飛到十頭魔王的宮殿，停在大殿的橫樑上。一看之下，原來是羅刹王的二兒子摩西羅波那回到了楞伽島。他的心中不由得暗叫不妙，急忙飛回猴陣營對羅摩說：

「殿下，不好了！羅婆那的二兒子摩西羅波那從地府來到人間。羅婆那的這個兒子是個相當猖狂、又危險的敵人，他會妖術，善於僞裝，又愛用詭計，連天神之王因陀羅也曾被他的魔法幻影騙過。」毗奴憂心忡忡地說，「殿下，你得想個辦法，防止那惡魔暗夜攻擊啊！」

「毗奴將軍說得對，我們絕對不可掉以輕心！」哈奴曼沉思了一會兒後又說，「羅摩王子，你用你的毗濕奴戰車遮在我們軍營的上空，摩西羅波那就無法從天上來攻擊我們了。至於軍營的四周，我派沙多婆利、尼羅、蘭婆等大將守衛，這樣上下左右、東西南北都安全了。我再用自己的尾巴在周圍築起一道堅不可摧的圍牆，把虎頭金棍插在地上。這樣連地下的一點點動靜我們都能察覺。天明後，我們再商議進攻楞伽之事。」

「就照哈奴曼擬訂的戰略，」羅摩指示道：「這幾天請大家提高警覺，嚴格執行宵禁，任誰都不可走動。」

入夜，摩西羅波那果然化作一道黑煙，悄然在猴軍營的上空轉悠。但猴軍營上空飛轉著大神毗濕奴的飛車擋住了他的去路；他又鑽入地下，哈奴曼金棍發射的神火擋住了他的去路；他看了看四周，發覺哈奴曼用尾巴變幻的堡壘堅固異常，無隙可乘，而且還有沙多婆利、尼羅、蘭婆等大將鎮守四方，他無法靠近一步。摩西羅波那不得不遠遠地停留在空中，看著下面的堡壘沉思起來……

忽然，羅摩的父親出現在哈奴曼面前，他對哈奴曼說：

「風神的兒子，我兒羅摩和羅什曼那常年在外流浪是我的罪過，我雖死後升天，但時常想念著他們，讓我進去看看他們，使他們受苦的心靈的到一些撫慰吧。」

哈奴曼睜開太陽似的眼睛一看，原來是摩西羅波那的變幻，爲了保護堡壘內的羅摩兄弟和猴軍的安全，哈奴曼無法恢復原形與他交戰，便假裝糊塗說：

「啊！尊敬的十車王，您爲何不早告訴我們，好讓我們列隊歡迎您，現在只能請畢沙那領您進去了！」

這時，正在堡壘外巡視的畢沙那出現，邪惡的摩西羅波那嚇得化作一道黑光逃走了。

畢沙那見摩西羅波那逃走，便又到別處巡視去了。一旁隱著身子的摩西羅波那眨了眨眼睛，又變成了羅摩的弟弟婆羅多來到哈奴曼面前說：

「我的兄弟在森林苦修十四年，我很想念他們，想探望他們。」

「婆羅多，你怎麼會跑這麼遠？」哈奴曼假意地說：「請等一下，我請畢沙那帶你進去。」摩西羅波那一聽到叔叔的名字，立刻逃之夭夭。

第三次，他假扮成畢沙那。

「畢沙那，你剛剛才離開，爲何又回來？」哈奴曼雖然感到奇怪，但是他卻放鬆了戒心，沒有睜開太陽似的眼睛看看站在他面前的摩西羅波那是眞是假。

「唉呀！我突然想起要用一個符繩拴在羅摩兄弟的手腕上，這樣即使那妖魔混進軍營，也無法將羅摩兄弟掠走。我這就進去把符繩繫好，好保佑他們平安無事。」說著假畢沙那快步踏進羅摩的帳幄。

摩西羅波那來到羅摩的營帳前，撒出一把魔粉，羅摩兄弟和眾猴將士便沉沉睡去。摩西羅波那抱起沉睡中的羅摩兄弟，把他們裝進一只黑袋子，又用隱身法走出哈奴曼守衛的營門，直入地府家中。

突然，哈奴曼大聲驚叫：「畢沙那，你不是進營帳給羅摩兄弟拴符繩了嗎？」

「沒有呀！我一直在外面巡視。再說，我也沒有什麼符繩呀！」畢沙那說著，馬上意識到災禍已經降臨。他們飛快地奔進羅摩的營帳，只見昏迷不醒的猴兵猴將倒了一地，羅摩兄弟早已不見蹤影。

哈奴曼羞愧地低下頭，對畢沙那說：「都怪我一時糊塗，上了摩西羅波那的當。羅摩、羅什曼那現在一定給這妖魔帶到地府去了。」

「將軍，別難過了，這也許不是一件壞事。」畢沙那安慰哈奴曼說：「這也許是天意，摩西羅波那的末日就要到了，我們去地府找他，割下他的腦袋！」

哈奴曼和畢沙那口唸咒語走進地府。展現在他們面前的是一片寬闊無垠的土地，有淙淙流淌的泉水溪澗、茂密的樹林、雄偉壯麗的宮殿，還有百花叢裡漂亮的地府姑娘在無憂無慮地追逐嬉戲。

走過廣闊的地下平原，翻過一坐山頭，哈奴曼和畢沙那看到一個巨大沸騰的油池。油池裡，無數的魔鬼、羅剎和惡人在痛苦地掙扎嚎叫，而在這油池旁邊的樹林裡，無數的毒蛇正在撕咬著數不清的人、鬼；還有一個舉著魔頭大刀的地府劊子手，他們一刀刀地宰割著在人間作惡多端的壞人，鮮紅的血順著溝槽流進油池，升騰起一股股惡臭的濃煙。

哈奴曼與畢沙那越過可怕的地獄，又翻過一座高聳的雪山，才抵達摩西羅波那的宮殿。他們搖身一變，變成了地府的羅刹兵，然後混進了摩西羅波那的魔宮。

摩西羅波那的宮殿雖然不及羅刹宮奢華，卻也富麗堂皇。哈奴曼仔細地搜索宮中每個地方，毫無所獲。於是，牠把自己縮小，變成一隻小小的金蜘蛛停在宮女的秀髮上。在這個時候，一個老婦人急匆匆地奔到湖邊對宮女說：「妳快去伺候大王，他剛從人間背回兩個小伙子。他可從來沒有像今天這麼高興過，要妳快去為他跳舞唱歌，妳聽，宮殿裡的樂師已響起召妳回去的鼓樂聲了。」

「那祭司爲什麼急急忙忙地奔到宮裡去呢？」宮女指著一群奔走著的祭司問道。

「那是大王召他們去的，妳有所不知，明天，大王要把那兩個小伙子作祭品，獻祭給杜爾迦女神。」老婦用手帕揉了揉眼角溢出的淚水，「唉呀，妳不知道那兩個小伙子有多麼英俊漂亮！我可是從未見過這般俊美的男人，要把他們當祭品，還眞讓我心裡有些難受呢！」

「妳這個人啊，就是心腸太軟，」宮女說，「他們現在在哪裡呀？我也想看看這兩個男人！」

「妳可不能說喔，說了會被殺頭的。」老婦人看四周沒人，才低聲地說：「在祭壇下面的密室裡。」

哈奴曼躲在宮女的頭髮裡，隨同她一起來到了魔宮，飛入密室。羅摩兄弟還昏迷不醒，顯然摩西羅波那下的迷藥還沒退。

「陛下，陛下！」哈奴曼變回原形，努力搖醒兩人。

「我們怎麼到這裡來了，這是什地方？」

哈奴曼把原委簡單地說一遍，然後又說：「現在外面有二十幾個大將守著，但是如果現在要救你們出地府也不是什麼難事。不過，我要去找杜爾迦女神，因爲天地三界誰也不能壓制住摩西羅波那，只有杜爾迦女神有置摩西羅波那於死地的良方。女神現正在摩西羅波那爲她建造的神廟裡，我去請求她的恩賜，幫助我們殺死摩西羅波那，要是她不答應，我會把她的神廟扔到大海去的。」

「你要去多久？」羅摩問道。

「馬上就來，你們仍假裝睡覺，千萬不可聲張。」哈奴曼說完又變成一隻小飛蟲，飛出密室。眨眼的功夫，就來到杜爾迦女神的廟裡，哈奴曼在杜爾迦神像的耳邊悄悄地說道：「女神，我尊敬的杜爾迦女神，我是哈奴曼，惡棍摩西羅波那把羅摩兄弟劫到地府，要給妳獻祭，妳若安心接受他的獻祭，我會先殺死摩西羅波那，然後再把妳和妳的廟一同扔到大海裡去。」

「你這潑猴，急什麼？你怎知我不是來幫助你們的？竟敢如此無禮？」杜爾迦女神拉下臉氣憤地說。

「我尊敬的女神，玩笑話不必當眞。哈奴曼知道杜爾迦女神是天地三界最善惡分明的神祇，有何吩咐，我一定照辦。」哈奴曼說著飛到神像面前，行了三個大禮。

「好吧！這次不與你計較。」杜爾迦女神笑了笑又說，「你告訴羅摩兄弟，當摩西羅波那把他們帶到我這兒來時，摩西羅波那一定會對羅摩兄弟說，跪在女神面前。這時羅摩就對他說，你跪給我們看看，我們王子從來沒有下跪的習慣。這個時候，摩西羅波那爲了表示他對我的忠誠，一定會跪在我的面前，當摩西羅波那跪下時，你就拿起他插在地上的彎刀，砍掉他的腦袋。摩西羅波那只有在這個時候，用他自己的兵器，才能喪命。除此之外，任何天神、羅刹的武器，包括你的虎頭金棍，都不能殺死他。」

第二天，當摩西羅波那手持彎刀押著羅摩兄弟來到杜爾迦女神廟時，哈奴曼已經變成了一個羅刹，站在女神旁邊。

摩西羅波那向女神深深行禮，祝禱道：「我尊敬的女神，請接受我的獻祭，保佑我萬事如意，也保佑楞伽城平安無事、猴子軍全軍覆沒、楞伽島永遠興盛。」

這時鐘聲齊鳴，祭司們朗讀祭禮法經。一陣鼓樂聲之後，摩西羅波那命令羅摩兄弟跪在杜爾迦神像的面前。

「我貴爲十車王之子，從來不知道怎麼對別人跪，請你先做個示範。」羅摩說。

羅摩的話激怒了摩西羅波那，他正要發作，只見從神像後走出一個祭司對他說：「他們到底是沒見過世面的鄙陋凡人，你就跪給他們看看吧！」

摩西羅波那聽從了那祭司的勸告，便把他的大彎刀往地上一插跪了下去。

就在這時，站在女神像旁的羅刹魔將拔起大彎刀，手起刀落，把摩西羅波那的腦袋劈了下來。這下可嚇壞了廟裡所有的羅刹，他們驚叫著四散逃命……

這時候，哈奴曼現出原形，畢沙那也扔掉了祭司的僞裝，揮舞著武器大肆砍殺起來。羅摩和羅什曼那趕緊拾起地上的大刀加入追緝羅刹鬼的行列。沒有多久，羅刹鬼的屍體堆積如山，污血到處流淌，整個地府在熊熊的大火中燃燒……摩西羅波那苦心經營的魔宮就這樣毀於一旦。

（十六）羅刹王的末日

摩西羅波那的死訊傳來時，羅刹王完全不敢相信。名揚地府，武功高強，又精通妖術的摩西羅波那怎麼也會死在兩個凡人的手中？

憤怒、悲傷、懊悔，羅婆那淚眼婆娑地穿上戰袍，重新出戰。後宮的王妃拉著他，求他別去，羅刹王咬牙說：「我能不去嗎？」

一轉身，他命令道：「只要能拿武器的，不論大小，都換上戰袍隨我來。」長期征戰，精英盡失，剩下的就是些老弱殘兵了。

「我們一定要給死去的人一些交代。」語氣不再狂妄。羅刹王心裡很明白，沒了左右手，這場仗要打勝，很難！

他下令把所有的武器放在車上，跨上車，領軍向前伐敵。

這已經是羅剎王第三次親自征戰。羅摩領著軍隊，小心翼翼地往前。和羅剎王面對面峙立，羅剎王出奇的安靜，和前兩次狂怒咆哮的樣子完全不同。

他目光懾人，十個頭動也不動，那樣子看了直教人打冷顫。猴國軍團沒有一個敢掉以輕心。

羅摩站出來說話：「不要再打了！這樣只有更多流血，更多破壞，更多犧牲，更多人受苦。把我的妻子還給我，讓我們一家團圓吧！十四年苦修，故鄉的親友都等我們回去哪！羅剎王陛下，只要你一句話，這所有的一切，都可以停止的！」

羅摩很誠懇，可惜羅剎王根本聽不下去；另一方面，天空中觀戰的諸神都覺得應該是時候幫助羅摩了，於是因陀羅叫來摩魯特兄弟，囑咐他們把神祇的各式武器借給這個英雄王族的後代使用。

復仇的烈火讓十頭魔王異常的殘暴凶狠，他淒厲地大叫：「還我兒子來！」隨即只見三千萬條飛蛇凌空而來。

「是蛇索！去！」羅摩連忙射出鷹刺刀，這法武器一出手，在空中變成三千隻雄鷹，這些雄鷹口中叼著一把雪亮的刺刀，把三千萬條毒蛇全數撕裂。

「可惡！看我的火魔棍。」火棍宛如火柱，嚇得猴軍驚慌逃散。羅摩見狀，馬上投出了法寶金錘，這金錘是濕婆大神的武器，它一錘可以砸平整個喜馬拉雅山，它也曾是始祖用來造海的工具，據說現在世界的五大洋，就是始祖用金錘在地球上砸了五錘形成的。

現在這金錘擊中魔棍，魔棍應聲碎裂，斷成無數小火球，消失在空中。

「射！」哈奴曼趁空發令，猴軍立刻搭箭，千萬飛箭齊發，慘殺聲中，刀箭飛擲，眞是殺得天昏地暗，心驚膽顫。

這場仗打了七天七夜，雙方使出各種寶器，你來我往。

絕望中的魔王抱著必死的決心應戰，使出全力。「威震三界，羅剎王果然名不虛傳。」羅摩暗暗稱道。他心裡明白，要不是羅剎王兵力單薄，他很難撐到現在。

「陛下，現在是打『死亡之鏢』的時候了！」哈奴曼大聲提醒羅摩。

羅摩一聽，馬上拔出死亡之鏢，向十頭魔王射去。這鏢用赤金製成，鏢頭似龍非龍，似蛇非蛇，它在空中飛行的時候，死神則隱著身子坐在上面，它能在一剎那毀滅一切，所發出的聲響，幾乎能將天震下來。

現在，還未等羅剎王羅婆那醒悟過來，他的胸膛就被死亡之鏢穿透，污血像山洪爆發一樣從十頭魔王的胸口奔瀉而出，十頭魔王搖晃著巨大的身子，發出臨死前震天動地的吼叫，像一座大山一樣地倒在地上死了。畢沙那不禁掩面哭泣，悲痛兄長的身亡。

「勝利！勝利！勝利！」猴軍們興奮地歡呼跳躍。

「終於可以回家了！」隊伍中有人高呼，馬上引起歡樂的回應。

「哈奴曼！」羅摩卻歡樂不起來，這些殺戮並不是他所樂見的。「只要已經放下武器的羅剎，就不要傷他們。大家不要摧殘羅剎王的屍體，入城時把他載回給他的家人，用厚禮葬他。他是個可敬的敵人。」

浩浩蕩蕩地，猴軍開入楞伽城。道路兩旁站立的，都是些哭泣哀號，淚流滿面的孺弱婦女，金頂銀蓋的屋舍，在悲傷的氣氛下，也變得晦暗無光。

「值得嗎？」這一切看在羅摩眼裡，十分不忍。他不禁捫心自問。羅剎國用這麼多人命，來換取悉多，值得嗎？話說回來，不也正是因爲我堅持要回悉多才引起的嗎？羅摩羞愧地，忍不住自責。

「告訴我，我這樣做，對嗎？對嗎？」他流著淚，遙望藍天。

「不管這個人生前做了多少壞事，但他畢竟是一個國王，是一個戰士。他戰死沙場，對他的仇恨應當隨著他生命的完結而一起消失。」羅摩勸說那些反對幫羅剎王舉行葬禮的人。

在他的堅持下，他們以厚禮火葬羅剎王。躺在檀香木和香草搭建的架上，羅剎王穿戴華服，身旁佈滿珍貴的布疋和花環。根據經典的要求，由婆羅門念誦過頌詩和咒語，由畢沙那親手點燃了柴堆。

叱吒三界的羅剎王，就在熊熊的火燄中，煙消雲散。

（十七）貞潔的考驗

安頓好羅剎王的後事，繼位爲羅剎王的畢沙那連忙請哈奴曼去別宮接悉多。

或許是障礙已除，或許是羅刹王的死仍盤旋在心頭，坐在金椅上的羅摩，期盼見到悉多的心，竟然不是那麼急迫，他沒有興奮得坐立不安，只是平靜的等待。

「陛下，悉多王妃接回來了。」哈奴曼喜悅地稟告。

悉多走到羅摩跟前，含淚地注視著她久別的丈夫，這一刻，她所有的痛苦和委屈都煙消雲散了。

羅摩緊緊握住悉多的手，良久，良久。他說：「公主啊，我已經殺死了十首魔王羅婆那，將妳解救出來，我的誓言已經實現了。我洗刷了敵人對我的侮辱。可是，我作爲高貴王族的後代，怎麼好這樣把妳領回來呢？妳畢竟離開我很長一段時間，住在敵人富麗堂皇的宮中，享受著榮華富貴。奢華的生活最易腐蝕人心，誰能保證，我冒死救出來的妻子是聖潔的妻子呢？」

「大哥！」羅什曼那焦急地打斷羅摩，「你怎麼可以對悉多講這種話，難道你不信任她！」

「你能保證悉多是聖潔的嗎？」羅摩強壓住激動，冷冷地說：「身爲十車王之子，我不能使自己偉大的家族蒙受這樣的奇恥大辱。」

「羅摩！」成串的淚水，無法控制地從悉多眼裡流出，她不敢相信這冷酷無情的話語出自丈夫的口中。她感到莫大的屈辱。

「我對天發誓，我對丈夫的忠誠從來沒變過！」悉多停止哭泣，幽幽地說：「羅摩，你只知自己家族的榮辱，卻忘記了我的出身，我是大地的女兒，我將毫無愧色地面對任何人。羅摩，既然你懷疑我的貞潔，爲什麼不叫哈奴曼提前通知我？我何必忍辱負重活到今天，你又何必忍受侮辱來到楞伽島，使這麼多百姓遭受戰爭之苦？」

悉多嚴正的指責，使羅摩無話可說。四周鴉雀無聲。

「羅什曼那，」悉多叫喚道：「請你爲我準備一堆火，面對一個無情的丈夫，生命已不足以愛惜，只有火才能證明我的清白。」

「不必跳火坑！我願意相信妳！」羅什曼那喃喃地說。

「我也能證明！」哈奴曼激動地跳出來。

「不！哈奴曼！」悉多微笑，平靜的說：「沒關係，我不會有事的。」

她雙手合十走向火堆，說：「火神阿耆尼啊，請你向所有的人證明我的清白。」說完，縱身跳入火坑。火燄團團圍住她，很快地吞噬了她。周圍的猴子和羅剎都發出了嘆息，羅摩淚水縱橫跌坐在椅子上……

突然，「你們看！」哈奴曼大叫，指著火坑中。

悉多端坐在火神懷中，從火坑中緩緩升起。

「我是善惡的見證，」火神說，「悉多是世間聖德女子，不可多得。羅摩，我現在把悉多還給你，好好照顧她。也唯有你這樣善德之人，才配有這樣賢德的妻子。」

火神緩緩放下悉多，火一瞬間全隨他不見了。

「原諒我！悉多！」羅摩摟住懷中的妻子，疼惜地撫摸她的臉龐，熱淚滾滾滴落在悉多的羅衫上。

悉多含著笑，點點頭。什麼話都是多餘的。

（十八）歸鄉

拜別了羅剎國的新王畢沙那，拜別了情深義重的猴國軍，羅摩帶著妻子、弟弟往拘薩羅國啟程。

十四年的生活一幕幕、活生生俯仰在林野之間，生活雖貧賤，卻相當富足。在淨修林和隱士對談，林間靜坐冥修，和妖魔對仗，和猴軍結義，乃至羅剎國救妻，這一切歷練，讓他對生命、宇宙有了更多的體認，更多的愛。

沒有驚動任何人，他們回到了阿逾陀城。王城和父親在世時比起來，樸實許多，但充滿生命力，人民的臉龐上仍洋溢著自信富足的表情。

「婆羅多眞是用心！」從路人的口中，他們一再聽到人民對婆羅多勤政愛民的讚美。

「你們？」終於有個百姓眼尖，認出他們，「你們不是羅摩國王、羅什曼那王子嗎？」

「快來呀！」那百姓興奮地大叫，「羅摩國王回來了！回來了！」

一呼百應，就在百姓的簇擁下，三個人往婆羅多的新城前進。結果還不到新城，遠遠地就聽到鑼鼓喧天，笙樂裊繞，大群人馬，頂著旌旗前來迎接。

「羅摩！羅摩！」老遠就聽到婆羅多興奮的喊叫聲。

「婆羅多——我們回來啦！」羅什曼那總是一馬當先，一路大喊，羅摩緊摟著妻子，引頸眺望，他也按捺不住心頭的激動。

「眞的是你！眞的是你！大哥！」兄弟擁抱，喜極而泣。

見過母親、親友，羅摩隨婆羅多回到皇殿。他簡直不敢相信眼前的景象。

皇座上，端放著他的草鞋；皇座金碧輝煌，頂上還有華蓋龍護，破舊的草鞋在上面顯得極端不協調。皇座前的地板上，則有一塊素淨的氈子，兩旁疊放著文房筆墨。

「婆羅多，你……」羅摩哽咽。

「大哥，這十四年來，就是這雙草鞋支撐著我，隨時提醒我要勤政愛民，要把這個國家治理好，在你修行回來後，才對得起你。」婆羅多說。

「雖然，我的才智有限，不能在父王的基業上更有成就，但是，總算也還差強人意，維持了父王當時的基業。」他低下身去，捲起素氈，「這些用不著了，大哥請上座，我幫忙代理了十四年終於可以卸下重任。」然後，他興奮地大聲說：「羅摩王親政，大家有福了！」

「羅摩王萬歲！萬歲！」所有人全跪膝行禮，留下羅摩一人淚眼婆娑，無言以對。

（十九）尾聲

十四年的不幸已隨風而逝。羅摩勤政愛民地治理國家，舉國上下一片和樂富足的景象。人們生活美滿，豐衣足食，夜不閉戶，路不拾遺。羅摩四兄弟也與自己的妻子過著幸福的生活。

在許多年後的一天，羅摩由臣子們簇擁著訪察民間疾苦，大臣們都說：「偉大的國王，你的臣民都在稱讚你高貴的美德，他們生活得非常美滿。」

「但是……」一個大臣猶豫再三，終於告訴羅摩：「百姓們對陛下充滿了感激，只有一點不滿意。我們聽到老百姓的一些街談巷議，說大王征服楞伽島是空前的壯舉，是爲這個古老的王族增加了光彩。百姓們還說，王后被羅刹王掠去這麼長的時間，居住在魔王的宮廷，大王不應當把她帶回來。總之，百姓們有不少議論，甚至不堪入耳，陛下就當沒這回事罷，百姓們又不了解實情。」

羅摩聽了這些話，感到頭暈目眩。他急忙派人把三兄弟召來，說：「我的兄弟們，你們是了解我的。我從來不懷疑悉多的忠貞，但老百姓們議論紛紛，我覺得我自己的作法有失當之處。作爲國王，應當是全體臣民的榜樣，應當維護我們古老家族的榮譽。爲了平息百姓們的意見，爲了我的名譽，我決定讓悉多住到恒河對岸蟻垤的淨修林去。蟻垤是位無所不知、品德高尚的隱士，他一定會照顧好悉多的。」

三兄弟對摩羅的決定感到突然，覺得這樣做不公正。但羅摩心意已決，兄弟們只好安排羅什曼那護送悉多去恒河彼岸。

第二天，當滿懷憂傷的羅什曼那到後宮接悉多上車時，悉多還不知道發生了什麼事。她高高興興地走出王宮，登上了御車。車子出城時，灰鴉鴉的天空飄著微雨，彷彿在預告著即將到來的不幸。

「羅什曼那，」悉多隱約感到不祥，問道：「發生了什麼事?」

「沒……沒什麼。」羅什曼那強忍著哀傷，支吾了過去。

了，他大聲哭泣起來。悉多不明白是怎麼回事，便安慰羅什曼那，她說：「英勇的羅什曼那，我來到恒河邊拜望苦修的仙人，祈求他們的祝福拘薩羅國泰民安，這是值得高興的事情，你為什麼這樣傷心呢？」

羅什曼那於是忍住了淚水，安排船隻渡河。悉多的心頭佈滿疑雲。一路上默默無語。船隻來到恒河對岸，他們下船來到陸地上，這時羅什曼那雙手合十，對悉多說：

「大哥派我到這裡來送妳，這件事對我是一個嚴重的打擊，它深深刺傷我的心。美麗的悉多啊，妳寬恕我的罪孽吧。我的王兄為了他的名譽，為了家族的榮譽，決定把妳休棄，吩咐我將妳安置在蟻垤仙人的淨修林裡……」羅什曼那泣不成聲，「高尚的王后啊，妳一定要堅強些，不要因為這不幸的消息而毀了自己。我知道妳是清白無辜的，而我的王兄又何嘗不知道這點。蟻垤是一位偉大的苦行者，他會使妳靜好舒適地活下去。務必請妳多多保重！」

彷彿突然被毒蛇噬咬到一般，悉多癱軟在地，過了許久才幽幽醒轉，「羅什曼那，我不怪你，也不怪羅摩。」她虛弱地說。淚水無法抑制地從她眼眶落下，瘋狂地奔流在她臉上，一雙瑩燦的眼浸在水霧之中，那麼淒幽，那麼地令人心酸、心痛！

「說眞的，造物主使我出生，就是讓我到人世間受苦受難。也許我做錯過什麼事情，但我從未背叛過自己的丈夫。如今他休棄了我，我有何面目繼續活下去？如果我住在淨修林裡，我該如何向蟻垤仙人解釋？羅什曼那，回去告訴羅摩，我這一生，只忠於他一個人，我之所以現在還不能自盡，是因為我已經懷孕，我在等待著我們王國的繼承者，不然，我會毫不猶豫地投入恒河。」

「我會如實稟報王兄的！」羅什曼那咬了咬牙，苦澀地道別，「請嫂嫂保重！」

悉多望著羅什曼那遠去，無力地坐在地上絕望的哭了。此時，蟻垤仙人和他的弟子們來到她的面前，蟻垤說：「高尚的夫人啊，不必這樣悲痛。妳所有的不幸，我都知曉。妳就住在我的淨修林吧，妳所需的一切，都會得到滿足。我的這些弟子都會關心妳，誰也不會欺負妳。」

於是悉多跟隨蟻垤仙人走進淨修林，從此在森林中住了下來。

轉眼過了十幾年。這段時間裡，羅摩致力於國家的治理，使他的國家變得十分強大。另一邊，悉多在蟻垤的淨修林裡，爲羅摩生下一對小王子。這對小王子分別取名爲俱舍和羅婆，他們長得和羅摩一樣英俊。蟻垤仙人教會了他們領兵打仗的本領，也教給他們如何治理國家。俱舍和羅婆不知道自己的父親是誰，蟻垤仙人就把羅摩的情況告訴了他們。蟻垤還將羅摩的英雄事跡編成了長詩教俱舍和羅婆吟唱。這對小王子非常聰慧，很快就能在琴聲的伴奏下把全部長詩吟唱下來。

一天，羅摩舉行馬祭大典，想以此表示對天神的虔誠，同時也向世人宣佈他在人世間所獲得的最高統治地位。他的兄弟分別派人向四面八方發出邀請。不久，各地前來參加馬祭大典的國王們都匯集到阿逾陀城，周圍的老百姓也都趕來觀看這盛大的典禮。蟻垤仙人知道這消息後，帶著弟子們和悉多的雙生子來到阿逾陀城。

蟻垤對俱舍和羅婆說：「我的孩子們，你們倆要每天早晨在街上吟唱羅摩的英雄事跡，要沿著大街向王宮門前走去，人們一定很喜歡聽。消息傳到王宮中，說不定羅摩王會把你們召進宮去。」說完，就返回淨修林。

早晨，俱舍和羅婆走在京城的大街上，他們邊走邊唱羅摩的事蹟，一直向王宮走去。街上的行人都停下來聽這兄弟二人演唱，那優美的曲調打動了所有人的心。羅摩聽到了歌聲，他下令把兩名年輕的歌手召進宮中。隨後，他又下令將前來參加大典的所有博學的婆羅門和修道人都請進宮中，一起聽歌手的演唱。

俱舍和羅婆按照蟻垤的教導，在羅摩面前吟唱著長詩。在場的聽眾都聚精會神地聽著，他們注視著這兩個歌手，驚奇地發現，這兩個年輕人長得和羅摩十分相像。兩兄弟的吟唱出神入化，把羅摩在戰場上的戰蹟渲染地轟轟烈烈；又對殺戮場面絲絲入扣，似乎使枯朽的白骨重新有了生命。

聽眾們沉浸在其中，欷噓著生命的無常。而羅摩也感慨到詩人的吟唱竟生動到能使死人回生，但卻無法讓時光倒轉，不禁後悔自己過去的所作所爲，淚水逐漸湧上他的雙眼。

當兩兄弟吟唱完全詩，羅什曼那奉羅摩之命拿出一萬金幣重賞時，兩兄弟卻拒絕接受。這使羅摩感到驚訝，他問：「請你們告訴我，爲什麼拒絕我的賞賜？」

俱舍和羅婆說：「偉大的國王陛下，我們是山林中的隱士，平時靠採集野果和草木根莖爲生，靠山泉溪水解渴，黃金對我們毫無用處。」

羅摩又問：「既然你們是隱士，那麼誰教你們唱這長詩的？這位了不起的智者是誰？」

俱舍和羅婆答道：「陛下，編這長詩的是偉大的修道者蟻垤，他是無所不知的聖者。」

羅摩終於明白，站在他眼前的兩個年輕歌手就是悉多的兩個兒子，也是他的親生子。羅摩站起身，上前去擁抱他們。這時，在場的大臣們才明白，爲什麼這兩個年輕人同羅摩長得那麼相像。

羅摩立刻派出特使前去請蟻垤和悉多。在一個吉祥的日子裡，蟻垤仙人和悉多來到阿逾陀城。

蟻垤把悉多帶進王宮，當著羅摩和所有人的面，再一次證明悉多的忠貞。他說：「十車王之子啊，你爲了自己的聲譽而把妻子放逐到森林中去，你害怕人民的指責，卻傷害了一個無辜的人。」

這時候，悉多昂起頭，說：「除了羅摩，我心中沒有任何人，我從未做過任何背叛丈夫的事，如果我講的是實話，那就讓大地母親敞開胸懷吧！」

悉多的話音剛落，大地眞的裂開了，在那裂縫中冉冉升起一個金光閃閃的寶座，寶座上坐著大地女神。她伸出雙臂，把悉多抱進懷裡，消失在地下深處。大地閉合了，天空降下花雨。

這一次奇蹟再一次向人們證明了悉多的聖潔。人們把悉多奉爲貞節的象徵，永遠紀念她。只有羅摩悲痛欲絕，他流著淚說：「悉多從我的眼前消失了，我永遠地失去了她。當她被十首羅刹王劫去時，我還可以救回她，當她被流放進森林時，我還可以派人去接回她，可是，她現在被地母帶走，我怎樣才能重新得到她呢？」

羅摩十分傷心地訴說著自己的悲哀，不時地哭喊著。這哭聲感動了梵天，他現身在羅摩面前，說：「偉大的勇士啊，不要悲傷。悉多被地母接走了，很快就會到達天堂。在眾神的天宮裡，你終將與她相娶。你將和她一起，永生不滅。」

從此，羅摩爲了紀念愛妻，命能工巧匠雕造了一尊金質的悉多像，他每天陪伴著這尊雕像，沒有再娶妻子。

隨著時光的流逝，羅摩兄弟們的母后一個個地去世了，她們陸續來到天堂，同十車王會合。羅摩決定放棄王位到森林中去過隱居生活。他把國土分爲兩半，一半交給俱舍統治，另一半交給羅婆統治。

羅摩在森林中渡過了生命的最後時光，告別人世，升入天堂。在天堂，他與悉多會合了。俱舍和羅婆統治著各自的國家，生活過得非常美滿幸福。

～關於《摩訶婆羅多》～

《摩訶婆羅多》與《伊里亞德》一樣，其中不但有長篇英雄史詩，還穿插許多動人的故事，和富有哲理的宗教、道德、政治的教誨。因此篇幅很長，一般說它有十萬「頌」（詩節。每頌兩行，每行十六個音），曾經被認爲是世界上最長的史詩，是古代最有代表性的戰爭文學。

《摩訶婆羅多》的作者據說是廣博仙人，實際上並非出自一人手筆，而是屢次的改編、增飾，因爲「廣博」（Vyasa）就是「編纂者」之意。梵文「摩訶」是「完整」或偉大的意思，「婆羅多」是一個家族或部族的姓，也可以引申爲「印度人」或「人類」，因此，《摩訶婆羅多》可以詮釋「人類偉大的歷史」。

關於這部史詩的時代，眾說紛紜，從西元前一千年到西元前四百年都有，不管如何，我們知道它流傳的時代是很早的。

《摩訶婆羅多》的原書分爲十八篇，描述了發生在俱盧王族中，持國王的一百個兒子和持國王之弟般度王的五個兒子之間，爲爭奪王位而進行的一場血腥大戰，雖然戰爭只進行了十八天，但史詩從戰爭的起因描述起，一直講到戰爭的結束，涉及了當時北印度的幾乎所有部落和首領。史詩中有名有姓的人物就有上百個，其中有神仙、有凡人，有的正直忠誠，有的奸詐邪惡，有的集各種性格於一身，在這眾多角色的參與下，有聲有色的活劇令人驚心動魄。史詩中的插話部份，因主線情節而發，又游離出這場戰爭本身，充滿了對社會道德、人生哲理的智慧思索，使《摩訶婆羅多》成爲一部涵容各方面的社會百科全書。

印度人認爲：「閱讀《摩訶婆羅多》是一件虔敬的事，人只要讀著它的一部份，就可以把罪惡洗掉。」可見印度民族是如何看重這部史詩了。

兩大家族世系

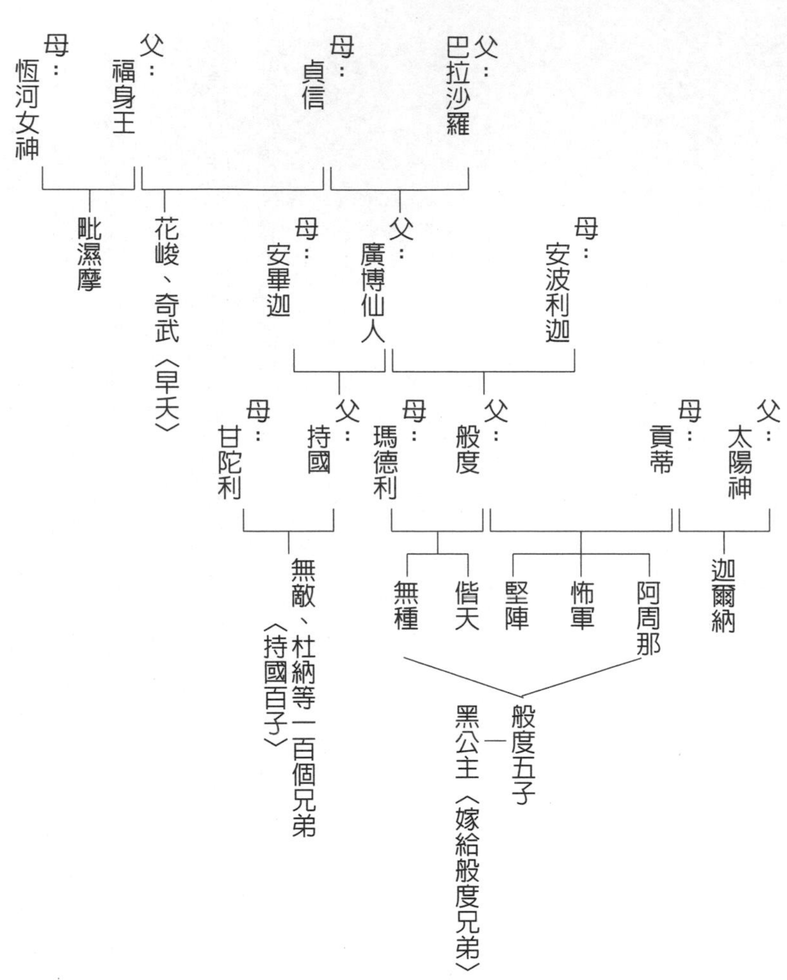
父：福身王
母：恆河女神
毗濕摩
父：巴拉沙羅
母：貞信
花峻、奇武〈早夭〉
父：廣博仙人
母：安畢迦
母：安波利迦
父：持國
母：甘陀利
父：般度
母：瑪德利
父：太陽神
母：貢蒂
無敵、杜納等一百個兄弟〈持國百子〉
皆天
無種
阿周那
怖軍
堅陣
迦爾納
般度五子
黑公主〈嫁給般度兄弟〉

第二章 一〇五位王子（《摩訶婆羅多》）

月亮族系有著悠久的歷史，在這一族系的先祖中，有許多著名的國王，如洪呼王、友鄰王、迅行王等。其中迅行王有五個兒子，其長子名叫雅度，最小的兒子叫布盧。布盧賢德，故繼承了王位。

過了很多年，布盧王的第十六代後裔豆扇陀有一天在外出打獵時，在林中淨修院遇到了眾友大仙和仙女美那迦的女兒沙恭達羅，雙方一見鍾情，婚後生下一子，他就是後來功德蓋世、聞名遐邇、印度人以自己為其後代而自豪的婆羅多大帝。

婆羅多的孫子名叫哈斯提，他當政時建立了王都訶斯提那普爾城（象城）。哈斯提的玄孫就是聲名顯赫一時的俱盧王，俱盧王的第十五代後裔是福身王。

（一）象城皇家

有一天，福身王在恒河邊與一個亭亭玉立、貌似天仙的少女邂逅，他的心立即被少女佔據。國王懇求她說：「美麗的人兒啊，嫁給我作妻子吧！」少女回答說，如果國王答應絕不干涉她所想做的任何事情，她可以嫁給他。欣喜的國王毫不猶豫地答應了她的要求。

這位少女就是恒河女神，她化身爲凡人來到了人間。國王和女神婚後生活很美滿，恒河女神爲國王生下兒子毗濕摩之後，便返回天上。

毗濕摩從年幼時便相貌非凡，智力超群。小小年紀便掌握了多種學科的知識，熟諳吠陀經典，精通戰術並練就了一身好武藝。滿心歡喜的國王便向滿朝文武宣佈立他爲王儲。

自恒河女神走後，一晃眼過去了四年。一天，福身王徜徉在閻牟那河岸上，一股沁人心脾的幽香迎面飄來，他不由自主地隨香氣尋去，在河邊他再次遇到一位女子，原來那香氣是從女子身上散發出來的。女子閉月羞花之貌深深地打動國王的心，這個女子就是漁夫之女貞信。國王迫不及待地找到漁夫，向他提出與貞信結婚的要求。漁夫說，如果國王能答應讓他女兒所生的兒子繼承王位的話，他可以應允這門婚事。

福身王無法答應這種條件，便無可奈何地返回宮中。在隨後的日子裡，他心事重重，整日不思茶飯。毗濕摩看到父王終日鬱鬱寡歡，便向他詢問究竟，國王向兒子講述了自己的心事。

爲了解除父王的心病，毗濕摩便親自去找漁夫爲父親提親，並向他發誓，自己願意放棄王位，且保證讓他女兒生的孩子繼承王位。

對此，漁夫答道：「尊敬的王子，你是一個高尚的人，我可以相信你的誓言，但你如何讓我相信你的後代也永不覬覦王位呢？」

「爲了父親的幸福和使你放心，我發誓終身不娶妻，不傳後代。」毗濕摩於是促成了福身王與貞信的婚事。

貞信先後爲福身王生下二子。長子花峻，次子奇武。福身王死後，花峻繼位，後來他在戰場上戰死，於是毗濕摩輔佐奇武繼位。當迦尸國舉行選婿大典時，毗濕摩按照古代刹帝利方式戰敗了前往競爭的眾國王，爲弟弟奇武贏回三位漂亮的公主——安巴、安畢迦和安波利迦。因公主安巴愛慕沙魯瓦國王，不情願與奇武成婚，因此奇武只娶了安畢迦和安波利迦。

奇武在位僅七年，膝下無子，年紀輕輕便因病匆匆辭世而去。爲了不使俱盧家族斷了香火，貞信太后請求毗濕摩繼承王位並娶兩位王后爲妻。然而毗濕摩堅決謹守他的誓言，拒絕娶妻生子。

這時候，貞信太后想起她在與福身王結婚之前生下的另一個兒子——廣博仙人。

原來，貞信是在一條魚的肚子裡孕育的，被一個漁夫剖開後發現，那個漁夫後來收她爲女兒。貞信長得非常美麗，可是身上卻有一股很臭的魚腥味，大家都不敢接近她。有一天，來了一個雲遊四方的隱士——巴拉沙羅，他很喜歡貞信，希望貞信能與他結婚，並保證讓貞信身上的臭味變成香味。

貞信很猶豫，但是想到可以除去可怕的腥臭味，就答應了。不久，他們生下一子德外巴耶納（意即「島生」），孩子相貌醜陋，面黑如鍋底，然而他智力過人，精通吠陀經，被人稱爲「廣博仙人」。按照傳統習慣，一個家庭的男主人死了，如無後嗣，應由其兄弟娶其妻生子以爲家族延續後代。貞信太后於是召來了兒子廣博仙人，向他說明原委，廣博仙人同意娶兩位王后。

但是當廣博仙人與安畢迦王后同房時，王后一見到大仙可怕的面容，嚇得立即閉上眼睛，以致後來她所生的兒子持國便成了瞎子；而在廣博仙人與安波利迦王后同房時，王后見到大仙可憎的面容則嚇得面無血色，因此她所生的兒子般度臉色蒼白。這兩個孩子都被認爲是國王奇武的兒子和合法的繼承人。在王子們未成年之前，暫由毗濕摩攝政，他把國家治理得井井有條，社會安定，經濟繁榮。

王子們長大後，考慮到持國是瞎子，所以毗濕摩把政權交予般度。在毗濕摩的操持下，老大持國與健陀國美麗賢慧的公主甘陀利成婚。甘陀利結婚前知道持國是瞎子，於是她就蒙起眼睛，從此不再拿掉眼罩，陪伴丈夫生活在黑暗裡，這決心讓百姓稱頌不已。

甘陀利結婚後不久便懷了孕，但是懷孕了兩年卻一直沒有把孩子生下來。有一天，甘陀利受不了了，就用鐵棒猛打自己的肚子，好一會兒才生下一個又冷又硬的肉球。他們把肉球剖成一百塊，放在一百個陶甕裡，各灑些聖水，結果生出一百個兒子，被人們統稱爲「持國百子」。

長子叫無敵，他從肉球蹦出來的時候，簡直驚天動地，巨風的怒吼、野獸的狂叫聲、猛鷹的嚎叫聲，和他的尖叫聲混雜在一起，到處鬼哭神嚎。恒河女神之子毗濕摩知道持國這個兒子，將爲世界帶來一場災難。他警告持國說無敵要來毀滅眾生，並建議持國把無敵獻祭給神祇。但持國和甘陀利身爲父母親，當然不捨得兒子犧牲，他們讓一百個兒子都從肉球裡蹦出來，把他們撫養長大。

這一百個兒子中，無敵性情暴躁，又喜歡嫉妒，一心想當國王；老二杜納鬼點子特別多，常幫無敵出壞主意，其他九十八個兒子，都像嘍囉一樣，跟著大哥、二哥跑。

至於般度，則是娶了貢蒂和瑪德利公主。

雅度家族與俱盧家族有血緣關係，他們同是迅行王的後裔。當雅度族爲公主們舉行選婿大典時，公主貢蒂把花環戴在在場的俱盧族國王般度的脖頸上，成了般度的王后。後來，毗濕摩又操辦了般度與摩德羅公主瑪德利的婚事，使瑪德利成爲般度的第二房妻子。

般度很喜歡打獵，有一天，他到森林去，看到樹蔭下有兩隻鹿。他慶幸自己運氣很好，一出門就碰到兩頭獵物，一拉弓，就把牠們射殺了。不巧的是，那兩隻鹿是仙人的化身，他們正在談情說愛，卻不幸被般度射殺。身受重傷的仙人在臨終之前忿忿地詛咒般度說：「罪人啊，你眞狠心，在我們最甜蜜的時候射殺我們，我詛咒你永遠不能享受甜蜜的愛，只要你去愛撫任何一個女人，你就會立即死掉。」

般度知道自己闖禍了，回到象城後就向大家宣佈，他要把王位讓給持國，要把自己放逐到喜馬拉雅山上，永遠不回來。

兩位王后都表示願意和般度一起放逐，般度被她們的眞誠感動，只好帶著她們同行，可是他不能向她們表現任何愛情。

在放逐的路上，他們吃盡了苦頭。沿著喜馬拉雅山險峻的山路往上爬，最後終於在一個山脊上住下來。般度被仙人詛咒後，無法和兩位王后生孩子，他老是感歎沒有後代。

貢蒂便說：「以前，我的父親蘇羅曾侍奉過敝衣仙人，我非常尊敬這位大仙，對他的生活起居，照顧得無微不至。後來他離開時，爲了感謝我，教過我一套求子咒語，可以召請任何一位天神下來，他會賜我子嗣。」

般度一聽很高興，就要貢蒂試試那套咒語。

他們虔誠的召請至尊之神達摩、風神伐由、雷神因陀羅下來，分別和貢蒂生下堅陣、怖軍、阿周那；後來又召請攣生神與瑪德利生下雙胞胎無種、偕天。這五兄弟被稱爲「般度五子」。

般度五子各有優點：堅陣聰明好學，不輕易犯錯，對弟弟們又愛護有加；怖軍強壯如雷電，個性比較急躁，據說他生下來時落在一顆石頭上，竟然把那顆石頭劈成兩半；阿周那是完美的戰士，可以戰勝一切，征服一切；無種和偕天兩人形影不離，有耐心與智慧。

五個孩子在森林中日漸長大，除了他們的父母外，森林裡還有許多修道的隱士說故事給他們聽，陪著他們一起玩。他們常追著小動物跑，餓了採野果吃，渴了喝山上的泉水，森林裡充滿了他們的笑聲。

有一年春天，陽光穿透林子，鳥兒在枝頭歌唱，花兒開滿林野，蝴蝶成雙成對的飛舞追逐。般度看到這種景象，一時忘記大仙對他的詛咒，就伸手擁抱瑪德利，結果咒語發生作用，般度立刻倒地死亡。貢蒂和瑪德利傷心欲絕，爭著要自焚殉夫。瑪德利認爲是自己害了般度，所以堅持由她陪著般度到另外一個世界去，而把雙生子託付給貢蒂。貢蒂在大家的勸說下，擔負起撫養五個兒子的責任。般度的喪禮簡單隆重，在熊熊的火光中，瑪德利和般度一起火化而死。

堅陣五兄弟還小，傷心的貢蒂只好帶著他們回到象城，去投靠持國王。持國看到這五個可愛的小侄子，也很高興地讓他們在象城住下來。

從此，俱盧家族的一百零五位王子，情仇恩義糾結，紛爭不斷。

（二）紫蛟宮之火

孩子們漸漸長大，到了他們該習武的年齡，持國王爲他們找到了武藝高超的師父德羅那。

自從拜德羅那爲師之後，堅陣兄弟都用心向德羅那學習，堅陣擅於用標槍，長於車戰，武藝高強也博學多聞，永遠孜孜不倦，爲人又謙虛溫和，很被看好是最佳的王位繼承人。不過他有個致命的缺點，就是喜歡玩骰子戲，儘管輸的時候多，卻還是樂此不疲；怖軍膂力過人，個性比較火爆，因爲常常向堂兄弟們炫耀武力，因此持國百子很憎恨他；阿周那在箭術上超越了所有的兄弟，是德羅那最得意的門生；無種擅於馴馬；偕天是權威劍手，對天文知識很有興趣。

德羅那也同樣教導無敵兄弟，可是他們兄弟的武藝不如堅陣兄弟，他們的優勢在於人多，打起群架比較有利。

這群王子從小便吵不完、鬧不完，而且總是分成兩派，互相爲敵，尤其是無敵與怖軍。無敵最恨怖軍，他曾趁怖軍熟睡時把他推進河裡、曾放毒蛇咬過怖軍，也曾在怖軍的飯中下過毒，但無敵的陰謀始終沒有能夠得逞。怖軍大難不死，身體反而變得更加強壯。

隨著堅陣的聲望越來越高，無敵兄弟對堅陣兄弟更加嫉妒，常常明嘲暗諷的說堅陣不滿持國王執政，一心一意要奪回王位。怖軍受不了他們的言語中傷，幾次氣得要向無敵挑戰。

毗濕摩和德羅那怕他們私下鬥毆，會引起百姓議論，便決定舉辦一場比武大賽，讓王子們在所有臣民面前，表演他們所學的武藝，並且和他們約定，除了比武大會，不准私下較量武功。

於是，一場龍爭虎鬥的比武大賽就在象城王宮前的原野上盛大舉辦，來自全國各地的民眾，把比武場四周擠得水洩不通。王子們手持各自的刀槍劍戟，或騎快馬馳騁全場，或模擬戰爭的場面，乘戰象攻守，逐個地表演了嫻熟的武功，贏得四周觀眾的熱烈掌聲和由衷的讚賞。

演習了一段時間後，情況漸漸失控，無敵和怖軍刻意避開隊伍，兩人在比武場一角格鬥。他們各舉棒鎚互相廝打，好像有深仇大恨一樣，招招都用狠勁。場內的無敵和怖軍拼得你死我活，場外的觀眾也沒閒著，他們把目光都集中在這兩個人身上，嘴裡發出海浪般的怒吼，有的為無敵加油，有的為怖軍打氣。

德羅那看情況不對，立刻發出如雄獅怒吼的聲音制止，無敵和怖軍才停止下來。這時號角和鼓聲齊發，會場終於平靜，大家靜候德羅那發號施令。

德羅那決定叫阿周那出場示範，阿周那知道自己身負重任，一點都不敢大意，他儀態優雅的走上前，穿著如朝霞般燦爛的鎧甲，模樣就像天神翩翩降臨一樣。

阿周那開始表演他的武術，他用不同的武器分別變幻出地、水、火、風、雲、山，最後再以咒語令這些東西消失。

接著，再表演他精湛的箭術。他五支箭齊發，全部射入一隻鐵猴子的嘴裡；又連發二十支快箭，全部射進一只在風中擺動的牛角。後來，他跳上戰車繞場疾駛，同時一邊發射如雲的快箭。

觀眾席上歡聲雷動，阿周那在大家的心目中，簡直就是一位完美的戰士。

比武大會在阿周那神乎其技的表演之後結束，群眾對堅陣兄弟的印象深刻，認爲他們眞是國家的英雄，將來都可以成爲人民的保護者。

正在這時，群眾中發出一陣喝采，比武場上出現一個威風凜凜、儀表堂堂的青年。

這位戰士叫迦爾納，他傲慢地叫囂道：「阿周那！你那一套並沒有什麼了不起！看我的！」說完，他果然從容地把阿周那所做過的重新表演了一遍。

阿周那被激怒了，雙眼爆發著憤怒的火花，他向這狂妄無禮的戰士喝道：「讓我們決一雌雄吧！」

眾人都屛息以待另一場激烈的格鬥。

「比武大會已經結束，你們不要再比了！」突然，阿周那的母親貢蒂從人群中奔出，高喊著制止。

「請不要阻止我，母親，」阿周那回答，「我一定會戰勝他，爲我們偉大的家族爭光。」

阿周那的話引起群眾的一片歡呼聲和掌聲，兩個英雄隨即緊束鎧甲，大步走到場子中央。兩個人眼中都蘊著怒火，貢蒂驚恐地看著他們。

正當他們面對面隔著一定的距離站立，傲岸地舉著武器對峙時，迦爾納看見一位年老的車夫出現，立刻上前跪著問候。原來迦爾納是車夫的孩子，按規定，出身低賤的人是不可以和王子比武的。

怖軍驕傲地對迦爾納說：「你的地位低賤，沒有資格和阿周那比武。」

迦爾納低著頭，難過地看著地上，心中感到莫大的羞辱。

無敵自己的武術不敵堅陣兄弟，一直找不到好辦法對付他們，現在他高興極了，看好迦爾納這個高手可以替他復仇，就馬上封迦爾納爲安迦王，讓迦爾納取得貴族身份，擁有爵位、財富和奴隸，如此就可以與阿周那較量。迦爾納感激地接受了封號。

「這只是外來的賜予，無論如何，你還是個普通老百姓，依規定不能向高貴的王子挑戰。」怖軍睥睨著迦爾納。

迦爾納從此對堅陣兄弟非常怨恨，無敵更是把般度五子當成眼中釘、肉中刺，他決心拔除他們。無敵於是和迦爾納以及他的舅舅沙恭尼沆瀣一氣，整天策劃著坑害般度五子的陰謀。

比武大會過後，民眾的心目中，般度五子比起持國百子更具威望。無敵深知這一點，因此，他無時無刻不感到堅陣兄弟是對自己的巨大威嚇。一天，他向持國王說：「父王，你現在是國王，而我是你的長子，你應該把王位傳給我。」

持國王無可奈何地說：「無敵，我也想讓你繼承王位，可是我是個瞎子，我的王位從般度那裡來，我應該要還給般度的兒子。」

杜納說：「我們想個辦法把他們兄弟送走，這問題不就解決了嗎？」

「不可以！」持國喝斥道：「我沒有理由要他們走。」

「父王爲何如此偏袒他們？我們才是你的親生子啊！」無敵不滿地叫道。

「唉，」持國王嘆道：「要怪就只怪你們平日不爭氣，比武大會又沒有好好表現，大多數貴族和百姓的心都傾向他們，我如果把王位傳給無敵，會引起眾怒。」

無敵說服不了持國，悻悻然去找舅舅沙恭尼商量。沙恭尼是甘陀利王后的哥哥，生性狡獪奸險，他說：「我早就看他們不順眼了，攆走他們，將來咱們才可以高枕無憂。」

沙恭尼獻計，要持國先讓堅陣兄弟離開象城，以使老百姓將注意力放在無敵兄弟身上，持國答應了。他讓無敵兄弟留在象城，堅陣兄弟到王國北部的梵朗城去。

他們把梵朗城說得和仙境一樣，說那裡有最肥壯的牛群，有甘甜的水草……無敵還答應要在那裡修一座最富麗堂皇的宮殿，讓貢蒂和堅陣兄弟能在那裡過著幸福快樂的日子。另一方面，無敵卻派出心腹布羅旃事先前往梵朗城，以易燃的樹木、竹和茅草建造了一座紫蛟宮，準備一旦得手，便設法把堅陣兄弟燒死。

堅陣知道無敵的用意，但他沒辦法拒絕，他不想讓瞎眼的伯父爲難。於是他帶著母親和弟弟們，準備出發到梵朗城。

動身前，宮中一位料事如神的老臣維杜羅對堅陣說：「只有預見敵人意圖的人才能脫離險境，大火能燒燬整個森林，但卻不能傷害躲在地道中的豪豬。」堅陣記取了他的忠告。

梵朗城的人民熱烈地歡迎堅陣兄弟和他們的母親，在布羅旃的引導下，他們來到無敵爲他們打造的紫蛟宮。紫蛟宮外型巍峨壯觀，一般人很難從外表看出這座宮殿所隱藏的危險性。但堅陣認眞地查看了宮中的設施，發現他們所用的材料都是易燃物。他理解了維杜羅話中的含義，知道危險隨時會降臨。他冷靜的思考，要盡力保護母親和弟弟們的安全。

爲了不驚擾敵人，堅陣兄弟仍住在宮中，表面上裝得若無其事，平常照樣打獵和娛樂，然而暗地裡卻在監視著布羅旃的動靜，同時積極地挖掘準備逃走的地下坑道。

挖地道的工作一直秘密進行著，堅陣兄弟表面上還是過著平靜的生活。象城的無敵向百姓宣告，說堅陣兄弟過著幸福快樂的日子。

一年後的一天，皇宮突然著火了，熊熊的火光毫不留情的把一座金碧輝煌的宮殿，吞進它兇猛的大嘴裡。這把無名火燒得猛烈，除非長著翅膀，否則難以逃脫死亡的命運。

在傾塌而烏黑的灰燼中，有幾具燒得焦黑的屍體，百姓認定那是堅陣兄弟的屍體，都爲那五個少年英雄悲慟。他們派人火速去象城，把這一噩耗報告了持國王。

持國王得知貢蒂等人遇難的消息，十分後悔讓侄兒們遷到那個死亡之城，他悲痛地派人前往梵朗城料理後事，無敵表面傷心落淚，心中卻竊喜，只有維杜羅一人心中有數。

（三）神子與黑公主

從地道逃生的堅陣兄弟走在逃亡的路上。怖軍背起母親，小心翼翼地走著。他們渴飲山泉，餓食野果草根，就這樣走了多日，來到一座密林中。

一天夜裡，怖軍正守衛著大家。一對羅刹兄妹聞到人的香味，哥哥希丁波要妹妹希丁芭前往探察。

羅剎女就隱身起來，循著味道找上他們，她看到怖軍戒備的守衛著，就問：「你是誰？」

怖軍看不到希丁芭，但可以感覺她的存在，他大聲反問：「我是怖軍，象城來的王子，妳又是誰？有膽就現身吧！」

「我是這森林的主宰者。」希丁芭說。

「一個不敢現身的人會是森林的主宰？」怖軍冷冷一笑，「有膽就現身，不要縮頭縮尾！」

羅剎女也發出一聲冷笑說：「我全身毛茸茸的，而且有一股腥臭味，我一現身只怕會把你給嚇死！不過我會變，我變個美女讓你瞧瞧！」

說變就變，一個美女出現了。

美女告訴怖軍：「我本是森林裡的羅剎女，我哥哥要我來取你們的性命。可是我覺得你是勇敢的英雄，我愛上你了，你能不能娶我為妻？」

怖軍老早就聽過羅剎的故事，他不願享有這種豔福。羅剎女威脅他如果不答應，可能她哥哥會把他和兄弟、老母統統吃掉。

怖軍仰頭大笑，說：「任何羅剎都別想打敗我！」

才說完，希丁波出現，想殺掉怖軍。羅剎女上前阻止，並向她哥哥請求讓她嫁給怖軍。希丁波非常生氣，衝向怖軍，互相扭打起來，戰況很激烈，互有勝負。

打到快天亮時，羅剎女在一旁對怖軍說：「我哥哥在天快亮時最有力氣，你趕快把他抓離地面，無論如何趕快殺了他，不然就要死在他手上了。」

怖軍依言照辦，果然把希丁波殺死。因爲感激，他終於答應娶希丁芭爲妻。希丁芭後來爲怖軍生了一個兒子，取名叫瓶首。瓶首長得既像人又像羅刹，力大無比，勇猛異常，深得叔伯們的歡心。不過他和母親只習慣住在森林裡，沒有跟父親去過逃亡的生活，那孩子對怖軍說：「父親，總有一天我會去探望你的。」

堅陣兄弟和他們的母親繼續過著四處流浪的日子，他們喬裝成苦行者住進了獨輪城，在這裡怖軍爲民除害，殺死了缽迦怪獸。

此時，般遮羅國王木柱王宣佈即將爲女兒舉行選婿大典，並說，只有能使用他的大弓射中靶子的勇士才具有中選的資格。這一消息也傳到了獨輪城，堅陣兄弟聽到消息，都急切地想去試試運氣。

貢蒂看透孩子們的心思，便對他們說：「我們在這個地方待的時間太長了，是不是該到般遮羅國去漫遊？聽說那是個美麗富庶的國家。」考慮到家族的古老習俗，貢蒂又交待他們：「你們五兄弟中，不管誰贏到什麼戰利品，都必須和你們所有的兄弟分享。」

於是興高采烈的五兄弟便和母親登上了前往般遮羅國的路程。經過長途跋涉，他們終於到達該國首都，並以婆羅門的身份投宿在一個陶器匠家中。

前來參加大典的有眾多聞名於世的國王和英雄，其中包括持國百子、安迦王迦爾納、黑天、童臚和妖連等。此外，還有無數觀眾前來觀看，賽場四周人頭攢動、喧鬧聲猶如海潮澎湃。這時，只見般遮羅國太子猛光騎著駿馬在前面開路，妹妹黑公主乘大象跟在後面來到場地上。當她從大象身上下來的時候，她那綽約的風姿和美麗的容顏使眾人無不爲之傾倒。

猛光宣佈說：「各位！用這裡的弓和箭連續五箭穿過轉盤中間的小孔而命中箭靶者，即可娶我的妹妹。」

眾國王和勇士相繼出場，由於弓太重太硬，試射者，其中包括童廬、妖連和無敵等人均告失敗。這時，迦爾納走上前去，眼看他就要成功地把弓弦上好，但他把弦上到僅僅差一發之距時，弓驟然從他手中脫出，使得他不得不悻悻而歸。

這時，夾在婆羅門人群中的阿周那站起身走上前去，場上立即騷動起來，人們爲這個不自量力的婆羅門而議論紛紛。只見他熟練地操起弓，拉滿弦連發五箭，箭箭穿過轉盤射中靶子。人們的驚詫使場上一時間鴉雀無聲，但隨即便爆發出一陣熱烈的掌聲和歡呼聲。接著，喜形於色、神采飛揚的黑公主走上前來給阿周那戴上花環。

但是眾求婚者對把公主許配給一個婆羅門極爲不滿，他們鼓譟著：「這種選婿方式並不符合婆羅門的習俗，木柱王把公主許配給一個婆羅門是對我們的污辱！」他們開始圍攻木柱王，阿周那和怖軍保護著木柱王。妖連王子在暴怒中，用力把矛投向阿周那。阿周那靈巧地閃開，但它竟刺中了一位賓客，群情激憤中，所有的武士都湧上來，展開一場混戰。

但求婚者與般度五子之間眾寡懸殊，堅陣兄弟很快地陷入苦戰。箭鏃在空中飛射如暴風雨中的冰霆。怖軍趕忙拔起一棵大樹，威風凜凜地掃了過去。這時，黑天出面規勸挑釁的國王和王子，事態才平息下來。

五兄弟帶著黑公主返回住地，按其承諾，五人共娶黑公主爲妻；黑公主因爲以前有位大仙曾預言說：「妳前世是一位虔誠的婦女，曾經向天神祈求一個丈夫，妳禱告五次，因此天神讓妳今生有五個丈夫。」知道自己今生註定要嫁給五個丈夫，所以並無異議。

次日，貢蒂和堅陣五兄弟應木柱王之邀來到宮中。堅陣暗地告訴木柱王，他們是般度王子。木柱王聽了大喜，但當他聽說五兄弟要合娶黑公主時，卻極力反對。

這時，堅陣說：「國王，請原諒！我們五兄弟曾起過誓，對得到的任何東西都將均分共享，我們不能違背這一誓言。」

木柱王沉吟了一會兒，說：「唉！如果貢蒂王后、你們五兄弟、猛光和我的女兒都認爲這樣做合適，那我也沒什麼好說的了。」於是，木柱王爲黑公主和般度五子舉行盛大的婚禮，並給他們最大的祝福。

（四）五子建國

無敵得知堅陣兄弟不但沒有死，而且還和強大的木柱王結成了親戚，心中更加恐懼和不安，他召來迦爾納同去找持國王商量對策。於是，持國王召集了御前會議。

「我們可以利用他們不是一母所生這一點來製造他們之間的不合，煽動五兄弟爲黑公主爭風吃醋，從而瓦解他們。」嫉妒之火燒灼著無敵，他奸險地計劃著，「另外，我們還可以賄賂木柱王，讓他加入我們的陣線。」

雖然怖軍侮辱的言詞讓迦爾納耿耿於懷，但他卻不同意無敵的意見。他說：「事實證明，用陰謀消滅不了他們。最好的辦法是在他們羽毛未豐之前，以武力殲滅他們。」

毗濕摩、德羅那和維杜羅則提出了第三種意見。他們說：「般度五子有權繼承一半國土，請把國土分一半給他們罷。火燒紫蛟宮的事已使你們聲名狼藉，不要再做傷天害理的事。」儘管這一建議遭到無敵兄弟和沙恭尼的竭力反對，但持國王還是採納了三位長者的建議。

持國王把般度五子和貢蒂召回象城，他把古都甘味城附近的一片地方劃歸般度五子管理。此時的甘味城早已變成一片人跡罕至的廢墟，堅陣兄弟來到這裡，他們帶領百姓砍伐樹木，挖掘渠道，建設城牆、宮殿和道路，把一座廢城修整一番，它被命名爲「天帝城」。工匠、商人、歌手等逐漸湧入城裡，它很快便成爲一座繁華、美麗、遠近馳名的城市。

在此同時，阿周那和瓦利施尼族首領黑天因爲在般遮羅國聯手抗敵，兩人英雄惜英雄，交往密切。一天，阿周那來到黑天的管地多門，黑天爲表隆重，特地邀請他參加瓦利施尼人的盛大節日宴會。在宴會上，阿周那一見到黑天的妹妹妙賢，就被她那清麗的容顏所吸引。黑天看出了他的心思，便鼓勵他按剎帝利的方式搶走她。

翌日，妙賢去山中祭祀山神，在她即將返回時，阿周那駕著金色的馬車狂奔而來，然後將她攔腰抱住，劫持上車往天帝城疾馳而去。

與妙賢同去祭神的婆羅門倉皇奔回城中報告妙賢被劫的消息，這消息深深激怒了瓦利施尼眾武士。於是年輕好戰的勇士們登高一呼，要求所有的戰士都參予討回妙賢的行動，正當大戰一觸即發的時刻，黑天出面勸阻，他說：「阿周那並沒有污辱我們瓦利施尼人，他愛上妙賢，對她一見傾心，古老的法典允許剎帝利搶走未婚妻，他只是按這一習俗行事。阿周那出身顯赫，實際上他和我的妙賢妹妹很登配。」聽了黑天的話，武士們的怒氣全都平息了下來。

應瓦利施尼人邀請，阿周那帶著妙賢又返回多門城，瓦利施尼人爲他們舉行了隆重的婚禮，雙方又言歸於好。

婚後，妙賢處處尊重黑公主的主婦地位，她們關係處得很融洽。後來，黑公主與每個丈夫都生了一子。妙賢也爲阿周那生下一子——激昂，激昂從小就充分顯露他那超凡的勇氣和才能。

般度族兄弟政績輝煌，在他們治理下的國土和首都天帝城，到處呈現出一派繁榮的景象，國家富強，人民生活安定、幸福。不久，堅陣開始派四兄弟出征，以拓展疆土。他們打敗了周圍鄰國，迫使他們向堅陣稱臣和納貢。並舉行「王祭」，向世人宣佈，堅陣王在眾國中擁有無可爭議的霸主地位。

（五）骰子戲

另一方面，無敵見堅陣兄弟把國家治理得如此興旺，更加悶悶不樂。他的舅舅健陀羅王沙恭尼勸他說：「無敵，不要氣餒，別忘了你身邊有一百個兄弟和眾多親戚朋友幫助你，你是強大的。雖然用武力我們戰勝不了堅陣兄弟，但可以用計謀啊，你忘了堅陣的弱點嗎？他什麼都好，就是喜歡玩骰子，而且玩得不精，常常會輸。」

無敵一時會意不過來，杜納卻笑著說：「薑是老的辣，舅舅這一招夠狠！」杜納邊說邊做出擲骰子的手勢，無敵恍然大悟，握住沙恭尼的手，給他一個狡詐的眼神。

無敵向持國請求，設賭局讓堅陣和沙恭尼玩骰子。他說：「父親，這純粹是玩玩，聯絡感情，你知道堅陣一向喜歡玩骰子，有舅舅陪他，他一定會盡興。」

持國沒有理由不答應。

在天帝城，看到無敵的邀請書，怖軍首先反對，他說：「無敵兄弟詭計多端，一定不懷好意。」其他兄弟紛紛附和，都持反對意見。

貢蒂也站在怖軍他們這一邊，可是堅陣天生有一雙愛玩骰子的手，一聽到有骰子戲，就忍不住想試試自己的運氣。他說：「無敵是我們的堂兄弟，他邀請我們去玩，如果我們不去，倒顯得我們心胸狹小，讓他有理由數落我們。」

貢蒂和怖軍他們只好勉強同意。

無敵在宮中設下賭局，讓沙恭尼代替他，和堅陣擲骰子決定輸贏。

骰子戲開始了，堅陣從脖子上取下一串珍珠項鍊，拿它做賭注。骰子的聲音清脆地落在金碗裡，結果堅陣輸了。沙恭尼說：「你輸了，你可以選擇停戰。」沙恭尼看準堅陣才開始玩，不肯就此罷手。

果然，堅陣搖搖頭。他起先拿身上的一些首飾當賭注，很不幸的都輸掉，後來用幾百箱的黃金，一箱一箱押下去當賭注，結果贏的機會很少，大部份的賭注都輸了。

怖軍看情況不妙，想上前阻止，堅陣卻用眼神制止怖軍的衝動。

接著堅陣想到他有多個精通歌舞的女奴，他把她們當賭注，輸了；他又想到很多個男僕，同樣拿他們當賭注，骰子好像與他作對，他又輸了。

堅陣像所有賭徒一樣，越輸就越想翻本，根本離不開賭桌，也不在乎骰子是不是有問題。他開始進入瘋狂狀態，拿所有配備精良的戰車和神勇的駿馬當賭注，卻又輸了；他想自己還有牛隊、羊群，他都拿來下注，又輸了。

骰子的聲音牽引著大家的情緒，旁觀的人也都緊張起來。

毗濕摩、廣博、德羅那他們都覺得不該再任由賭局繼續，可是雙方欲罷不能，當他們看到堅陣和沙恭尼眼中燃燒的火燄，就知道誰也阻止不了這場賭戲。

持國是瞎子，他看不到賭博的情況，可是從觀眾的讚嘆聲，他知道賭注很大，他身邊的侍臣不斷向他報告戰果，他為無敵高興，也為堅陣難過。

貢蒂心裡很著急，看堅陣輸紅了眼，她又阻止不了。甘陀利也是，但她只能傾耳聆聽，心裡的緊張更勝一層。貢蒂和甘陀利的感情很好，她們都不希望子孫之間發生大衝突。

杜納和迦爾納卻暗中叫好，他們對善於詐賭的沙恭尼有信心。

堅陣越玩越瘋狂，他所有的財物都輸了，但是他很想再讓骰子動一次，於是他把自己和四個弟弟，還有孩子拿來當賭注，他想總該輪到我贏了吧！骰子靜止停在十一點，他笑了，除非沙恭尼擲出十二點，而那機率不高。

沙恭尼皺著眉說：「哎呀呀，你是猛龍翻身，我恐怕罩不住了。」說著，他拿起骰子，高高的擲下去，很多人的心臟都跟著骰子的聲音震動。

堅陣的頭痛苦地垂下，又輸了。兩顆骰子清楚的各顯示六個黑點，每一點都在堅陣的眼裡，無限的擴大……他頹然地閉上眼，一方面恨自己愛賭，一方面又想再賭。可是他已經一無所有了。

沙恭尼提醒：「還有你的妻子黑公主還沒輸掉，你拿她當賭注，可以翻本，把你所有的東西都贏回去。當然，要你的手肯再握一次骰子。」

堅陣好一會兒動都不動，骰子好像有手，拼命向他揮動。

迦爾納在旁邊煽風點火，說：「輸贏就在這一擲，可惜這需要相當大的勇氣，一般人是做不到的。」說完他用挑釁的眼光看著堅陣。

堅陣受了迦爾納的激將，孤注一擲地點頭答應，大家的目光都射向金碗裡的幾顆骰子。

堅陣拿起骰子的手有點發抖，他遲疑了一下，最後還是把骰子投下去。群眾中發出一聲嘆息，因爲點數很低，大家認爲他輸定了。

沙恭尼搔搔頭，左手摸著下巴，右手用力一擲，又是一聲驚嘆。有人喊出：同點！這表示不分勝負，堅陣還有一次機會。

堅陣的信心來了，他相信風水輪流轉，該他贏了。他用力一擲，點數不低，擁護他的人暗暗鬆了一口氣。

沙恭尼又皺皺眉，用牙齒咬咬嘴唇，一副準備放棄的樣子，隨便放手一擲，群眾中發出「啊」的驚嘆聲，此起彼落，接著是死寂的靜默。

堅陣輸了，所以他現在什都沒有了。

無敵高興的派杜納把黑公主帶來，他要把黑公主當僕人，放到廚房去洗盤子，他早就想羞辱黑公主了。

杜納找到黑公主，拉拉扯扯把她帶到眾人面前。

黑公主知道堅陣把什麼都輸了，非常傷心，但她仍冷靜的當著眾人面前問：「堅陣先輸掉他自己，還是先輸掉我？」

「堅陣先把他自己輸掉後，再拿妳來翻本。」無敵猙獰地笑道。

「這麼說來，」黑公主問眾人，「他如果先把自己輸掉了，那我就不再是他的人，他怎麼有權利把我輸掉？誰有權利把不屬於他的東西拿來當賭注？」

一時眾人議論紛紛，有人支持黑公主不該被當為賭注；也有人認為妻子和丈夫是分不開的，所以黑公主也該輸給沙恭尼。

憤怒的怖軍衝上去，要去燒掉哥哥不務正業的手，被阿周那勸阻了。

這時，持國年少的兒子奇耳站出來大聲叫道：「尊敬的長輩們，你們為什麼不講句公道話？堅陣在輸掉黑公主之前就先輸掉了自己，成了奴隸，所以他已無權支配黑公主的命運！」

「長者還沒說話，你這個毛頭小子瞎攪和什麼？」迦爾納一面大聲喝斥奇耳，一面叫囂道，「堅陣和他的四兄弟都已成為奴隸，而奴隸的所有也屬於他的主人，所以黑公主當然是奴隸！不但他們自己，就連他們身上的衣服也都屬於我們。讓他們，包括黑公主，把衣服全脫下來！」

般度五子不情願地脫掉了上衣。無恥的無敵則衝上去剝黑公主的衣服。善良的人們不忍直視，都低下頭嘆氣。然而奇蹟發生了，無敵每脫掉黑公主一件衣服，她身上便重新出現一件，無敵不停地脫著，直累得氣喘吁吁，黑公主身上仍然穿著衣服。

怖軍氣得咬牙切齒說：「現在我發誓，在交戰中，我若不撕開這敗類的胸膛喝他的血，就讓我死後升不了天堂！」他實在受不了這種侮辱。

堅陣始終低著頭，心裡充滿懊喪和悔恨。

「夠了，無敵，你真不知道羞恥！」一直沉默的持國王怒斥。他把黑公主叫到身邊，安慰了她，接著又對堅陣說：「你是個寬容大量的人，饒恕無敵的惡行吧，我讓你恢復自由，把你所輸掉的一切都拿回去，回天帝城罷！」

無敵眼見到手的勝利被父親破壞，急忙對持國說：「般度五子一定不會善罷甘休的，他們一定會不擇手段的來攻打我們，父王，你叫堅陣再回來賭最後一局，誰賭輸，就到森林中流放十二年。」

持國很爲難，可是他私下也擔心堅陣兄弟會回來復仇，拗不過無敵兄弟的請求，就叫人再把堅陣叫回來玩最後一局。

沒有一個人贊成堅陣再做一次冒險的賭注！一夜之間輸掉一切、輸掉自己，多荒謬！怖軍拉著堅陣的手，要阿周那把它們捆起來。堅陣掙脫了，他已賭紅了眼，說道：「別阻攔我！我已抓到沙恭尼的路數，這次我一定贏！」

怖軍和阿周那一前一後包圍著他，黑公主更是不解地望著他，彷彿自己的丈夫是個陌生人。

堅陣再一次信誓旦旦的說：「今晚的霉氣將要一掃而空，如果放棄這次機會，我一輩子都不會甘心。」他還威脅弟弟們，如果不讓他去玩最後一盤，他就要自我放逐。怖軍長嘆一聲，無奈地答應哥哥，於是堅陣回到宮裡。

這是沙恭尼早就預料的結果，他露出奸詐的笑容說：「剛剛我的手氣很好，不過人家說風水輪流轉，這回可能是你贏喔！」

無敵也虛情假意的說：「對啊，我舅舅雖然是賭場老將，可是他也有失手的時候。」無敵心裡清楚得很，這副做過手腳的骰子，再怎麼樣也不會讓堅陣贏得勝利。

堅陣很希望扳回一城，這關係到他們的幸福，他額頭上的汗珠如豆粒，緊張的一刻終於來臨。他很愼重的看看自己的手，在心裡吶喊：「手啊，手啊，你要擲出漂亮的點數，我們的命運就看你了。」

不爭氣的手並沒有實現堅陣的期待，骰子在金碗中轉了很久才停，出來的點數說明堅陣又輸了。他們註定要在森林裡度過漫長的十二年，並且在第十三年不准讓人認出他們的身分，否則就得重新再放逐十二年。

堅陣跟著妻子、兄弟走出來，他好恨自己，他的心在淌血、撕裂。他舉起雙手要怖軍把它們剁掉，怖軍在上面吐了一口痰就別過臉，不再看堅陣一眼。堅陣覺得太對不起大家，向恒河邊奔去想自殺贖罪，黑公主哭著挽住他、求他。

一直不太講話的阿周那對堅陣說：「今天我們中了無敵的計，如果你就這樣死去，只證明你是個懦夫。勇敢地活下去吧，怒火在我們胸膛，力量在我們的手上，我們將來一定回來雪恥。」

怖軍也發出狂吼說：「堅陣，我支持你。」怖軍原諒他了。

無種和偕天也表示患難的決心，於是堅陣不再尋死覓活，他要爲自己的錯誤擔起責任。他帶領黑公主和兄弟，展開漫長的放逐生活，他相信終有一天，會帶著他們回來。

（六）放逐森林

堅陣兄弟就要到森林中去了，他們含著眼淚向母親告別，貢蒂的心好像被刀子割過一般，這五個孩子從沒有離開過她，無種、偕天雖然不是她自己親生的，她也都把他們疼入心裡。現在堅陣兄弟帶著妻小要到森林裡去，整整有十二年的分離，貢蒂不敢想像失去他們的日子。命運啊，爲什麼要把他們拆散呢？

最痛苦的當然是堅陣，他爲自己的好賭而懊悔，他跪下來，頭抵著母親的腳，久久不敢抬起來。

貢蒂用手撫摸他的頭，慈祥的說：「孩子，承受苦難易，抗拒誘惑難，現在你得到教訓了，就勇敢的去面對吧，我會爲你們祈禱。」

堅陣他們上路了，愛戴他們的百姓，一路跟隨著。記得上次到梵朗城去時，般度五子穿著華麗的衣裳，神采俊逸的坐在從容前進的大象座騎上，含著笑容和大家揮手致意。這一次，他們穿著獸皮做的破衣服，神情沮喪的走著，塵土沾滿了他們高貴的腳，風戲謔地把他們的頭髮吹亂，迥然不同的景況，令百姓們更覺感傷。

愛戴堅陣兄弟的百姓，擠得到處都是，街道上、屋頂上、大樹或高塔上。他們的眼光都落在堅陣兄弟身上，有的痛哭，有的祈禱，爲堅陣兄弟的離去而依依不捨。天上的神祇也知道這是悲哀的一刻，讓烏雲布滿天空，讓狂風席捲大地。怖軍和阿周那揮手，要百姓回自己的家去，他們兄弟一步步踏上去林中修行的路途。

森林中的生活不像在象城那樣單純，森林廣大、深邃，是一個神秘而豐富的世界，充滿各種變化。有時候，陽光穿透密林，在地上投下深深淺淺的小點，空氣是那麼清新，到處開著芬芳的花朵，蝴蝶、蜜蜂快樂的飛舞，讓人心情也飛揚起來，忘掉一切煩惱。

森林也有令人害怕的一面，有時候來一場狂風暴雨，樹枝折斷，洪水漫溢，野獸慌亂地到處奔竄，天地間彷彿有一股很大的毀滅力量。這時，堅陣兄弟只能躲在簡陋的草屋中，聽那鬼哭神嚎，等待黑暗恐怖過去。不過，就在這神秘多變化的森林中，堅陣兄弟培養出面對各種狀況的能力。

開始的一段時間，堅陣兄弟就住在象城北面的喜樂林裡，黑天曾到林中看望他們。在堅陣涉入賭局時，黑天正忙於與鄰國交戰。看到般度五子落魄到這般田地，黑天感到忿忿然，他問堅陣：「爲什麼要屈服呢？爲什麼要把領土拱手讓給那幫壞蛋呢？只須你一句話，我和你的岳父木杜王都會來幫助你。」

可是堅陣回答說：「既然我已向持國王做出了承諾，就必須信守諾言，這是我不變的原則。」

黑天只好返回多門去了。堅陣兄弟繼續到處漫遊，一路上遇到不少艱難困苦，途中與惡魔、羅刹等多次遭遇，都在兄弟們同心協力奮戰下，化險爲夷。

一天，怖軍走到一座芭蕉林裡，看到一隻巨大的猴子橫躺在路上，那猴子全身還閃著光芒。怖軍大叫一聲，想把猴子嚇跑。

猴子聽到吼聲，慢慢地打開眼睛說：「這條路是天神走的，你是凡人，不能走這條路，我特准你採些果子，採完果子就趕快走吧！」

怖軍哪裡肯聽，他怒斥：「你這隻潑猴，也敢在此撒野，我來自象城，是象城的王子，也是風神之子，你再不滾開，我就給你點顏色瞧瞧！」

猴子說：「我年紀大了，動也動不了，你如果不怕去送死，就從我身上跳過去吧！」

怖軍說：「跳過一座山都沒問題，我可以像當年哈奴曼神猴跨過大海一樣英勇。」

猴子反問：「哈奴曼可以跨過大海呀，你能告訴我他的故事嗎？」

怖軍驕傲地說：「神猴哈奴曼是我的哥哥，他也是風神之子。他當年爲了幫助羅摩救他的妻子，跨過寬闊的惡海，他成功了。有其兄必有其弟，你還是讓路吧，以免我一腳踩死你。」

猴子說：「好吧，不過我眞的沒力氣，你就移開我的尾巴，空出一條路走過去吧！」

怖軍對猴子也起了同情心，就伸手要把猴子的尾巴挪走，可是那尾巴好像千斤重一樣，力大無比的怖軍竟然移不動。他使盡渾身力量，就是無法移動一小步。

怖軍懷疑這不是一隻普通的猴子，他恭敬地問：「請問你是天神嗎？」

猴子一躍而起，拍拍怖軍的肩說：「我就是哈奴曼，也就是你的哥哥呀！」

怖軍高興的抱著神猴，央求神猴變些神功給他看。哈奴曼把自己變得非常巨大，好像頂天立地一樣，讓怖軍看得目瞪口呆。

最後，哈奴曼告訴怖軍：「我支持你們反攻回去象城，屆時我會去戰場幫助你們的。」

他們兄弟緊緊擁抱後，依依不捨的分開。怖軍一向很崇拜他這個哥哥，回去後繪聲繪影的講給堅陣他們聽，大家都聽得津津有味。

如果忘記恥辱，森林裡的生活倒是挺有趣、刺激，尤其怖軍的經歷更是豐富，但他忘不了無敵兄弟爲了得到王位而設下的騙局，更忘不了走出象城王宮時立下的誓言。

時間一天天過去，怖軍時時刻刻提醒堅陣，要早日回到象城，打敗無敵，把王位要回來。黑公主也不忘她在無敵兄弟那裡所受到的恥辱，她和怖軍站在同一陣線上，希望堅陣領著他們，打回象城去。

「大哥，你不要當個弱者，眼睜睜看著別人從你手中騙去王位，讓別人在王宮裡享受榮華富貴，而你卻帶著我們在森林中和猛獸共處。」怖軍說。

「我輸了，所以我要信守諾言，在森林中放逐到期滿才走出去，去做我該做的事。」堅陣堅持自己的想法。

黑公主扯扯身上破舊的衣服說道：「你平常是一個好國王，對人民大公無私，對兄弟友愛，對妻子體貼，你是這麼完美的人，爲什麼會迷上骰子戲，迷到把國王的寶座輸掉，把兄弟、妻子，甚至你自己都輸掉？」

堅陣嘆口氣，連他自己也不知道爲什麼，他只能回答：「我的心也爲我們所受的苦難而煎熬著，但是我不能讓時光倒流，不能讓發生過的事消失，所以我勇敢的承擔下來，因爲榮譽比生命重要。」

怖軍憤怒地說：「你已經和死神簽了約，死神就在你身旁，我們已經形影不離。如果你喜歡吃苦受難，你就自己去忍受，何必連累我們。你看，連阿周那武藝這麼高強的戰士，也整天垂頭喪氣。無種和偕天兩個人也老是大眼瞪小眼，一點生氣也沒有。」

怖軍對哥哥這種消極、認命的態度太生氣了，對當初立誓要和他同甘共苦的許諾也感到懊惱。他恨不得潛回象城，號召擁戴他們的兄弟來個突襲。

「怖軍，你聽我說，」堅陣好言相勸，「無敵他們有許多財富、許多精良的武器，還有許多善戰的勇士，我們現在沒有條件和他們交戰。」

「難道我們就在這裡耗掉生命？」黑公主大聲喊著。

堅陣走向妻子，拉起她的手，堅定的說：「總有一天，我會讓那些欺負妳的人得到報應，妳要耐心等待。」

大家聽了堅陣的話，都暫時靜默下來，他們無數次的爭辯就常常這樣毫無結果的結束。

（七）無敵的狩獵

堅陣兄弟被放逐到森林後，無敵從堅陣手中贏來王位，成了國王，但他卻沒有因此失去警戒心，他忘不了怖軍臨走前咬牙切齒所講的那些話，他害怕堅陣兄弟在森林中秣馬厲兵，很快就會回象城來，從他手中把王位奪去。御桌上的山珍海味他吃不下，寢宮裡香軟床褥他睡不著，他心裡像是有恐懼的蟲在咬囓，咬得他心神不寧，國王的寶座，他覺得一點都坐不安穩。

杜納心裡也有一條恐懼的蟲，怖軍齜牙咧嘴發誓要喝他的血、啃他的骨，這讓杜納也吃不好、睡不穩。

於是無敵和杜納找迦爾納商量，迦爾納說：「要除去敵人絕對不能猶豫、不能等待，我們帶領勇猛的戰士去消滅他們吧！」

無敵想到了父親，說：「父親雖然很疼愛我，可是他也疼堅陣兄弟，他一定會阻止我們的攻擊。」

「這樣好了，」迦爾納說，「我們編一個善意的謊言，就告訴他說我們要來一次大規模的狩獵，出城狩獵是一個光明正大的理由。趁著森林裡只有堅陣兄弟，我們伺機行動。」

於是無敵領著杜納、迦爾納，以及一隊勇猛的戰士，向堅陣兄弟放逐的森林出發。他們一路唱著雄壯的戰歌，聲勢浩大，準備給受難的堅陣兄弟一頓大大的難堪。

最後，無敵一行人在一個美麗的湖泊邊紮營，這裡距離堅陣兄弟住的地方不遠。他們點燃營火，圍在營火邊跳舞、喝酒，嘈雜的歌舞聲驚動了在湖濱另一頭紮營的犍達王華軍。原來，他們也挑選吉時出城狩獵。廣闊的森林本就屬於天地的，誰能忍受這種突然而來的喧囂？華軍下令驅逐這一目中無人的軍隊。

消息傳來，令無敵非常憤怒，他馬上指揮軍隊前往挑戰，準備把犍達王和他的部下趕走，好讓自己的軍隊佔有整個湖泊。

兩軍展開大戰，剛開始無敵的軍隊佔優勢，可是他們太傲慢；因爲驕傲，所以輕敵，忽略了犍達王手中的寶器，結果反而居於劣勢，迦爾納和一些主力猛將被打得丟盔棄甲，落荒而逃。其他人有的被俘擄，有的四處逃竄，最後只剩下無敵一人在孤軍苦戰。

象城軍隊中有人逃到堅陣兄弟那裡，他們把無敵兄弟大敗的消息告訴堅陣。

怖軍一聽哈哈大笑說：「他也有這麼一天，犍達王爲我們復仇，眞是好極了。」

堅陣可不這麼想，他斥責怖軍說：「你不該高興，再怎麼說，無敵兄弟也是我們的至親，他們受到恥辱，也就等於我們受到恥辱，我們不能見死不救。」

這些話卻激起怖軍更多的怨恨，他數落著：「他們曾經把我綑綁後丟進恒河裡，想要把我淹死；也曾經設下毒計，把我們大家騙到梵朗城，準備用火把我們燒死；更設下賭局，從我們手中奪去王位，帶給我們最大的恥辱，這樣的惡魔你還把他們當至親兄弟！」

堅陣苦口婆心的說：「我們兩家兄弟從小一起長大，持國伯父對我們情深義重，現在他們命在旦夕，我們要挺身救他們。」

正當堅陣和怖軍爭論不休的時候，遠遠傳來無敵一聲聲的慘叫，連怖軍也心軟了，於是他們趕去拯救無敵。

犍達王華軍一看到堅陣兄弟趕來，就宣佈停戰，並拱手向堅陣行禮說：「我不想與你們爲敵，我只是想教訓一下驕傲自大的無敵。」說完就率領部下走了。

一向自命英雄的無敵，竟然在堅陣兄弟面前丟這麼大的臉，他垂頭喪氣的嚷著要把王位讓給弟弟杜納，宣稱自己要絕食而死。

堅陣兄弟冷眼旁觀，不予置評地轉頭就走。

「看吧，你這樣做只是讓敵人高興罷了，你受的這點恥辱算什麼？你看，堅陣兄弟受了這麼大的恥辱，卻還能在森林中好好的活著。」迦爾納對無敵說。

「迦爾納說得有道理，堅陣兄弟身上穿的衣服雖然破舊，可是他們的鬥志都很高昂，你可不能輸給他們。」杜納也安慰兄長。

接著，無敵的舅舅沙恭尼也說話了，他說：「你好不容易從堅陣兄弟手中取得王位，正該是好好享受的時刻，如果你想尋死，那就把王位先還給堅陣兄弟！」

這一句話喚醒了無敵，他從小就喜歡和堅陣兄弟爭，費盡心思才爭來的王位，說什麼也不能拱手再讓回去！他握緊拳頭說：「總有一天，我要消滅堅陣兄弟！」

迦爾納也說：「等十三年的期限一滿，我就要在戰場上殺死阿周那。」

迦爾納自從在比武大會後向阿周那挑戰不成，一直不甘心，總希望有一天要和阿周那拼個高下。

無敵精心策劃的森林狩獵，非但沒有達到示威的目的，更沒有藉機消滅堅陣兄弟，反而在這幾個眼中釘面前栽了個大觔斗。他不但不感激堅陣兄弟對他的搭救之恩，反而把所有的帳都算在堅陣兄弟頭上，仇恨的火熊熊燃燒，他誓言要他們「血債血還」！

（八）尋找天神的武器

無敵在森林中受辱的事件傳回象城，廣博、德羅那、毗濕摩這些長老知道堅陣兄弟沒有危險，都鬆了一口氣，他們也為堅陣兄弟以德報怨的精神高興，而且他們都很想念堅陣兄弟們，於是推派廣博到森林中去看他們。

廣博帶著眾人的祝福，來到森林探望這些被放逐的孫子。堅陣兄弟很高興祖父來看他們，殷勤的接待他在淨修林中住下來。

雖然上次在堅陣的領導下，救了無敵一命，五兄弟仍舊爲該不該回象城找無敵他們算帳，進行無休止的爭辯。廣博覺得這樣爭論下去不是辦法，他開導大家潛心修行，並勸阿周那到遠方去求神明賜給威力強大的武器，以備將來可用。

廣博鼓勵他：「在你們的師父德羅那眼中，你是最完美的戰士，看看你自己，卻被漫長的等待折磨得失去往日的神采。在遙遠的喜馬拉雅山上，住著慈悲而吉祥的濕婆大神，去向他求得神明的武器吧，好淬鍊你的武藝。」

阿周那頓時燃起了希望，他向大家告辭，展開更艱苦的修行。一路上他以苦行的方式向喜馬拉雅山前進，爲了表示他的虔誠，他把雙手高舉，並且踮著腳走路。剛開始他拿枯黃的樹葉充饑，到後來，他只呼吸新鮮空氣，這樣的苦行，培養他堅強的毅力。

有一天，一個獵人到阿周那靜坐修行的荊棘林附近打獵。獵人追逐一隻野豬，野豬在慌亂中跑進荊棘林，驚動了正在靜坐的阿周那。阿周那拿起弓箭朝野豬射去，野豬應聲而倒。誰知那獵人緊跟著再射一箭，貫穿了野豬的身體。

阿周那不客氣的說：「你是誰，爲什麼敢射擊我已經射中的獵物？」

獵人也傲慢的回答：「這個地方是我打獵的範圍，你的肌肉不夠強壯，你的舉動也不像是我們這個森林裡的人，我才該問你是哪裡來的楞小子？」

阿周那不理會那人的無禮，說：「這隻野豬明明是我先射中的，應該屬於我的。」

獵人說：「這隻野豬是我先發現的，而且我也射中牠，你如果不服氣，可以和我較量一下。」

阿周那一向沒有敵手，眼前這個普普通通的獵人，竟敢向他挑戰，阿周那當然要給他一點顏色瞧瞧！他往箭袋裡取箭，一連發出好幾支箭，箭鏃像流星一樣，全都飛射進獵人胸膛。但是這些箭卻像碰到一堵堅硬的牆壁一樣，紛紛落下。阿周那對這個看起來平凡的獵人開始有點警戒，可是他年輕氣盛，信心十足地又射出像雲般的一團箭。

整袋的箭射光了，都沒辦法射進獵人的身體，阿周那於是直接用神弓去攻擊獵人，那一把神弓加上阿周那的神力，至少也該讓那獵人頭破血流，可是情況卻很不一樣，那獵人很輕鬆地就把神弓搶了過來，並發出勝利的微笑。

阿周那從未遭遇如此大的恥辱，他心裡有些驚慌，可是表面仍不動聲色的迅速抽出寶刀，揮向獵人。奇怪的是寶刀一碰到獵人的身體，就自動彈開，彈開的力量太大，以致阿周那跌倒在地。

阿周那又羞愧又憤怒，掄起拳頭就向那獵人揮去，可惜獵人輕輕一撥就把他撥開了。他不退卻，用頭猛地衝向前，和獵人扭打起來，不幸的是他又輸了。獵人把他的手腕一扭，他就無法動彈了。

從來沒有失敗過的阿周那這次徹底的挫敗了，他閉上眼睛默想天神助他一臂之力。在他祈求的同時，他恍然大悟，眼前的獵人絕不是凡人！果然，等他睜開眼睛，眼前的獵人已現出原來的面目，有三隻眼睛，還有青藍色的脖子，阿周那迅速拜倒在濕婆大神腳下。

那神祇說：「我只是要考驗考驗你。你很有勇氣，不怕失敗，我饒恕你。」

說著濕婆神把從他手上得來的武器都還給他，並且准許阿周那要求一種恩賜。

阿周那把握機會要求：「我想要天神的武器。」

濕婆神說：「你是說『獸主之寶』嗎？它是至高至強的武器，足以毀掉全世界，你確定要它嗎？」

阿周那說：「我千里迢迢來到喜馬拉雅山，吃了無數的苦，就是希望得到它。我要帶這武器回去，待我們被放逐的期限滿了，就可以利用它來爲我們打敗敵人。」

濕婆神說：「好，我把它賜給你。」

當阿周那從濕婆神手中接下獸主之寶時，天地也爲之動搖。阿周那長期苦修，身體本來已略微衰弱，又和濕婆神進行激鬥，更顯得疲憊。不過他從大神手中接過寶器時，倏地感到一股強烈的氣流通過全身，他的身體頓時有了力量，比以前更增強了數百倍的力量。

最後，濕婆神向阿周那說：「你的父親雷神因陀羅想見你。」

話音剛落，一部神車疾駛而來，把阿周那戴往因陀羅的宮殿。阿周那和他的父親相聚五年，在這五年之中，因陀羅教阿周那使用獸主之寶，聰明的阿周那已能熟練的使用這項武器了。

時光荏苒，時間已進入流放的第十二個年頭，放逐的期限終於要滿了。

（九）夜叉湖

當放逐的期限快到時，堅陣兄弟在林中不停地跋涉，又重新返回了喜樂林。

一天，一隻鹿來到一個婆羅門的取火臼上蹭癢，走的時候，牠的角勾住了取火臼。在慌亂之中，鹿帶著取火臼逃掉了，婆羅門見狀大聲呼叫堅陣兄弟幫忙，因爲沒有了取火臼，婆羅門無法點火進行大祭。

怖軍一聽，率先跑去追鹿，其他兄弟也陸續趕來。他們看到那頭鹿了，可是那鹿的速度實在太快，他們費了九牛二虎之力，仍然沒能追到，他們筋疲力盡、垂頭喪氣地坐在一棵大樹下。

無種嘆息的說：「我們怎麼這麼沒用，連這點小事也辦不好。」

怖軍藉題發揮，他說：「就是嘛！當年我們受了無敵兄弟的侮辱，沒有當場要了他們的命，還跑到森林中來受苦受難，眞是活該倒楣。」

堅陣害怕他們之間又要有一場爭辯，就轉移話題，對無種說：「小弟，我們跑那麼遠，口很渴了，你幫忙爬到那棵樹上，看看附近有沒有池塘或河流，可以取些水回來喝。」

無種爬上樹，發現不遠處有一湖泊，於是便跳下樹迅速地跑過去。果然那兒有一個碧綠的池塘，水很清澈。他想掬一捧水起來喝，他的手才接觸到水面，就聽到一個聲音說：「瑪德利之子！且慢，待回答完我的問題再喝不遲！」

無種看看四周根本沒人，他口渴急著喝水，才不管那聲音，他急急喝了些水，過沒多久，就昏昏沉沉倒下去，臉色像死去一樣。

堅陣等半天沒見無種回來，就派偕天去看看。

偕天一到水塘邊，就看到無種躺在那裡，他想把無種背回去，可是他太渴了，就決定先喝點水再回去。

偕天才要伸手，那聲音又響起，說：「偕天，這池塘是我的，你要先回答我的問題才能喝水。」

偕天四下看看沒有人，也不顧一切把水喝了，喝完後立刻倒地。

其他人等得口乾舌燥，卻不見無種和偕天回來，堅陣只好指派阿周那去看看，是不是無種他們遇到什麼危險，並要阿周那帶水回來。

阿周那到池塘邊，看到兩個弟弟昏死在地上，以爲敵人做的好事，他決定爲他們復仇。可是他太渴了，也靠近水塘要弄水喝。

那警告的聲音又出現了：「阿周那，這是我的池塘，如果你不先回答我的問題，你的下場會和你兩個弟弟一樣。」

阿周那以爲敵人正潛伏在附近，向聲音的來源處發快箭，可是什麼也射不到。他想先解決口渴問題，再找敵人算帳，於是他捧起水就喝，喝完之後隨著倒地不起。

堅陣等得好著急，連阿周那都沒有回來，大概眞的遇到什麼大危難了。怖軍不等堅陣說，就往池塘衝去。

怖軍一到池塘邊，就看到三個弟弟死在那裡，他悲痛萬分，心想這一定是羅刹、夜叉之類幹的好事，他想先喝了水，有力氣再和他們算帳。

怖軍一走到水畔，就聽到那聲音說道：「怖軍，看看你這三個弟弟，他們就是不聽我的話才完蛋。你最好先回答我的問題再喝水，否則命運會和他們一樣。」

怖軍才不把這種威脅放在眼裡，他說：「大爺渴了就是要喝水，誰也干涉不了。」說完，他急急捧水就喝，一喝完，也是倒地不起。

堅陣左等右等也不見怖軍回來，他心中焦急，親自來到池塘邊。只見池塘邊水草繁茂，風景怡人，他的四個弟弟全都一動也不動地躺在那裡。他悲傷的奔到他們身旁，哽咽地說：「你們大家為我吃這麼多苦頭，現在我們放逐森林的期限終於快結束了，你們卻拋下我走了，我活著還有什麼意義呢？」

哭著哭著，堅陣漸漸冷靜下來，他仔細檢查弟弟們的身體，發現他們的身上都沒有傷痕，臉上的表情也都很安詳，不像被人殺死的。再仔細一想，憑弟弟們的蓋世武功，怎麼可能在短短的時間內被殺死？

「一定是法術，只有法術才能殺了他們！」堅陣喃喃自語。

堅陣小心的向四周看看，他猜可能是池塘的水被下了毒，他向池邊走去，大聲喊叫：「是誰？是誰殺害了我親愛的弟弟？出來，我要向你要回弟弟的命。」

那神秘可怖的聲音再次傳來：「當心！你的兄弟不聽我的勸告便喝水，你可不要學他們，先回答我的問題，然後再喝水！」

堅陣回答：「你問吧！」

平靜的池邊響起了一連串的問答：

「什麼永遠給人們幫助？」

「沉著冷靜。」

「人們學習什麼經典才能變得聰慧？」

「人們的智慧不在於學習某一經典，而在於與睿智者交往。」

「什麼比大地更偉大？」

「哺育兒女的母親。」

「什麼比天還高？」

「父親。」

「什麼比風還快？」

「思想。」

「什麼比凋萎的草還要枯乾？」

「一顆悲傷的心。」

「誰是異鄉飄泊者的摯友?」

「學識。」

「誰是居家者的知音?」

「妻子。」

「誰是風燭殘年者的貼心人?」

「正法,因爲它與死者永相伴。」

「什麼是幸福?」

「善行的結果。」

「人捨棄了什麼便可得到一切人的愛?」

「驕傲。」

「人放棄什麼能變得富有?」

「貪慾。」

「明確回答,一個眞正的婆羅門是基於出身、學識還是善行?」

「善行。一個行爲卑鄙的人即便博學多識,通曉四吠陀,他也只不過是個無恥之徒。」

「世上什麼事最奇怪?」

「儘管每天辭世的生靈司空見慣,然而活著的人仍在追求長生不死。」

「國王，你可以讓你死去的兄弟中的一個人復活，你希望把這一機會給誰？」最後，那聲音問。

堅陣痛苦的思考了一會兒，回答：「讓無種復活吧！」

那聲音說：「奇怪，怖軍力大無比，阿周那武藝高強，將來你與無敵作戰時，他們都是你的好幫手，你爲什麼不選他們中的一個，卻選了無種？」

堅陣說：「我父親娶了兩位妻子，我是貢蒂的兒子，我還活著；瑪德利當年陪我父親火葬，如果我不選無種或偕天，她就沒有後代了。」

「我很高興你有這種無私的心胸。」一位天神出現在堅陣眼前，他就是堅陣的父親——達摩。當年貢蒂運用那套神秘咒語召請至尊之神賜給他一個孩子，那孩子就是堅陣。

至尊之神爲了試驗自己的兒子，變成一頭鹿引他們來到池塘邊，然後進行一連串的試驗，他很高興堅陣通過了考驗。

他們父子緊緊地擁抱，至尊之神對堅陣說：「我必須離開了，你放逐的期限馬上就滿了，第十三年，你們應該可以平安度過，我會祝福你們。等我一走，他們就會甦醒，你不要擔心。」

至尊之神乘著一朵雲走了，堅陣看著雲朵冉冉上升，心中充滿幸福的感覺。不一會兒，怖軍、阿周那，無種、偕天都醒來了，他們跪著向天空行一個深深的禮，感謝神祇給他們的祝福。

第十二年一過，他們就走出森林，計劃到離森林最近的摩差國，隱姓埋名度過第十三年。

（十）摩差國

漫長的十二年終於過去了，依照那年玩骰子的約定，第十三年，堅陣五兄弟得隱姓埋名，藏匿一年不被發現，才能回到象城。

這一年，他們化名後到摩差國王宮裡當僕人。堅陣扮成修行人，取名剛伽，陪伴毗羅吒王擲骰子消遣。怖軍自稱名叫牛牧，以自己嫻熟的烹飪技術贏得國王的青睞，當了御膳房的主持。阿周那取名巨葦，當了宮廷侍者，教摩差國的至上公主和其他婦女舞蹈和音樂。無種取名法結，負責看管馬匹，偕天取名索盧，負責照料牛群。黑公主則當上了王后的宮女持犁。他們在毗羅吒王的王宮裡平靜地度過數月，然而，在第十三年即將結束時，終於出現了麻煩。

一天，王后的哥哥、國王的統帥空竹遇見了黑公主，爲黑公主的姿色深深地打動了。他對黑公主說：「美麗的姑娘，自從我看到妳以後，日日夜夜都在想著妳，來當我的妻子吧！我是這個國家眞正的統治者，我將讓妳享受榮華富貴。」

黑公主拒絕說：「我已經有丈夫，而且我只是一個替人梳頭的婢女，請你不要再說這種話。」

空竹沒有想到，一個宮女居然會拒絕她，從此他懷恨在心。

一天夜裡，王后派黑公主到空竹家去取新釀的酒，黑公主很爲難，但她最後還是硬著頭皮去了。在空竹家裡，空竹企圖調戲她，她掙脫後沿路哭著跑回宮中，想到自己貴爲公主還要遭到如此屈辱，就忍不住去找怖軍哭訴：「我是你們五兄弟的妻子，可是你們一個忙著陪國王玩骰子，一個忙著在廚房裡煮飯，一個被一堆宮女圍繞著，教她們唱歌跳舞，兩個去管牛和馬，我被人欺負了，都沒人來管我！」

怖軍怒不可遏，決意第二天除掉空竹。

第二天夜裡，當空竹又來到宮中糾纏黑公主時，事先埋伏在那裡的怖軍像猛虎一樣出其不意地撲向空竹。把空竹迅速打死後，他又重新若無其事地回到御膳房。

空竹被殺的事件馬上轟動王城，黑公主成了既美麗又可怕的蛇蠍美人，人們要求把她趕出城去。於是，王后就對黑公主說已經不需要她了，希望她盡速離開。因爲離十三年只差一個月，所以黑公主要求國王和王后允許她再待一個月，到時她的丈夫一定會感謝他們，毗羅吒王答應了黑公主的請求。

從第十三年開始，爲搜索般度五子，無敵把大量的暗探撒向四面八方。探子們把城市、山川、森林等一切人可以去的地方都地毯式的搜查一遍，也沒發現他們的蹤跡。探子們回來都說，看來堅陣兄弟已經死在荒野之中了。

當空竹被殺的消息傳來時，無敵懷疑事件的背後可能與堅陣兄弟有關。在御前會議上，無敵主張去進攻摩差國，劫走他們的牛群，如果般度五子在那裡，他們必定會站出來作戰，這樣他們就會暴露出來。

長期與摩差國不合的三穴國國王善佑極力支持這一建議，他說勇猛的空竹一死，摩差國的國力勢必大受影響，現在正是進攻它的最好時機。兩人一拍即合，於是無敵決定攻打摩差國，命善佑從南面率先攻城，將兵力引向南方，無敵則隨後從北面發起進攻。

善佑率軍隊從南面一路殺來，搶走大量牲畜。這時，剛伽對國王說：「陛下，我自己、廚師牛牧、管馬人法結和牧牛人索盧都是優秀的戰士，請發給我們武器，我們和你們一起戰鬥。」於是，除了阿周那外，其餘般度兄弟全都參加了大戰。

毗羅吒王把太子優多羅留下管理政務，自己率領主力迎擊三穴國國王。雙方展開了一場惡戰，死傷無數。善佑的軍隊逐漸佔上風，結果毗羅吒王被俘，牛羊也被搶劫一空，摩差國軍隊大亂。這時，堅陣命怖軍去搭救毗羅吒王。怖軍狂吼一聲，轉身想拔起大樹掃向敵人，堅陣趕忙制止他，以免暴露行蹤。怖軍於是跳上戰車，用弓箭和寶劍長驅直入敵方，不但救出了毗羅吒王，還一併將善佑俘虜，摩差國反敗爲勝。

正當摩差國軍南方告捷的時候，無敵大軍從北方壓來，掠走了成千上萬的牲畜。牧民派人請求太子迅速派兵追回牲畜，太子逞一時之快，對百姓說道：「別慌，只要有人替我駕車，我就能把牲口追回來。」

黑公主得知太子誇下海口，便對至上公主說：「我知道巨葦以前曾經是阿周那王子的車夫，妳派巨葦給太子駕車去吧！」公主趕忙告知太子。

於是，阿周那便被叫去爲太子駕車，他那高超的駕車技術使太子的戰車疾駛如飛。隨著與敵軍距離的縮小，優多羅開始驚慌失措了，他央求阿周那說：「快把戰車駛回去罷，我一個人怎能對付這麼龐大的軍隊呢？這不是自己去送死嗎？」

阿周那沒有理會他，繼續風馳電掣；優多羅見狀，嚇得跳下車便往後狂奔。阿周那又調轉馬頭追上太子，把他重新拖上戰車。

「別怕！你來駕車，我來對付他們。」阿周那把韁繩交給太子，「你先把車駛到那棵高高的大樹跟前去！」

兩人到了大樹前，阿周那讓太子爬上樹頂，取來一個木匣。隨後，阿周那打開那木匣，露出寒光四射的兵器，優多羅看得目瞪口呆。

阿周那說：「我是阿周那，剛伽是堅陣王，廚子牛牧是怖軍，宮女持犁是黑公主，馬夫法結是無種，牧牛人索盧是偕天。你別怕，好好駕車，看我怎麼打敗俱盧人！」

得知巨葦是阿周那，優多羅頓時勇氣倍增。阿周那的戰車長驅直入，插入俱盧大軍，他那神弓發出的巨響，聲震四面八方，使俱盧人膽顫心驚，神弓不斷射出暴雨般的利箭，使敵軍死傷成片。他很快便趕上了無敵，無敵自知敵不過阿周那，丟下搶來的牛群狼狽而逃。阿周那又陸續打敗德羅那、杜納和毗濕摩，使俱盧軍隊潰不成軍，紛紛落荒而逃。此次戰鬥摩差國大勝，他們趕著奪回的牲畜勝利返回。阿周那先派人回去報信，說太子已經凱旋而歸。毗羅吒王大喜，立即下令準備隆重的歡迎。

爲慶祝勝利，毗羅吒王主持了慶祝典禮，大殿裡高朋滿座。這時，剛伽、牛牧等一行五人身穿盛裝魚貫而入，他們不經邀請便泰然自若地坐到王族的席位上。毗羅吒王見狀，臉上驟然變色。

「父王，他們就是般度五王子啊！就是阿周那幫助我打敗了俱盧人！」太子優多羅興奮地解釋。

毗羅吒王對堅陣兄弟非常佩服，他慚愧地說：「早就聽說你們兄弟的大名，沒想到你們近在眼前。一年來，你們和黑公主盡心地侍奉我，在危難的關頭又拯救了我的國家，般度家族對我們恩深似海。我願將國家奉獻給你們作為報答，並願將女兒嫁給阿周那。」

堅陣兄弟當然沒有接受毗羅吒的王權，至於毗羅吒王的公主則嫁給了阿周那的兒子激昂，因為阿周那說他是至上公主的老師，是其長輩。

這時，無敵的使者趕來，他們傳送無敵的口信說：「我不得不遺憾地通知你們，由於阿周那的不慎，在未滿十三年的時候被發現了，所以你們理應繼續在林中度過十二年。」

堅陣哈哈大笑：「讓無敵去問問懂曆法的人吧！阿周那神弓的轟鳴宣告了十三年期限的結束！」

（十一）備戰

激昂和至上公主的婚禮，成了親朋好友和友好的英雄們的聚會。婚禮過後，人家聚集在毗羅吒王的會議大殿中。毗羅吒王左右坐著黑天和堅陣，木柱王的左右坐著大力羅摩和善戰。

「我們大家都已知道般度兄弟如何在賭博中上當，丟失了王國和被流放了十三年。在這漫長的歲月裡，他們茹苦含辛，忠實地履行了諾言。」黑天首先發言，他繼續說道：「現在該是我們商量一個對般度族和俱盧族雙方都有益的解決辦法的時候了。我們要考慮到俱盧族的刁鑽和不法，般度族的高尚、正直和寬宏大量，來找一個公正的解決辦法。我認爲應該派出一個精明能幹的使者，去勸說無敵歸還堅陣原有的領地。」

接著，大力羅摩說道：「我贊成黑天的意見，用和平的方式收回國土，對雙方都有利。不要去埋怨對方設下騙局，當年堅陣本不該自不量力，把王國作了賭注。派去的使者應該竭盡全力，和平地解決這一問題。」

雅度族勇士善戰壓抑不住心中的怒火反駁道：「大力羅摩的話毫無道理，堅陣他們已忠實地履行誓約，現在他們無需去向別人乞討。不經過交戰，無敵絕不會交出土地。這是正義的戰爭，讓我們立即投入戰爭的準備吧！」

木杜王支持善戰說：「我贊成善戰的見解，無敵絕不會聽從規勸。我們現在就應該開始備戰，通知盟友集結軍隊。但我們可以先派使者去象城，我的宮內有一位博學的婆羅門可以勝任此事。」

木杜王講完，黑天對他說：「您德高望眾，持國王也尊重您，德羅那和維杜羅都與您交往很深，所以由您派人去談判最爲合適了。經談判後，如果無敵的態度依然頑強，那麼大家都要做好戰爭的準備，同時要把信息及時傳達給我們。」

眾國王一致表示贊同，隨後各自返回自己的國內。

象城這一邊，也出現分歧的意見，毗濕摩和廣博、德羅那這些長老認爲堅陣兄弟依照誓約，在森林放逐期滿，理應把一部份國土還給他們；狡詐的沙恭尼和憤怒的迦爾納卻不這麼想，他們一再強調堅陣兄弟第十三年未到即已暴露身份，所以不該把國土歸還他們，而且還要讓他們再放逐十二年。

無敵當然不想看到權力分散、國土分割，他要獨享整個國家。

毗濕摩和廣博都預言，如果不找到和平解決的方法，這兩大家族恐怕會有一場血戰，也許會有一場大毀滅。持國王聽了很害怕，也主張派使者去和堅陣兄弟談判。

代表持國王的使者率先抵達摩差國，他對堅陣說：「老國王向你們致意，並希望你們幸福。他願得到你們的友誼，他期望和平。」

「我們並不願意打仗。」堅陣高興地說：「我們只要求歸還原有的領土。」

使者又說：「持國之子是混人，他們既不聽從父親的，也不聽毗濕摩的，所以你不要和他們一般見識。靠戰爭得來的財富是獲取非正道的幸福，所以，即使無敵不講理，你也不要偏離正法的道路。」

堅陣答道：「正法的確是重要的，我們這方面並沒有背離正法。」

「你回去告訴持國王、毗濕摩和維杜羅，他們應該知道怎樣做才對全體兒孫們有益。」堅陣又說，「你也對無敵說，他使我們身穿樹皮衣在林中顛沛流離生活了十三年，他還羞辱了我們的妻子，我們都忍下來了，現在該他還給我們應得的權力。告訴他，我們五個人，怎麼也得給我們五個村莊吧，我們既準備和平相處，也準備作戰。」

使者返回象城，向持國王稟報了出使的情況。

這時毗濕摩又勸無敵說：「你就把阿周那和黑天當作大神再世，不要對抗他們倆的聯合力量吧！」

接著他又轉頭對持國王說：「迦爾納曾經誇下海口說他要消滅般度五子；無敵率軍在摩差國被阿周那打敗時，迦爾納不也在那兒嗎？迦爾納的力量不如般度兄弟的十六分之一。」

「唉，就照毗濕摩說的辦吧！」持國王對堅持己見的無敵說，「給他們五個村莊就能擺脫戰爭，你爲什麼非要這麼固執呢？」

無敵惱怒地說：「我針尖大的地方也不給他們！讓戰爭來說吧！」說完，他便拂袖而去。

另一邊，當持國王的使者走後，堅陣對黑天說：「持國王實際上是說，即使我們得不到應得的權力，我們也應該順從，他太不公道了。我提出僅需給我們五個村莊，但我相信他們連這也不會給的。在這種形勢下，唯有你才能爲我們伸張正義了。」

黑天說：「爲了你們雙方的權益，我決意到象城去一趟，做一次努力。」

「不，你千萬別去！」堅陣立即阻止，「我相信你去那兒會毫無所獲，無敵會頑固到底的。另外，我也擔心你會遭遇不測。」

「不用擔心我的安全，誰膽敢向我挑釁，我就讓他滅亡。你也不要勸阻我去，世人會看到我們爲爭取和平做了最大的努力。」黑天說完，便告別般度人前往象城了。

持國王得到了黑天即將到來的消息，他一面下令整修市容，做好隆重歡迎的準備，一面找來維杜羅，和他商量送黑天什麼禮物。

維杜羅說：「他是爲謀求和平而來的，給他和平就足夠了，他不需要任何禮品。」

黑天來到象城後，先去拜會了持國王，接著去見貢蒂。貢蒂見到他，想到兒子們所受的苦難時，不禁潸然淚下。

第二天，黑天來到朝廷，見到持國王及眾大臣。他直截了當地對持國王說：「般度族希望和平，但他們也做好了作戰的準備，你應該管教自己的兒子，讓他們走正路，提出一個合理的解決辦法，使你的全族免於滅亡。」

持國王說：「不要責怪我吧，你所說的也是我的願望！我老了，說的話他們當耳邊風，還是由你直接勸無敵罷！」

於是，黑天對無敵說：「現在，人們擔心你有可能使你的家族遭到毀滅的命運。我想說，把國家的一半分給堅陣兄弟吧，他們會欣然擁戴持國王和擁護你做王儲的。」

毗濕摩和德羅那也好言相勸，然而無敵仍不爲所動。他怒氣沖沖地說：「在這件事上我沒有任何過錯，是他們自己把國家當賭注，賭輸了。他們被流放也是按事先的約定做的。現在他又以武力相威嚇，我絕不屈服，我連針大的地方也不給他們！」說完，便帶著他的眾兄弟離開。

無敵回去後，和他的一夥人策劃綁架黑天，黑天是大神毗濕奴的化身，對此事自然早有防備。他大笑著顯示了自己的神性，連瞎眼王也借黑天的神力暫時恢復了視力。

看到大神黑天，瞎眼王驚恐地說：「大神啊，我有幸看到你的宇宙萬象。請讓我恢復原樣吧！我們的一切努力都白費了，無敵是不走正路了。」

黑天匆匆離去，和解的最後希望破滅了。

於是，堅陣下令軍隊進行總動員。他把部隊分編爲七個軍，任命木杜王、毗羅吒王、猛光、束髮、善戰、馬索吉人的國王顯光和怖軍爲各軍統帥。最後，他又根據黑天的建議，命木杜王之子猛光爲般度族全軍的主帥。隨即，在猛光的統率下，般度大軍威武雄壯地開進俱盧之野。

另一方，無敵也率領十一支大軍開到俱盧邊境。統帥這支大軍的元帥是毗濕摩，各支大軍由德羅那、沙利耶等身經百戰，威震四方的戰將指揮。

大戰一觸即發。

（十二）貢蒂的努力

貢蒂知道談判沒有結果後，就悄悄的來到恒河邊。迦爾納和每天一樣正在那做祈禱，他面對東方，雙手合十，正在冥思默想。

貢蒂站在他身後，靜靜地等待著。

當迦爾納祈禱告畢，轉過頭來時，見到貢蒂站在一旁，他十分驚訝地向貢蒂請安：「車夫之子向您致敬，我願爲您效勞。」

貢蒂悲傷地瞅了他一會兒，說：「我不得不告訴你一件事，孩子。不過在告訴你這件事之前，我先要說說我對你的看法：你是如此勇敢，穿著鎧甲更讓你英姿勃發，我很以你爲榮，孩子。」

迦爾納用疑惑的眼神望著貢蒂說：「妳的話令我覺得驚奇，我把妳的兒子看成仇敵，我等戰爭一爆發，就要和他們在戰場上一決雌雄！妳爲什麼要以我爲榮？」

「孩子，你不能與他們爲敵，你們本是同根生，相煎何太急？」

迦爾納大笑說：「堅陣是象城的王子，出身高貴，我只不過是車夫的兒子，怎麼能說和他同根生呢？」

貢蒂上前握住迦爾納的手說：「孩子，你的出身也不平凡，車夫只是你的養父，你的親生父親是太陽神蘇利耶，母親是一位王后。你一生下來就戴一副天國的耳環，穿一件金色的鎧甲。儘管你被車夫撫養長大，可是你英勇挺拔，和王子不相上下。」

「妳對我的身世爲什麼瞭若指掌？」迦爾納掙脫貢蒂的手說道。

貢蒂嘆了口氣說：「孩子，如果你的母親站在你的面前，向你道歉，你會原諒她嗎？」

「不！」迦爾納堅決的說：「她生下我又拋棄我，讓我在貧苦的環境下長大，我雖然有好武藝，卻到處受人瞧不起，我心裡是恨她的，從小就恨她。」

貢蒂說：「孩子，你的母親生下你的時候，還只是個不懂事的少女，她還沒有出嫁，爲了名譽，她把你拋進河中是不得已的。你可知道，她一生都在爲你祈禱，只是迫於環境，她不敢承認你是她的孩子。」

迦爾納狐疑地看著貢蒂，彷彿要從貢蒂臉上看出他的身世。

貢蒂用關愛的眼神說：「就是我，我就是你那無知的母親。」

迦爾納張大嘴巴，久久說不出話來。空氣僵住了，鳥兒也彷彿忘了唱歌，他們母子就這樣默默相對，誰也不願意打破僵局。

原來迦爾納也是貢蒂的兒子，年輕時候的貢蒂，對那套召請天神賜子的咒語很好奇，在嫁給般度之前，有一天，她忍不住要試試那神秘的咒語。於是她喚來了太陽神蘇利耶，他果然使她生下了一個酷似太陽神的英俊兒子迦爾納。

迦爾納生下來就戴著一副天國的耳環，身上穿著金色鎧甲，那神奇的鎧甲跟著他的身體的長大而變大。太陽神使貢蒂重新變回處女之後返回了天上，貢蒂爲了名譽，便暗自把孩子裝在一個木匣中，隨著恒河的水順流飄去。一個車夫發現了這個孩子，把他抱回家裡，並撫養他長大成人。

後來在比武大賽，迦爾納挑戰阿周那時，貢蒂就是由耳環和鎧甲認出那是自己的兒子。

「孩子，般度五子是你的親兄弟，你不該站在俱盧人那一邊。你應站到親兄弟之中去，那時你就將像眾神擁護因陀羅一樣不戰而勝。」貢蒂說。

「母親，妳的話是違背正法的。」迦爾納搖搖頭，說：「我在襁褓中就被妳拋棄，被剝奪了母愛，妳從未對我履行過母親的責任。現在，妳爲了自己其他兒子的利益，才跑來對我說這件事，讓我背棄我的朋友。可是，我豈能做如此忘恩負義的事！」

貢蒂將迦爾納摟進懷裡，老淚縱橫，彷彿要把她多年來的懺悔都哭出來，也把她的思子之情在這一刻發洩出來。

「孩子，到你兄弟那邊吧，遠離無敵這個殘暴貪婪的人。」

迦爾納痛苦地說：「母親，我是個信守諾言的人，但是我答應妳，除了阿周那，我不殺害自己的兄弟。在這場戰爭中，我和阿周那將拼個你死我活。戰後，我們倆之中將只剩一個。最終，妳仍將有五個兒子繼續活在世上。」

貢蒂流著淚，撫著迦爾納的面頰說：「難道你就寧可和自己的兄弟血拼？」

迦爾納咬著牙說：「說起來，堅陣和無敵又何嘗不是兄弟？今天會落得這樣的局面，只能怪命運！母親，我懇求妳，請不要把我的身世告訴那些兄弟們，如果堅陣知道我是他的長兄，以他的個性，他一定會把王位讓給我。而我呢，我會把王位再讓給無敵，以報答他對我的恩惠，這樣堅陣他們的仗等於白打了。」

貢蒂說：「命運好像也喜歡跟我開玩笑，好吧，我答應你的要求，我會默默爲你們兄弟祈禱，希望戰爭不要發生。」

夜幕低垂，這場母子會就這樣結束，但是一場家族的血戰才要開始！

（十三）大戰爆發

大戰的前一天，氣氛凝重。老族長毗濕摩將所有的戰士集合起來，爲鼓舞士氣，他詳細地分析了俱盧軍隊中眾英雄的高超武藝和優勢，無敵聽後信心倍增，後來話題轉到了迦爾納身上。

毗濕摩說：「迦爾納是你的愛將，但我並不認爲他是一流的英雄，因爲他太狂妄自大了。況且持斧羅摩（註1）曾詛咒過他在緊要關頭將忘記咒語，寶器會不聽他的使喚，他與阿周那交戰將難以倖免於難。」

「我也這麼認爲。」德羅那在一旁點頭稱是。

兩位長者的直率話語，深深地激怒了迦爾納，他勃然大怒，忿忿地喝斥：「你們這算什麼長輩，從來沒有對我說過好話，現在又如此貶低我！我明白你們眞正的用心，你們是要製造我和無敵之間的不和。但是，我告訴你，刹帝利的威信靠的是勇武而不是年長。你們想挑撥我和無敵之間的情誼，絕不會得逞的！」

他又轉頭對無敵說：「不知你怎麼會想到任命這個老傢伙爲統帥，這將形成年輕人賣命，年長者釣譽的局面。我發誓，只要他指揮軍隊，我就不上戰場，待他死後我才會拿起武器。」

無敵忙勸說道：「不要爭吵了。明天一早即將開戰，大敵當前，我需要你們兩個人的共同幫助。」但是迦爾納仍憤怒地冒火，他回答道：「只要有那個老傢伙在，休想我到戰場上！」

無敵只好依了他。

隔天黎明，兩軍遠遠的對峙著。一陣腥風遮去了晨光，天上降下血水，豺狼、獵鷹發出淒厲的叫聲，大地震動，似乎預告著一個不祥的結局。可是戰鼓像霹靂，一聲急似一聲，軍隊像準備出柙的野獸，正蓄勢待發。

「英勇的戰士們，」老當益壯的毗濕摩喊道：「光榮的時刻已經到來，通往天國的路已經向你們敞開！前進吧！踏著前輩的腳印勇敢地去戰鬥！」

戰士們歡呼著等待開戰的那一刻，就在這時，般度軍中出現一陣騷動，只見堅陣王出乎意料地脫掉鎧甲，放下武器，跳下戰車，雙手合十地穿過全副武裝的俱盧軍隊，走向俱盧軍的統帥。人們對堅陣這一突兀的行動大惑不解。

阿周那見狀緊隨而去，其他兄弟和黑天也隨後追去，他們擔心生性愛好和平的堅陣會突然宣佈停戰。

「大哥，你該不會要做什麼蠢事吧？箭已在弦上，不得不發啊！」阿周那焦急地追問。

堅陣不言不語，表情肅穆地繼續往前走。

來到毗濕摩面前，堅陣跪了下來，向他行觸足禮，然後說道：「敬愛的祖父，請允許我們向您開戰，並希望您祝福我們。」

毗濕摩立即轉過身去，默默流淚。他說：「孩子，我是不得已站在和你對立的陣營，勇敢地戰鬥吧，勝利屬於你！」

接著，堅陣又以學生的身份向德羅那大師深施一禮，德羅那也祝福他在戰鬥中取勝。堅陣又陸續得到慈憫和沙利耶的祝福後，這才返回自己的陣地。

於是堅陣登高一呼，大戰終於爆發。頃刻間，戰鼓聲、螺號聲伴隨著馬嘶、象吼和戰士的吶喊聲響成一片。人們轉眼間便互相廝殺在一起，父子、叔侄、甥舅……六親不認。

在第一天的戰鬥中，毗濕摩的戰車如風暴般地馳在戰場上，沿途撒播著死亡的種子。激昂看出敵人的凌厲攻勢主要來自毗濕摩，便撲衝上去，硬生生將毗濕摩從戰車上揪了下來。於是，這一對最年長的和最年輕的親族便無情地拼殺起來。激昂箭不虛發，成鎧、沙利耶和毗濕摩全都被他射中。只見隨著激昂手起，那慈憫大師的弓便被一箭射斷。俱盧軍紛紛趕來圍攻激昂，毗羅吒和五子優多羅、猛光、怖軍迅速前來接應。優多羅的戰象踏倒了沙利耶的戰馬，憤怒的沙利耶投出一支飛鏢，擊穿了優多羅的甲冑，身受重傷的王子隨後便落地身亡。

優多羅的哥哥白淨眼見弟弟慘死，悲慟地呼吼著。但悲慟激發了勇氣，他鼓舞著他的戰馬飛奔前進，凶猛而準確地使用著槍，致使沙利耶身中數槍，口吐鮮血。毗濕摩趕來援救，但憤怒的白淨防守得滴水不漏。

這時，弓弦颼颼地響著，矛如雨點一樣射在空中，才一開戰，雙方便死傷無數。

現在白淨向毗濕摩投以致命的飛鏢，但被那老英雄擊落；白淨緊接著又向毗濕摩投出沉重的鐵杵，鐵杵把毗濕摩的戰車砸得粉碎，然而毗濕摩早已閃躲在一邊，趁機向白淨射出了一箭，利箭呼嘯而去，白淨應聲倒地身亡。

到夜幕降臨時，般度人傷亡慘重，每個人心頭都籠罩著一層陰影。而俱盧人則因旗開得勝，高聲歡呼著。由於天黑，他們無法繼續作戰，只好退到各自的領地駐紮，在暮色蒼茫中張起營幕。而一些傷兵則躺在地上，因傷口劇痛而呻吟，並悲悼著無數戰死的同伴。

深夜，憂心忡忡的般度五子去找黑天商量對策。

「無需憂心，王子們，」黑天寬慰他們說，「我們有世上無與倫比的英勇戰士，其中木杜王之子束髮是毗濕摩的剋星，他一定會成功。」

次日，天剛破曉。堅陣王一聲令下，般度人立即準備反擊俱盧人。勇士和戰車像潮水般湧進曠野，聲勢浩大。

兩軍相遇，短兵相接，長槍和盾牌互相撞擊，士兵們大聲地叫嚷和吶喊，一時驚天動地、撼動山岳。這天早晨，雙方不分勝負，各有死亡。但當午間太陽當頭時，毗濕摩的戰車突然從隊伍中躍出，他揮舞著寶劍，衝亂了般度軍隊的陣腳，大家都嚇得心驚膽顫，如覆水一樣四面逃散。

「照這樣下去，我軍將被毗濕摩消滅殆盡。他不死，大難將不已。」阿周那焦慮地對黑天說。

「你說得對！快去救援罷！」黑天應道。

阿周那躍上戰車向毗濕摩衝去。

爲了支援毗濕摩，俱盧軍從四面八方向阿周那圍繞過來。隨著阿周那戰車的駛過，大批的俱盧將士橫屍戰場。無敵見狀非常恐慌，他向毗濕摩大發雷霆：「都是因爲你，才使得迦爾納不願上戰場！毗濕摩，如果你不忍殺害敵人，那麼就退下來，由迦爾納替你上陣，迦爾納絕不會手下留情的！」

毗濕摩生氣的說：「你這是什麼話？我爲你而殘殺親族，你還用話刺傷我？你啊，註定就要失敗了！」

說完，毗濕摩又上戰場。他依舊和阿周那對陣，兩個英雄勢均力敵，打了不知多少回合也未分勝負。

在戰場的另一方，德羅那和黑公主的哥哥猛光正在進行一場惡戰。雙方交替使用著弓箭、鐵杵和飛鏢。在搏鬥中，德羅那擊斃了猛光的御者，射殺了他的馬匹，猛光被困在圍牆外狹小的防禦工室裡，密如雨點般的利箭朝他射來，眼見猛光危急，怖軍急風一樣地衝向敵人，殺死不計其數的人。無敵迅速派羯陵迦國的軍隊前去阻止怖軍。但這些人哪裡是怖軍的對手，怖軍橫掃敵軍如捲席。毗濕摩見狀，趕來解救羯陵迦軍隊。這邊，善戰、激昂等英雄也來援救怖軍。善戰一箭射倒了毗濕摩的車夫，於是無人駕馭的戰馬狂奔著把毗濕摩拉出戰場。般度人乘機向俱盧人發起攻擊，俱盧人大敗而逃。

第二天般度人大勝，與第一天正好相反。

第三天上午，在激戰中，怖軍射傷了無敵，無敵負傷，被迫撤離戰場。般度人乘勝追擊，使俱盧人大敗。老英雄毗濕摩率軍隊復出，在般度軍中肆意砍殺，如入無人之境，致使般度人再度大敗。夜幕又籠罩大地，一天的激戰又歸於平靜。

「你不能再心慈手軟了，必須要殺死毗濕摩。」黑天對阿周那說。

◎註1：持斧羅摩是大神毗濕奴的第六個化身，但是在他還活著的時候，毗濕奴的第七個化身——羅摩就出世了，持斧羅摩因此對他產生嫉妒，向他挑戰較量敗北，最後被趕出天界。這兩個化身都出現在《羅摩衍那》和《摩訶婆羅多》兩部史詩中。

（十四）毗濕摩之死

大戰的第四天。怖軍大發神威，無敵的十四個弟弟一起圍攻他，他像獅子見到羔羊一樣，雙眼立即發出狩獵的光芒，撲向前去，結果有八人應聲而倒，其餘六個奔竄而去。

這一天，怖軍的哥哥哈奴曼也來助陣。他大發神威，所到之處，更如狂風暴雨掠過，哀嚎聲四起。不過哈奴曼告訴怖軍，他有重要的事需要到遠方去，所以只能助陣這一天。

第五天，阿周那和怖軍都勝利前進，直到遇到他的師父德羅那。他們心中都存著一絲畏懼，就像對毗濕摩一樣，一時無法發揮實力，才敗下陣來。

第六天、第七天，毗濕摩宛若神助，大發威力，所向無敵。般度人的部隊像被狂風吹過的枯草地，一片慘狀。即使怖軍和阿周那聯手，也抵擋不了這個老英雄的銳氣。俱盧人士氣大振，都以為他們將獲得全勝。

第八天，風水輪流轉，勝利之神變了心，毗濕摩出師不利，以致讓怖軍殺了無敵的十六個弟弟。無敵暴跳如雷，他來到毗濕摩的營帳中，指著毗濕摩說：「你天生是個好勇士，可是如果你還執迷不悟，一心偏袒堅陣兄弟，那你就沒有資格帶領我的軍隊！我勸你及早交出軍權，讓迦爾納作戰，迦爾納和我同心，他一定可以獲得全勝。」

毗濕摩回答說：「雖然我很遺憾沒辦法阻止這一場骨肉間的戰爭，但我一生信守自己的諾言，我既然答應了你統率軍隊，就會全力以赴打贏這場戰爭。」

「不過，有兩件事我不能依你。」他接著說，「第一，我不能和婦女作戰，因此我不和束髮作戰；第二，我不能親手殺死般度五子。除了這兩件事，其他事我都可以服從你。孩子，灰心喪氣無濟於事，像一個眞正的刹帝利去戰鬥吧！」說完，他頭也不回地大步邁向戰場。

原來，束髮是安巴公主的轉世。當初毗濕摩爲弟弟奇武搶來了安巴三姊妹，奇武與兩個妹妹成婚。安巴公主因心中另有別戀而不肯嫁給奇武，但她的愛人卻覺得她已經被贏走，不肯再要她。安巴不得已，只好再回來，要求嫁給毗濕摩。

毗濕摩爲信守終生不娶妻生子的誓言，拒絕了安巴。安巴又羞又恨，發下毒誓，不管在天上、人間或地府，她都要找到殺死毗濕摩的方法。

經過十二年的苦修，安巴終於得到濕婆恩典，允諾她下世可殺死毗濕摩。因此，安巴跳入火中自焚，後投胎轉世成爲木柱王的公主。公主在林中修行變成一個男子，即是束髮。

戰鬥的第十天，般度之子根據黑天的建議，讓束髮率軍在陣前，向毗濕摩衝去。毗濕摩看到束髮，苦笑著，他恪守自己不與婦女作戰的原則，不和束髮交鋒，致使身中三箭。

另一邊，俱盧人無力阻止般度軍隊越來越緊迫的攻擊，他們被迫後退。經德羅那大聲疾呼，他們又鼓舞起來，全軍人馬如浪濤一樣洶湧前進，一波又一波的攻擊，雙方戰士死傷狼藉。

這時，束髮站在混身是箭、身負重傷的毗濕摩面前，他卻下不了手。

「發箭吧，你不是一直想殺掉我嗎？讓我們在戰場上了斷孽緣罷！」毗濕摩平靜地說。

束髮呆立著，堅陣這邊的人催促著他。毗濕摩慢慢走向束髮，想要給這個可敬的敵人行禮以表達他的內疚。突然間，站在束髮背後的阿周那冷不防地彎弓拉弦，一箭刺穿他祖父的心窩，毗濕摩應聲而倒。

阿周那爲自己發這一箭而難過，他抱著毗濕摩痛哭。毗濕摩的身體並未直接觸地，因爲全身有無數的箭在支撐著，就彷彿睡在床上一樣。雙方軍隊都停止戰鬥圍攏過來。

「我的頭懸著，給我個枕頭。」奄奄一息的毗濕摩說。

人們拿來幾個墊子，但老英雄拒絕了。他對阿周那說：「好孩子，你給我一個戰士用的枕頭吧！」阿周那從箭囊中拿出三支箭插入土中，讓老人的頭枕到三支箭的箭鏃上。

毗濕摩說：「這枕頭我很滿意，阿周那，給我一點水喝。」

阿周那拉滿弓，向老人的右側地上射出一箭，一股清泉應聲噴湧而出，正好噴到老人的嘴邊。老人飲了甘泉，現出了欣慰的笑容。

天色漸漸暗下來，堅陣兄弟和無敵兄弟都面容悲淒地跪在毗濕摩身邊。

「戰爭是沒有意義的，大家應該相親相愛。你們不要太難過，是我自己——選—擇—死—亡——」這時，迦爾納走過來，握住毗濕摩的手，激動地說：「可敬的英雄，我會爲你報仇，我將要出征，請你安心地去吧！」

「不，你不須爲我復仇，也無法替我復仇。」毗濕摩慈靄地撫著迦爾納英俊的臉龐，「孩子，你和阿周那一樣勇武強壯，但是你心中充滿仇恨，我勸你放下武器，和你的兄弟和解結束這場屠殺。」

迦爾納猛地站起來說道：「不，我要爲無敵而戰，無敵給了我一切，我必須爲他而戰！」

毗濕摩看著他，嘴裡還想說什麼，可是他沒說出來，他的眼睛閉上，再也沒睜開過。這位老英雄爲了結束一場大屠殺，只好先犧牲自己。

（十五）英雄們的末日

俱盧軍現在是群龍無首，無敵與迦爾納商議由誰擔任統帥。迦爾納說：「德羅那是我們所有人的老師，是當今世界上最優秀的戰士，選他吧！」

無敵和他的眾兄弟與盟友一致同意他的建議。在一片歡呼中，德羅那就任了俱羅軍的統帥。

第十一天，也就是德羅那領軍的第一天，無敵要求德羅那去活捉堅陣。此時，般度軍中的怖軍和激昂正大顯神威，激昂力抗成鎧、勝車的圍攻；怖軍則和大力士沙利耶廝殺，怖軍狠狠地當頭一擊，沙利耶大敗而逃。

這時，德羅那的戰車向堅陣王的方向直馳而去，堅陣向他射出鷹羽箭，然而德羅那對此毫不在意，在他的還擊下，堅陣的弓頃刻間便被擊毀。猛光試圖阻止德羅那凌厲的攻勢，但均告失敗。眼見德羅那便要衝至堅陣陣前，正在這時，阿周那的戰車風馳電掣般地駛過成堆的屍骨，軋過血污的土地，突然出現在面前，德羅那錯愕地呆立在那裡。

利箭從阿周那的神弓上無休止地傾瀉出來，遮天蔽日。德羅那知道這是失敗的兆示，他率領著人馬轉身離開，下令撤退。戰場上車轂交錯，屍橫遍野。

第十二天，德羅那很希望把戰爭結束掉，所以他運用策略，決心設計調開阿周那。

東光國之王福授聽命，便乘著一頭著名的大象妙顏向阿周那單獨挑戰。福授向阿周那射出箭雨，阿周那迅速予以還擊。

「最後好好看看這個世界一眼吧！」阿周那對福授高叫著，隨即放箭射傷了巨象，並射斷福授手中的弓，擊碎他的鎧甲。但福授不甘示弱，馬上拿起驅象的鐵鉤，口唸毗濕奴咒語向阿周那砸去。

黑天見狀，敏捷地用自己的胸膛擋住了鐵鉤，它立即變成了他胸前的裝飾物。因爲唸毗濕奴咒語的武器是無法傷害毗濕奴自己，這才使阿周那逃過一劫。

阿周那再度彎弓拉箭，一支利箭射中大象的頭部，牠慘叫一聲便癱倒在地。接著，他的另一支利箭射斷了福授眼睛上部的一塊綢巾，綢巾遮擋了福授的視線。最後，一支致命的箭緊跟著便射穿福授的胸膛，俱盧軍頓時亂成一團。沙恭尼的兩個兄弟衝上來想與阿周那對抗，結果二人不多時便被擊斃。沙恭尼大怒，他使用所有的武器猛攻阿周那，卻被阿周那輕而易舉地破了他的全部寶器，使他不得不落荒而逃。俱盧軍因爲失去了將領，到處奔突亂竄，結果成千上萬的人都死於般度軍的槍下。

大戰的第十三天，俱盧人的敢死隊把阿周那引到遠離堅陣的南方。於是，德羅那率領佈署成蓮花陣的俱盧軍大舉來襲，怖軍率善戰、猛光等戰將拼命抵擋，也擋不住德羅那的攻勢。

在這緊要關頭，堅陣把阿周那和妙賢的兒子激昂叫到跟前，對他說：「德羅那在使我軍流血，你父親不在，只有你才能衝破這種陣，我想讓你去破陣。」

「可以，」激昂回答說，「不過我只會衝進去，還不會衝出來。我設法先攻破一個缺口，好讓敵方的力量減弱，屆時再請伯父來援助我。」

激昂的戰車勢如破竹，衝破了敵人的陣腳，引起俱盧人一片慌亂。但信度國王勝車迅速指揮軍隊重新整合，把來援的般度族將領全部隔在陣外，連堅陣、怖軍都無法衝進去。

身陷重圍的阿周那之子孤軍奮戰，殺死了無數撲向他的敵方士兵，打退了德羅那、慈憫等戰將的輪番攻擊。德羅那看著這勇敢的少年英雄，感慨地說：「古往今來，無人可與之匹敵！」

聽了這話，無敵大怒，吼道：「這個孩子死期到了！」說著他便驅車殺向激昂。

無敵雖然和激昂交戰了很久，最終還是被激昂的利箭擊中，倒在戰車上。這時，無敵的兒子羅奇蠻衝上來與激昂較量，幾個回合後被激昂用長矛一槍刺死。

「把激昂給我殺掉！」無敵狂叫著，德羅那、馬勇、偉力等六員大將衝上去包圍激昂。德羅那對迦爾納說：「那孩子的鎧甲堅不可破，你先把他的馬轠繩射斷，然後從他身後攻擊。」迦爾納按計行事，激昂手中的弓被毀、馬和車夫也被擊，激昂又立即拿起盾和寶劍。接著，盾和寶劍也被德羅那擊毀，激昂便拾起車輪作爲武器揮舞著，看起來恰似顯聖的大神毗濕奴。最後迦爾納撲上來，激昂踉蹌地跌在地上。杜納的兒子看機不可失，使勁地揮動鐵杵當頭一擊，英勇的激昂就這樣結束年輕的生命。

夜幕低垂，激昂冰冷的身體躺在星光下，般度軍中籠罩著一片悲哀的氣氛。阿周那聽到兒子被殺的消息，迅速趕過來，他抱著激昂的屍體痛哭，悲痛欲絕。人們向他講述了英雄激昂如何破陣，勝車王如何擋住了接應的部隊，隨後激昂又如何孤身奮戰，直至英勇犧牲。

阿周那咬牙切齒，發誓說：「明天日落之前我要殺死那個置我兒於死地的勝車！」

勝車是信度國國王增武的兒子，恰在他出生的時候，一個聲音在空中迴盪：「公子將聲名顯赫，然有一眞英雄將取其首！」

在此同時，勝車也回憶起自己出生時的空中預言，第十四天，天剛破曉，他便奔去找無敵。

「讓我回國吧，不然我今天就沒命了！」他驚恐地說。

「別怕，有迦爾納、德羅那等眾英雄保護你。今天我要命令全軍將士以保護你的安全爲第一要務，你放心好了！」無敵安慰勝車。

德羅那也鼓勵了他，並答應親自站在最前線保護他。

戰幕拉開，阿周那胸中燃燒著復仇的火燄，猶如野火遇到秋風一樣向俱盧營地撲去，他迅速俐落地擊潰了擋在前鋒的杜納部隊，衝到德羅那面前。

德羅納出來迎戰阿周那，阿周那對他說：「我不想和你戰鬥，在我心目中，你就像我父親一樣，我很敬愛你，讓我找到殺死我兒子的兇手。」

德羅那哀傷地看著自己的得意門生，長長的嘆了一口氣，說：「當時我在訓練你們兩家的王子時，就已經預感你們兄弟分裂是件遲早的事，我曾經努力過，但我無力回天。孩子，戰爭原本就是敵我不兩立，你就放手和我戰鬥吧！」

於是德羅那向阿周那射出一團箭，師徒打了數個回合，沒有任何結果。

「別浪費時間，把德羅那放過去！」黑天衝過來把阿周那拉上戰車，調轉車頭，趕著戰車向另外方向繞去。

阿周那大開殺戒，見人就砍，俱盧人四處奔逃，馬匹和戰車狂亂地到處亂竄，戰地上響震著傷者的哀號和垂死的叫喊。

看到這種形勢，無敵急忙穿上可以抵擋一切武器的神胄，迅速追趕阿周那。

「阿周那，快向後看！無敵那小子自己送上門來了，你長期壓在心頭的仇恨到了該傾瀉的時候了！」黑天一面對阿周那說著，一面停下車來觀戰。

無敵和阿周那的仇恨好像已經算不清了，所以戰起來都卯足全力。激戰幾回合，仍分不出勝負。

「你今天怎麼失常了?」黑天不耐煩地問。

「這是因爲他穿上了神胄，破神胄的訣竅我知道，好好看看我的技術!」阿周那笑道。隨即射出無數針一樣的小箭，射中無敵身上神胄沒有遮擋的手、腳等部位，使得他疼痛難忍，終於被迫逃跑。

這時，黑天吹響法螺，勝車和他的部下聽了這聲音，頓時膽顫心驚。

堅陣則命令怖軍說：「快去支援阿周那!我只聽到黑天的法螺聲，而沒有聽到阿周那的神弓聲。看來阿周那處境艱難，你快到他那兒去!」

怖軍趕忙把護衛堅陣的任務交待給猛光，便往外衝。俱盧軍全力阻止他，但他像餓虎闖入羊群一樣大砍大殺，一口氣殺死了持國的十一個兒子。這時，無敵又派出七個兄弟去與怖軍對抗，他們都如飛蛾撲火一樣，沒有逃脫滅亡的命運。這使俱盧人中間出現了一陣恐慌。於是迦爾納飛奔出來，拼全力阻止他，雙方打得天昏地暗。怖軍全身傷痕累累，但他一想到他們和黑公主所受的屈辱，身上便注入新的力量，他擊毀迦爾納的弓，砸碎他的車。

怖軍越戰越勇，他一面砍殺，一面像雄獅一樣地咆哮著。在又一回合中，迦爾納使他失去馭者和車馬，奪去他的長矛和寶劍，最後使怖軍陷於手無寸鐵的狼狽境地。阿周那見狀，火速向迦爾納射出自己的利箭，迦爾納順勢把攻擊的目標轉向了阿周那。因爲他曾向母親貢蒂保證過，他只殺般度兄弟中阿周那一人。

可是今天阿周那的目標是勝車，因此他無心戀戰，巧妙地避開迦爾納，一路砍殺，衝破了俱盧軍眾猛士的層層阻隔，終於到了勝車的跟前。

殊死的決戰開始，雙方激戰了很長時間也不見勝負。這時，已經日落西山。在勝車王回頭看西方地平線的時候，阿周那的利箭終於削掉了這個置激昂於絕境者的人頭。黑天立即吹起法螺，堅陣聽到奏捷的螺號聲，欣慰地笑了。

夜來了，原該休戰了，可是雙方的人馬重新燃起戰火，不管黑夜的降臨。他們在黑夜中混戰，由於光線不夠，他們敵我不分，有時候自己人殺自己人。

堅陣看情況不妙，趕緊派出怖軍之子瓶首出戰。瓶首的羅剎大軍神出鬼沒善於夜戰，俱盧軍的士兵眼看著被大片大片地消滅，全軍一致呼喊著迦爾納設法取了瓶首的性命。

在一時的衝動下，迦爾納動用了因陀羅給他的法寶。這件法寶他之所以保留至今，是爲了要對付阿周那的。法寶擊中瓶首，使這個力量超群的巨人頓時倒地身亡。怖軍之子的死使堅陣兄弟悲痛萬分，但黑天安慰他們說：「雖然瓶首死了，但阿周那從此便無後顧之憂。」

戰事進入第十五天。德羅那越殺越勇，般度軍大批死在他的手下。

「按正規的戰鬥，你們絕對無法戰勝他，兵不厭詐，我們要用計謀取德羅那的性命。」黑天對堅陣說道，「如果告訴他，他的兒子馬勇已經戰死，那麼他就會停止戰鬥。」

堅陣從城牆上俯視滿是屍體的平原，心中感到十分惱怒，決定依黑天之見，用計除掉德羅那。

於是怖軍用大杵砸死一頭叫作馬勇的大象，要他們的戰士大喊：「馬勇死了，馬勇死了！」德羅那一聽到這個消息，注意力立刻被分散。他心中疑惑：難道這是眞的？他大聲呼喚他最信任的堅陣：「堅陣，我的好孩子，這是眞的嗎？」

堅陣心一橫，大聲答道：「是眞的。」然後，他出於自責又小聲地說：「是大象馬勇。」

德羅那聽後，頓時腦中一片空白，萬念俱灰。正在這時，怖軍用尖刻的話語責備他說：「如果你們婆羅門堅持正義，武士間的大屠殺本可避免。你明知不殺生是最高的正法，婆羅門是這一正法的基礎和支柱，但你們卻無恥地繼續屠殺！」

聽了怖軍的話，本已心灰意冷的德羅那，心情更加沉重。他扔掉手中的武器，坐在地上打起坐來。這時，猛光乘機用寶劍削去了他的頭顱。

德羅那死後，無敵任命迦爾納爲統帥。大戰的第十六天，迦爾納重新整軍。俱盧軍在他的指揮下，向般度人猛衝過去。喊殺聲和槍擊盾牌聲混成一片。經過這麼多天的戰鬥，大家結的仇更深了，有的要爲父親兄弟報仇，有的要爲兒子報仇，他們的目光都閃耀著凶光，恨不得把對方燒成灰燼。於是人們瘋狂地嘶吼追殺，戰況空前慘烈，利箭和長槍遮天蔽日，塵土到處飛揚，竄得高高的火燄，把曠野上的血流映得觸目驚心。

凶猛的阿周那邊戰邊找著迦爾納，迦爾納也正率軍向阿周那衝去；另一邊，杜納一面發射著密集如雲的利箭，一面向怖軍衝去。怖軍見到杜納，胸中的怒火在奔竄著，他高喊：「你來得正好！現在是該我實踐對黑公主誓言的時候了。」

只見他對杜納重重的一擊，便把他摔倒在地，然後迅速疾撲上前去，轉眼間，杜納那血淋淋的手臂便被擰斷拋在一邊了。

阿周那和迦爾納兩人再一次交手，利箭如同飛舞的雪片一樣向他們射來，使光輝的太陽也變得黯淡無光。這時，迦爾納向阿周那射出一支猶如毒蛇一樣噴著烈燄的箭矢，駕車的黑天見狀當即敏捷地把車壓進土中五指深，使那支毒箭僅僅掀掉了阿周那的頭盔。阿周那怒不可遏，兩人陷入激戰。

這時迦爾納的氣數已盡，他的戰車左輪突然陷入爛泥當中，車子無法前進。

迦爾納向阿周那大喊：「停止，阿周那，我的車陷在泥裡，這樣交戰是不公平的，你是重道德的！」

阿周那猶豫起來，可是黑天說話了：「迦爾納，你現在居然也奢談起道德來了？當初堅陣被誘騙參加賭博輸掉時，是誰在旁邊嘲笑他？當無敵和杜納在羞辱黑公主時，是誰在旁邊加油添醋，一起羞辱她的？還有，當你們七個老將合夥圍攻還帶有稚氣的激昂時，你的武士道德到哪裡去了？現在到了危難時刻才想起道德，會不會太晚了？」

迦爾納羞愧得無言以對，但仍繼續頑強抵抗著。他的一支箭射中阿周那，這使他爭取到一段喘息的時間。他又跳下車來，儘管他竭力設法想推出深陷的車輪，但車輪竟紋絲不動。身陷絕境的迦爾納百般無奈，想到該是使用從持斧羅摩那裡學來的絕招的時候了，但他無論怎樣回憶，腦子裡竟然始終一片空白。這正應驗了持斧羅摩所說的，在他危難時刻記不起咒語的預言。

這時，黑天催促道：「阿周那，結束這傢伙生命的時候到了！」於是，阿周那拉滿弓射出了致命的一箭，箭穿透了他的心臟，這英雄不偏不倚的倒回戰車，死相莊嚴。

無敵得知迦爾納陣亡，悲痛萬分。慈憫大師看他如此消沉，說：「大王，這一切都是由於獨霸王權的貪慾所造成的，現在你的責任是促成停戰和和解。」

無敵說：「我的責任是要繼續戰鬥下去！我的兄弟和朋友都已爲我英勇犧牲，我自己怎麼能苟且偷生？這樣做豈不遭世人唾棄？」

無敵的這番話使俱盧人感到振奮，他們一致擁戴沙利耶爲統帥，表示在他的率領下將繼續血戰到底。

與俱盧軍歷任統帥相比，沙利耶的勇氣毫不遜色。在他的率領下，大戰進入到第十八天。頃刻間，號角吹響。兩軍軍隊向前衝出，互相突擊，如同齜咧著獠牙爭鬥的野豬一樣。人們各抽出利劍相對砍殺，盾牌碰擊盾牌叮噹有聲，空氣亦爲之震蕩。

堅陣王親自擔負起般度軍的指揮責任，他一改往日仁厚的面孔，像一頭咆哮的獅子，衝向頑強的沙利耶。經過一番兇猛的對峙，最後，堅陣把利劍刺進頑敵的胸膛。沙利耶立刻口吐鮮血，結束他年輕的一生。

俱盧勇士看見他們的統帥已倒地身亡，而堅陣王又勢不可當地向他們殺來，立即四散逃竄。但持國活著的兒子們還在拼命地圍攻怖軍。結果，怖軍把他們盡數殺絕，終於出了這口在他心頭鬱積了十三年的悶氣。

另一面，沙恭尼正與偕天交鋒，只見偕天射出一支鋒利的箭，叫道：「這是對你的所作所爲的報答！」沙恭尼那罪孽的頭顱便應聲落地。

（十六）大戰結束

俱盧軍已潰不成軍。這時，一直在奮力抵抗的無敵，見到一切已經無望，最後跳進一個池塘中，自求活命，般度五子追蹤到這裡發現了他。

「無敵！」堅陣叫道：「你毀了整個家族，現在躲在這兒清閒？你的威風到哪兒去了？快上來，擺出一個刹帝利應有的樣子！」

無敵說：「我的人都死了，我也不想要王國了，我不想打了，整個國家都是你的了。」

堅陣說：「你倒是說得輕鬆，忘了當初你是怎麼說的？『連針尖大的地方也不給！』你罪孽深重，罄竹難書，這些我們要你用命來抵償！」

無敵手持鐵杵從池塘中走出來，「我孤身一個，你們五個人，當然不該五個人一起打我。」

堅陣叫道：「什麼叫不該？當初你們七個人合力攻打激昂一個孩子，你覺得不該了嗎？出來吧，讓你穿上鎧甲，任選我們之中一個與你對打，死了你升天堂，勝了王位歸你！」

怖軍急切地衝上前去，於是兩人用鐵杵對打起來。兩人的體力與武藝相當，幾回合相持不下，凶猛的惡鬥看得旁觀者汗流浹背。

「怖軍，」黑天叫道：「你是不是已經忘了當年在大殿上的誓言？」

黑天的話語猛地讓怖軍想起當年受辱的那一幕，胸中頓時騰起熊熊的怒火，他像獅子一般地猛撲上去，一鎚重重擊中無敵的右膝，無敵痛得跌倒在地。

按戰爭的規定，不准攻擊敵人腰部以下的部位，但當年黑公主被羞辱時，怖軍曾發誓要殺了杜納，砸爛無敵的膝蓋，如今他的誓言都達成了。

這時，無敵向黑天高聲叫道：「奴才！你父親富天不過是剛沙的奴才，我知道是你示意怖軍砸我大腿，是你定計讓束髮作掩護殺死了毗濕摩，是你讓堅陣撒謊使德羅那被殺死，迦爾納、勝出等多少勇士都是你設計殺死的，你的虛偽和奸詐將遭世人的譴責！」

黑天說：「甘陀利之子，你到今天這個地步怪不得別人，都是你自食其果。你說我奸詐，那是由於你的惡行迫使我做的！」

人們都走了，只剩無敵一個人倒在荒野裡呻吟。

俱盧方面衝出重圍的三個勇士——馬勇、慈憫和成鎧聽到無敵與怖軍決鬥受傷、生命垂危的消息，便返回尋找無敵。看著眼前因對方違反戰鬥規則而受傷的無敵，回想起父親被殺前敵人所用的欺騙伎倆，馬勇心中不禁怒濤洶湧。他向無敵發誓，當晚他要殺盡般度家族。

夜很寂靜，般度人全都入睡。馬勇找到殺父仇人猛光，這英雄正睡得酣甜，馬勇推醒他，在他還沒來得及反應的時候，重重一擊就結束他的生命。

馬勇繼續潛過營區，找到黑公主的帳幕，又以同樣殘忍的方式屠殺黑公主所有兒子和般遮羅族人。最後，他們把火把投擲到帳幕裡，般度軍的營帳瞬間被熊熊的烈火吞噬，全部化爲灰燼。

三人再次來到苟延殘喘的無敵身邊。

馬勇報告說：「般度軍全軍覆沒，我方只剩我們三人，般度方面僅黑天、善戰和般度五子七人了。」

聽完馬勇稟報的消息，無敵艱難地說：「你做了別人都沒有做到的事。現在，我死也瞑目了。」說完便嚥了氣。

般度五子得知全軍覆沒的消息後無比悲慟，黑公主獲悉兒子們全部慘遭殺害更是哀慟欲絕，她要求丈夫殺掉兇手馬勇。

堅陣兄弟苦苦搜尋，終於在恒河畔廣博仙人的淨修林找到馬勇。馬勇一見到他們便拾起一根草莖唸起咒語：「願這根草令般度族斷子絕孫！」草莖徑直向至上公主腹部飛去，若不是黑天出手保護，至上公主腹中懷的激昂之子（即後來的環住王）早已斃命。經過激烈的戰鬥，怖軍戰勝馬勇，馬勇向般度王子獻出自己頭上的寶石表示服輸，隨後便消失在林中。

戰爭終於結束，象城沉浸在悲痛之中，到處都有孤兒寡母在慟哭。持國老王在眾后妃和成千上萬失去親人的婦孺的陪伴下來到俱盧之野。他看到美麗的俱盧曠野此刻死屍狼藉，空中烏鴉聒噪，地上豺狼野狗成群。無數英雄男兒爲了他的兒子而屍橫戰場。面對如今淒慘的景象，持國王也不禁失聲痛哭。

持國王在這裡見到了廣博仙人、般度五子、黑天和黑公主。堅陣兄弟向持國王行禮，當老國王擁抱怖軍時，激動莫名，很想捏碎怖軍的骨頭，但他最後原諒了怖軍，他說：「我已經沒有兒子了，你們五個兄弟就像我的兒子。」

甘陀利也與黑公主擁抱，對一個失去所有兒子的母親的悲慟，她感同身受。

貢蒂很慶幸自己的五個兒子都還在，她一一擁抱他們，不過她爲迦爾納的死而難過，她告訴兒子們迦爾納的身世，堅陣兄弟才知道迦爾納也是自己的兄弟，他們想到命運之神的作弄，都不勝欷歔。

在俱盧之野，他們爲死者舉行尊榮葬儀，無敵是第一個被火葬的。當火葬堆熾燃時，觀禮的人都非常虔誠，衷心期盼死者靈魂能升天，並祈禱讓和平再度降臨人間。

大家在神聖的恒河裡沐浴，並且把聖水灑在英雄的骨灰上，代表人們對英雄的崇敬。

（十七）馬祭

殘酷的戰爭終於結束，許多家庭不完整，很多田園荒蕪了，牲畜大量死亡，一切都得重新開始。

堅陣重新加冕爲象城的國王，受到百姓熱烈的擁戴。但是，午夜夢迴，「我是靠殺戮同胞兄弟才奪得權力。」這樣的思緒總是沉重地壓在堅陣王的心頭，想起戰爭的慘烈，他始終感到內疚。最後，他決定出家到林中修行，以贖自己的罪過。

堅陣的決定，讓他的兄弟們錯愕與不解，他們輪番勸解哥哥。

阿周那說：「不出家才有條件做很多事情。」

怖軍說：「剎帝利的職責不是修行；克盡職守，有聲有色的生活才是他們的正道。」

無種和偕天也都表示反對堅陣的意見，連黑公主也說：「殺死無敵及他的同夥是正義的，沒必要懊悔。懲治惡行是國王應履行的職責，你已經懲處了作惡多端的人，那就做對了。現在你的職責應該是治理國家，伸張正義，而不是出家修行！」

廣博仙人得知後，趕來和堅陣長談，他說：「這個國家須要你來重建，可是你為戰爭的殺戮而悲傷，沒有心情治理，這樣吧，你可以舉行一次大規模的馬祭，為你贖去所有的罪惡，以後你就可以安心地治理國家了。」

堅陣接受廣博仙人的建議，準備挑選一匹聖馬做「馬祭」。所謂「馬祭」，就是任由那匹選出來的聖馬到處遊走，後面必須跟著一支精良的軍隊，當聖馬進入任何國家，那個國家的國王都必須聲明，說他臣屬於舉行馬祭的國王。如果有不願臣服的國王，這一支精良的軍隊就要加以征伐，直到那個國王降服。

聖馬將遊走一國又一國，直到一年期滿後回到本國。聖馬回國後，堅陣將邀請許多貴賓，準備無數金銀珠寶，舉行盛大的祭典，在這個祭典中，向天神奉獻珠寶和牲畜，最後把馬頭砍下來，奉獻給最高神明。如果神明肯接受，表示神明赦免堅陣的軍隊在戰爭時的屠殺，那麼堅陣不必再爲戰爭而感到愧疚，他可以成爲百姓之王。

他們挑選了一匹聖馬，儀式過後，放開聖馬，任牠奔馳，堅陣派阿周那領軍跟隨在後。祭馬踏過了許多國家，阿周那也經歷了許多戰鬥，使各國都歸順了堅陣。最後，祭馬安然無恙地返回象城。隨後，祭馬被宰殺，當剖開的那一刹那，馬身發出光芒，照耀大地。

廣博仙人對堅陣說：「這表示神祇肯接受你的貢獻，你所有的罪過都得到赦免了。」

堅陣眼中含著淚，在那些光芒的映照下淚光閃閃。

廣博仙人對堅陣說：「你的英名將流傳千古。」

堅陣把許多珠寶、牲畜和奴隸，分送給大家，一次完美的馬祭在歡笑聲中結束。

（十八）升天

馬祭過後，度過了十五年平靜的歲月。這期間，持國、甘陀利和貢蒂和般度五子和睦相處。

終於有一天，持國老王對堅陣說：「國王，在你的關照下我們已幸福地生活了十五年，現在，請讓我和甘陀利遠離塵世，去林中修行吧！」

堅陣說：「我不放心讓您們去，現在大家都生活得不錯，正是您們享清福的時候，我懇求您們留下來吧！」

雖然堅陣一再誠懇地相留，但持國王執意要走。堅陣拗不過老王，終於同意了老王的請求。

當持國王和甘陀利上路時，長期爲迦爾納的死自責的貢蒂不顧兒子們的挽留，也加入他們的行列，三位老人互相扶持著走入林中。在林中生活了三年後，在一次森林大火中了卻殘生。

俱盧之野的大戰後，黑天在多門執政三十六載。與黑天同族的瓦利施尼、博遮和雅度族的公子王孫肆無忌憚地過著放蕩的生活。

一天，幾個仙人來到多門。喜好惡作劇的雅度人把黑天之子山巴打扮成女人模樣帶到仙人面前想戲弄他們。

「學識淵博的大仙啊，請問這位夫人將生男還是生女？」他們促狹地問。

對雅度人的無禮，仙人們很生氣，他們詛咒道：「他將生出一根鐵杵，且將毀滅你們全族。」

仙人走後，山巴果然分娩，眞的生出了鐵杵！雅度人驚恐萬分，他們生怕仙人的詛咒應驗，就設法把鐵杵研成粉末撒進大海。後來，在這些撒過鐵粉的地方長出了芳草，人們對仙人詛咒的事也就淡忘了。

過了許久，一次，雅度人在海邊飲酒作樂，酒醉後善戰和成鎧之間爲當初的大戰發生口角。

善戰說：「無恥之徒，身爲剎帝利而去殺死熟睡的人不覺得害臊！」

成鎧則回敬道：「你，一個殺害被割去手正在打坐的武士的劊子手，有什麼資格這樣跟我說話？」

所有的人便都捲入這場爭吵。

這時，善戰衝向成鎧，手拿起劍，砍去了成鎧的頭顱。其他人紛紛用手中的酒壺、酒杯向善戰砸去。黑天之子明光衝上去想幫助善戰，結果在雙方的混戰中，善戰和明光都被打死。

黑天大怒，他拔起海邊的茅草當作武器向對手打去，其他雅度人也照樣拔草揮舞起來，這些茅草轉瞬間便都變成了鐵杵。於是，雅度人很快便全部葬送在鐵杵之下，仙人的詛咒終於應驗了。

看到本族人的滅亡，黑天感到自己謝世的時間到了。在林中長時間的躑躅後，他躺倒在一棵大樹下。一個獵人從遠處看到穿黃衣服的黑天，誤以爲是一頭鹿，射出一箭，正射中黑天的要害，於是黑天便離開人世了。

當般度五子得知黑天去世的噩耗和雅度族毀滅的凶訊後，他們也失去對人世的依戀。他們把王位傳給激昂之子環住，便帶著黑公主前往聖地朝覲。最後他們來到喜馬拉雅山山麓，開始朝覲的最後歷程。六人同時向山上攀登。在艱苦的攀登途中，黑公主、偕天、無種、阿周那和怖軍相繼倒斃，最後僅剩堅陣一人帶著凡胎進入天堂。天神之主因陀羅熱情地接待了他，並告訴他，他的弟兄和黑公主的靈魂已先他一步到達天堂。

環住王在位多年，死後由鎮群王繼位。環住王因遭蛇咬而死，鎮群王繼位後舉行了蛇祭。在蛇祭的過程中，廣博仙人的弟子護民仙人爲鎮群王和眾人講述了以上婆羅多族可歌可泣的「摩訶婆羅多」的故事。

國家圖書館出版品預行編目資料

印度神話故事【新版】 黃晨淳編著── 三版. ──臺中市：好讀, 2018.03
面： 公分，──（神話誌；4）

ISBN 978-986-178-452-6（平裝）

1.神話 2.印度

283.71 107001871

好讀出版

神話誌 4
印度神話故事

作　　者／黃晨淳
總 編 輯／鄧茵茵
文字編輯／莊銘桓
內頁插圖／何霜紅
行銷企劃／劉恩綺
發行所／好讀出版有限公司
台中市407西屯區工業30路1號
台中市407西屯區大有街13號（編輯部）
TEL:04-23157795 FAX:04-23144188 http://howdo.morningstar.com.tw
（如對本書編輯或內容有意見，請來電或上網告訴我們
法律顧問／陳思成律師

總經銷／知己圖書股份有限公司
106台北市大安區辛亥路一段30號9樓
TEL：02-23672044 23672047 FAX：02-23635741
407台中市西屯區工業30路1號1樓
TEL：04-23595819 FAX：04-23595493
E-mail：service@morningstar.com.tw
網路書店 http://www.morningstar.com.tw
讀者專線：04-23595819 # 230
郵政劃撥 ：15060393（知己圖書股份有限公司）
印刷／上好印刷股份有限公司

線上讀者回函
更多好讀資訊

三版／西元2018年3月1日
三版二刷／西元2020年12月1日
定價：250元
如有破損或裝訂錯誤，請寄回台中市407工業區30路1號更換（好讀倉儲部收）

Published by How-Do Publishing Co., Ltd.
2020 Printed in Taiwan

ISBN 978-986-178-452-6